ВЛАДИМИР МЫСИН

ОКНА НЕБЕСНЫЕ

САКРАМЕНТО 2025

БЛАГОДАРНОСТЬ

От всего сердца выражаю благодарность руководству Миссии «Слово к России», за предоставленную возможность закончить работу над этой книгой.

Особая благодарностью Компании "S.M. Financial" и ее руководителю Сергею Мысину, за поддержку служения Миссии и финансовое участие в издании книги.

Икренняя благодарность нашим детям Николаю, Сергею, Валерию, Роману и Виктории, за их постоянную поддержку служения Миссии. Да воздаст вам Господь за вашу заботу о деле Божием.

Глубокая благодарность моей жене Любочке Мысиной. Она по силам и сверх сил, поддерживала служения наших филиалов в Украине и России.

Особая благодарность Саше и Надежде Мысиным. В трудный «ковидный 2020 год» вы финансово благословили Миссию и помогли остаться в служнии.

От всей души благодарю Сергея Яценко за дизайн обложки этой книги.

Огромная благодарнось нашему Американскому брату Douglas Krieger. Эта книга увидела свет благодаря его Издательству "TRIBNET PUBLICATION".

Сердечная благодарность друзьям и соработникам, за вашу поддержку служения Миссии. Благодаря вашему усердию, в 2025 году, наша Миссия отмечает – 53-й года служения!

Итак не оставляйте упования вашего, которому предстоит великое воздаяние» Евр.10:34-35.

ОКНА НЕБЕСНЫЕ

ВЛАДИМИР МЫСИН

TRIBNET PUBLICATIONS
SACRAMENTO, CALIFORNIA
PRINTED IN THE UNITED STATES OF AMERICA

SEARCH FOR: Doug Krieger/Author's Page at Amazon.com or **www.tribnetpub.com** (Retrieved on 02.17.2025)

COPYRIGHT: VLADIMIR MYSIN, 2025

ISBN in Russian: 979-8-3485-7499-4

TITLE IN RUSSIAN: **ОКНА НЕБЕСНЫЕ**
TITLE IN ENGLISH: **WINDOWS OF HEAVEN…Road signs for Destiny**
ISBN in English: 978-1-737585-6-2

Unless otherewise noted, Scripture quotations in this book are taken from the "SINODAL BIBLE TRANSLATION"

«Но дар благодати не как преступление. Ибо если преступлением одного подверглись смерти многие, то тем более благодать Божия и дар по благодати одного Человека, Иисуса Христа, преизбыточествуют для многих.

И дар не как суд за одного согрешившего; ибо суд за одно преступление — к осуждению; а дар благодати — к оправданию от многих преступлений.

Ибо если преступлением одного смерть царствовала посредством одного, то тем более приемлющие обилие благодати и дар праведности будут царствовать в жизни посредством единого Иисуса Христа.

Посему, как преступлением одного — всем человекам осуждение, так правдою одного — всем человекам оправдание к жизни».
Рим.5:15-18.

СОДЕРЖАНИЕ

ПРЕДИСЛОВИЕ 7
ПРЕДИСЛОВИЕ 11
СУДЬБА 21
БЛАГОСЛОВЕНИЕ 25
ОКНА НЕБЕСНЫЕ 47
ВЕЛИКОЕ ПРИОБРЕТЕНИЕ 69
ЗАБОТЫ 87
ТЕРПЕНИЕ 101
ПРОЩЕНИЕ 121
ПОСЛУШАНИЕ 141
КТО БОЛЬШЕ 181
НЕ ДАВАЙТЕ МЕСТА ДИАВОЛУ 209
ПОМЫСЛИТЕ О ПРЕТЕРПЕВШЕМ 213
БЛАГО–ТВОРИТЬ ИЛИ «ОСТРОВ СОКРОВИЩ» 231
ПОЛНОТА ВРЕМЕНИ 265
ЖЕРТВЫ ПРАВДЫ 279
НЕРАЗУМНЫЕ ГАЛАТЫ 305
НЕ СУДИТЕ 323
ТОЛПА 347
СЕТИ СМЕРТИ 363
СЛАДКАЯ БЕЗДНА 377
КРАСОТА 397
ПОСЛЕСЛОВИЕ 411
ЗАКЛЮЧИТЕЛЬНОЕ СЛОВО ОТ АВТОРА 417

ПРЕДИСЛОВИЕ
(Дугласа У. Кригера)

Время от времени какой—нибудь писатель обращается к евангельскому миру с тем, что поначалу кажется стандартным комментарием, призванным превратить сердца в энергичных христиан, живущих в мире, который выходит из-под контроля, - именно этого я и ожидал, но, боже мой, как же я ошибался.

Владимир Мысин вывел Слово Божье на совершенно новый уровень понимания для верующих, стремящихся глубже познать Христа и одновременно поделиться Благой Вестью со всеми окружающими. Каждая глава этого текста раскрывает личность и дело Христа — сам характер Христа и то, что значит быть истинным последователем Агнца.

Названия в его «Оглавлении» просты, но по мере того, как вы вникаете в эти главы, краткость становится чрезвычайно глубокой. Мне казалось, что я знаю, что означает благословение, что включает в себя заботы и беспокойство, как терпение отражается в жизни верующего, как прощение и смирение действуют среди христиан, как мы должны «дорожить» с точки зрения Бога, такими вопросами, как послушание, предоставление места врагу наших душ и многое другое; но я и не подозревал, что буду поражен глубиной прочитанного.

Честно говоря, это не легкое чтение, но его стиль настолько обильный, что вы не можете перестать читать каждый раздел, потому что вы получаете один самородок за другим, благодаря чему ваше хождение со Христом станет намного богаче, когда Святой Дух оживит буквы на этих страницах.

Меня вдвойне заинтересовали "Небесные окна"…"Дорожные знаки судьбы", потому что этот текст написан братом-славянином, живущим между двумя мирами и в настоящее время возглавляющим полувековое служение в Христианской Миссии Славянским народам земли, а также евангелизирующему Пакистан из Америки. Он общается на языке оригинала, русском, поэтому английский, естественно, отличается, но это делает эту работу такой уникальной. Вы слышите ее русскую суть, но на английском языке — если вы понимаете, о чем я говорю.

Во-вторых, вы попадаете в нынешнее эмигрантское сообщество русскоязычных/украиноязычных народов, потому что эта книга написана с их точки зрения демонстрируя любовь к Богу, которую ощущают те, кому пришлось перейти из более строгой "религиозной среды" в ту, которая может похвастаться распространением разнообразий христианских религий, но которым, в основном, не пришлось сталкиваться с этим ограничением.

В целом, я высоко ценю это чтение — оно крайне субъективно. Это может вас обеспокоить, а если нет, значит, что-то не так — но не книгой Мысина. - Не принимайте это близко к сердцу, но вам следует признать: - Планка установлена довольно высокая: "Итак, будьте совершенны, как совершен Отец ваш небесный" (Мф. 5:48). Вы не можете подняться намного выше этого, но на что это похоже?

Ах, да, именно об этом говорит Владимир. Иисус подал пример и сделал все заявления, которые находятся за пределами человеческих возможностей. Вот почему Он положил начало Новому Завету Кровью Вечного Завета. Его заповеди не печальны и не трудны. Мы должны любить так, как любил Он, и даже больше, потому что сама Его любовь проникает в нашу жизнь. Эти черты характера, которые раскрывает книга Владимира Мысина и она пронизана самой Жизнью Христа, живущего в нас и через нас.

Будьте готовы читать и перечитывать этот текст. Это одно из самых замечательных толкований Священных Писаний, которые автор (Дуглас) когда-либо читал.

ПРЕДИСЛОВИЕ - *Дугласа У. Кригера*

Я от всей души рекомендую его содержание — оно подлинное и полно реальности того, как должен жить настоящий христианин, как индивидуально, так и коллективно.

Да благословит Господь эту книгу на достижение ее цели - представить каждого человека совершенным во Христе.

Дуглас У. Кригер/Tribet Publications

ОКНА НЕБЕСНЫЕ

ПРЕДИСЛОВИЕ
(Д-р. Александр Савченко)

«ОКНА НЕБЕСНЫЕ» ВЛАДИМИРА МЫСИНА

«Никакой туман не устоит против лучей правды», – заметил Федор Достоевский. «Взойдет солнце правды и исцеление в лучах его» (Мал. 4:2) – предсказывал ветхозаветний пророк Малахия. И туман любых проблем рассеивается под натиском целительных лучей этого Божественного Солнца в произведениях Владимира Мысина.

В Библии метафорически говорится об окнах небесных, которые отворились для того, чтобы через них, по воле Божией, выливались потоки воды в виде дождя для суда над грешниками втечении сорока дней (Быт. 7:11; 8:2). В 4-й Книге Царств 7, 2 и 19 речь идет о Боге, Который открывает окна на небе для ниспослания благодатного дождя в период голода. В книге пророка Исаии (24:18) предсказывается, что «окна с небесной высоты растворятся, и основания земли потрясутся». Это бывает при землетрясениях и наводнениях.

В 4-й Книге Царств (13:17) пророк Елисей повелевает израильскому царю Иоасу отворить окна на восток и выстрелить в знак предстоящей победы над Сирией. Окна в горнице пророка Даниила были открыты напротив Иерусалима, и он три раза в день преклонял колени, молился и славословил Бога.

В Книге Откровения (4:1) Иоанн свидетельствует: «После сего я взглянул, и вот, дверь отверста на небе».

С одной стороны, через эту символическую дверь «очи Господа обозревают всю землю» (2 Пар. 16:9), а с другой стороны, через неё наши молитвы достигают Царя всей Вселенной, Который, в Свою очередь, посылает нам Свои благословения в виде небесной манны, как хлеба ангельского. В Малахии (3:10) Бог спрашивает верующих людей, приносящих Ему десятину от своих доходов: «Не открою и Я для вас отверстий небесных и не изолью ли на вас благословения до избытка?»

Рассуждая о неудачной *судьбе* человека, автор припоминает текст старой шуточной песни о несчастных дикарях: «Что они ни делают, не идут дела, видно в понедельник их мама родила». Почему нет счастья в их жизни? Не потому ли, что они забывают, что «...судьба человека – от Господа» (Книга Притчей Соломоновых, 29:26)? Ведь Библия открывает нам, что Ведение Божие наполняет землю, и все события на ней находятся под пристальным контролем свыше, как пишет пророк Иеремия: «Кто это говорит: и то бывает, чему Господь не повелел быть?» (Плач Иер. 3:37).

В эссе о *благословении* автор обоснованно утверждает, что первое условие благословения – это вера в Бога. Он ссылается на Авраама, который безоговорочно доверился Богу. «Поверил Авраам Богу, и это вменилось ему в праведность» (Рим. 4:3). Вера сцементировала его послушание Богу, благодаря чему Авраам, устояв в искушениях, стал отцом всех верующих. «Итак, верующие благословляются с верным Авраамом» (Гал. 3:9). Таким образом, вера открывает шлюзы Божией благодати. «Воззови ко Мне – и Я отвечу тебе, покажу тебе великое и недоступное, чего ты не знаешь» (Иер. 33:3).

Человеку, стоящему в своей земной колыбели с очками материальности на глазах, трудно постигать законы высшего духовного мира, в которых так легко заблудиться ограниченному человеческому разуму. Провидение Божие даровало нам на время нашего земного странствования замечательного друга, опытного путеводителя, мудрого учителя и верного помощника, имя которому – вера. Вера – это привилегия, данная только человеку.

Подытоживая беседу о вере, автор задает вопрос: «Какова главная цель веры? Переставлять горы? Творить чудеса?» - «Нет, - объясняет он, - вера имеет более высокие цели. Вера вселяет Христа в сердца человеческие, это единственная дверь, через которую входит туда Господь, как написано: «...верою вселиться Христу в сердца ваши» (Еф. 3:10-21). Пытливые умы будут переходить из веры в веру, открывая для себя новые и новые горизонты познания, вплоть до самых врат вечности, где мы во всей полноте поймем и оценим гармоничную панораму Божьей мудрости и любви к людям».

Далее, огромное значение для благословения имеет *послушание* (Втор. 28:2-13). Послушание – это также единственный способ доказать свою любовь к Богу. Господь сказал ученикам на Тайной Вечере: «Кто имеет заповеди Мои и соблюдает их, тот любит Меня...» (Иоан. 14:21; 1Иоан. 5:3).

Кроме того, Бог благословляет *праведников*. «Ибо Ты благословляешь праведника, Господи; благоволением, как щитом, венчаешь его» (Пс. 5:12-13).

Еще мы находим в Писании, что Бог благословляет *благочестивых*: «Проклятие Господне на доме нечестивого, а жилище благочестивых Он благословляет» (Пр. 3:33).

К особой категории благословляемых принадлежат люди, *боящиеся Бога*. «Бог благословляет боящихся Господа, малых с великими» (Пс. 113:21).

Разум, как известно, ищет Истину, воля стремится ко Благу, а чувство жаждет Любви. Разум, воля и чувство – компоненты души человеческой. Истина, Благо и Любовь – атрибуты Бога.

К сожалению, в своих поисках истины люди нередко заходят в «запретную зону», которая грозит им серьезной опасностью. Точнее, в поисках легкого счастья люди зачастую обращаются за помощью к оккультным силам тьмы, которые предлагают свои услуги именно в этой области. Обратившись к ним, они попадают в губительные сети ворожей, гадателей, колдунов, спиритов, астрологов.

Книга Иова нас информирует о том, что на наш материальный мир огромное влияние имеет невидимый духовный мир, находящийся в другом измерении, о котором Апостол Павел пишет: «Видимое временно, а невидимое вечно...» (2Кор. 4:18). Эта Книга приоткрывает завесу непроницаемой тайны и указывает на прямую зависимость от Творца видимых и невидимых сфер бытия.

В своей книге В. Мысин касается ряда злободневных этических проблем. В частности, говоря о повседневных заботах, он цитирует Писание: «Все заботы ваши возложите на Него, ибо Он печется о вас» (1Петр. 5:7), «Предай Господу путь твой, и Он совершит...» (Пс. 36:5), «Возложи на Господа заботы твои, и Он поддержит тебя...» (Пс. 54:23). А в шестнадцатой главе Книги Притчей Соломоновых записан «золотой стих» для бизнесменов: «Предай Господу дела твои, и предприятия твои совершатся» (Пр. 16:3). Это представляется банальным и в какой-то мере даже старомодным. Но без этого не спастись.

Как-то врач, осмотрев больного ребенка, прописал ему аспирин. Матери пришелся не по вкусу столь простой рецепт доктора и она запротестовала: «Аспирин – слишком старомодное средство, здесь нужно что-то более современное». - «Увы, дети – тоже довольно старомодное явление», - возразил врач.

Аналогичным образом многие светские писатели торопятся объявить Библию устаревшей книгой, антикварным литературным памятником античности. И на этом фоне антибиблейских настроений мне импонирует в сочинениях В. Мысина евангельский фундаментализм и духовный подход к общественным проблемам страдания и любви.

Без обиняков он обращается к читателям: «Я хочу обратить ваше внимание на еще один грех, достойный того, чтобы его также поместили в разряд грехов повышенной тяжести. Имя этому греху – *ропот*. Я умышленно называю ропот грехом *повышенной тяжести*, так как в нашей среде бытует мнение, что ропот – это не грех, а так, «грешок», или как это называют еще «грех не к смерти». «Глупость человека извращает путь его, а сердце его негодует на Господа» (Пр. 19:3).

Вскрывая болезнь, он прописывает, ссылаясь на рекомендации апостолов, простое лекарство: терпение. «Терпение нужно вам, чтобы исполнивши волю Божию, получить обещанное» (Евр. 10:36). «Зная, что испытание вашей веры производит терпение» (Иак. 1:3).

При этом он ссылается на первую Книгу Царств, где упомянут очень необычный эпизод, приводящий многих в смущение. В шестнадцатой, восемнадцатой и девятнадцатой главах говорится, что «находил злой дух от Бога на Саула». «Мы привыкли понимать, что Бог – это светлое, доброе, святое, это мир, радость, любовь, вера и вдруг: злой дух от Бога! Как это может быть? Как может от Бога приходить злой дух? Если бы злой дух приходил к Саулу от диавола, то здесь все понятно и никаких вопросов, но злой дух от Бога!? Понять это место можно только благодаря *закону смирения*».

Однажды автору стало ясно, что Бог давал Саулу последний шанс спастись. И если бы Саул, в то время, когда на него находил злой дух, нашел в себе силы смириться и, отвергнув искушение злого духа, не пойти у него на поводу, он мог бы спастись.

Главу о *прощении* он предваряет эпиграфом из Анны Ахматовой:

«Я всем прощение дарую,
И в Воскресение Христа
Меня предавших, в лоб целую,
А не предавшего – в уста».

Призывая читателей к прощению ближних, автор делает экскурс в историю. Каким-то чудом мать осужденного на смерть наполеоновского генерала сумела добиться аудиенции у императора и со слезами на глазах стала просить помиловать ее сына. Выслушав ее, Наполеон ответил:

- Сударыня, мне очень жаль, но ваш сын не заслуживает прощения и должен умереть.

- Милостивый государь, – возразила мать, – я не прошу для него прощения, мой сын, может быть, действительно не заслуживает прощения, но я пришла просить для него милости. Милости не заслуживают, милостью милуют.

Император был глубоко тронут её простотой, и помиловал генерала.

Для иллюстрации прощения интересен рассказ В. Мысина о том, как на второй день Нового 2004 года у них со двора ночью украли... ангела! Накануне они проделали большую работу по облагораживанию своего двора. Разбили новые клумбы, поменяли траву, сделали дорожки, поставили беседку, две садовые скамейки в старинном стиле, а по обеим сторонам беседки, в середине цветочных клумб, установили две статуи ангелов. Ростом ангелы были около семидесяти сантиметров. Чисто белого цвета, с молитвенно сложенными впереди ладонями, со всех сторон окруженные цветами, ангелы изумительно украшали наш двор.

Проект этот носил кодовое название «Эдемский сад». И вот второго января, выйдя во двор, они обнаружили, что одного ангела у них похитили. В сердце стал заползать знакомый холодок досады и негодования. С языка уже готовы были сорваться гневные слова и «пожелания», которые обычно говорят люди в таких случаях. Но тут хозяин вспомнил о законе прощения и сказал жене:

- Люба, ты видишь, что эту потерю мы уже не вернем, хоть злись, хоть плачь, от этого только нам будет хуже. В самом начале года испортим себе настроение, нервы, давление. Я думаю, что это и была цель диавола, который возбудил какого-то негодного человека украсть у нас ангела и через эту потерю нарушить наш душевный мир, чтобы мы свой год начали с огорчений и проклятий. Давай сделаем иначе. Мы не дадим сатане никакого шанса порадоваться, и из этого «ничтожного извлечем драгоценное». С этого дня мы будем молиться за этого человека, за его семью, благословлять его именем Господа и просить для него покаяния. Может быть, за этого человека еще никто никогда не молился, и это будет нашим ответом дьяволу на его искушение.

Супруга охотно согласилась, и прямо во дворе была совершена первая молитва Господу о посещении этого человека и его семьи покаянием и познанием истины и о благословении его, чтобы он навсегда оставил путь греха и стал служить Богу.

Кто больше? – еще один вопрос, на который отвечает В. Мысин. Разжигая в сердцах молодых людей желание стать большим за счет накачанных мускулов, дьявол предлагает им не тратить долгие годы жизни на усиленные тренировки, развиваясь естественным путем. Для достижения вожделенных результатов враг душ человеческих призывает принимать специальные коктейли, порошки, жидкости, насыщенные протеином и прочими компонентами, которые обеспечат вам быстрый рост мышц в рекордно короткие сроки и без особых усилий. Правда, вследствии употребления таких препаратов в организме человека происходят нарушения гормональных процессов, дающие импульс усиленному росту клеток и быстрому увеличению мышечной массы.

Некто Андрей М., которому чуть больше тридцати лет, на протяжении долгого времени регулярно посещал спортклуб. Для форсирования результатов Андрей решил испробовать предлагаемые рецепты для увеличения мускулатуры и закупил полный набор рекомендуемых для этой цели порошков. Уже через неделю он заметил: что-то неладное стало происходить в его сознании. Особенно это выразилось в изменении восприятия окружающей среды. Невидимые грани между хорошим и плохим стали стираться. Он стал более безразличен ко многим проявлениям в своей жизни, а с другой стороны, стал замечать повышенную возбудимость из-за сущих пустяков. Андрей почувствовал, с ним что-то происходит не то, нашел в себе силы отказаться от этих порошков и его внутренний мир восстановился.

Размышляя о красоте, В. Мысин вспоминает, как поразил его Ватикан, когда под сводами храма Святого Петра он воочию увидел величественную и властную силу красоты. Там он сказал своей жене: «Люба, я даже не мог себе представить, что на свете может быть так красиво». Там, в Ватикане, особенно понятными стали слова апостола Павла о Небесной Отчизне: «Не видел того глаз, не слышало ухо, и не приходило то на сердце человеку, что приготовил Бог любящим Его» (1Кор. 2:9). С тех пор его сердцу стало близко желание Псалмопевца: «Одного просил я у Господа, того только ищу, чтобы пребывать мне в доме Господнем во все дни жизни моей, созерцать красоту Господню и посещать храм Его» (Пс. 26:4).

«Не давайте места дьяволу». «Помыслите о Претерпевшем». Эти главы из книги зовут читателей правильно мыслить и поступать. Автор хорошо знает предмет, о котором говорит, поскольку с 1991 по 1993 год активно работал в миссии Михаила Локтева «Слово к России».

Владимиру Мысину присущ высокий полет мысли и тонкий психологизм чувства. Впечатляют зоркость взгляда, точность языка и твердость стиля в гармонии с изысканным художественым вкусом. И еще, пожалуй, очень важное: в его произведениях честь и совесть взаимосвязаны, поскольку – по словам А. Шопенгауэра – «честь – это высшая совесть, а совесть – это внутренняя честь». Добрая христианская совесть писателя, иметь которую призывали апостолы, вроде стрелки компаса четко ориентирует автора, а с ним и читателей в направлении божественной Правды и Истины.

И я убежден, что глубоко прочуственные и в немалой степени автобиографичные сочинения В. Мысина, окажутся полезной духовной пищей для всех, кто с ними соприкаснется.

Д-р Александр Савченко.

ВЛАДИМИР МЫСИН

СУДЬБА

«Что они ни делают, не идут дела,
видно в понедельник их мама родила...»

(*Старая шуточная песня о несчастных дикарях*)

«Но судьба человека – от Господа»
(*Книга Притчей Соломоновых*)

ПРЕДИСЛОВИЕ

В этой книге я хочу поговорить о вопросе, который волнует человеческие сердца от сотворения мира. Есть ли у человека судьба?

Глядя на окружающий нас мир, мы замечаем в нем некую необъяснимую закономерность. У одних людей по жизни все идет легко и гладко, без шероховатостей и проблем. У них все получается, их как-то минуют жизненные грозы, которые бушуют вокруг, во многих случаях им вдруг просто везет без всякой на то причины и т.д.

У других все наоборот. Жизнь у них состоит из нескончаемых зигзагов. С ними вдруг случаются неожиданные казусные истории, они могут спотыкаться на ровном месте, им постоянно не везет, не успеют они выпутаться из одной проблемы, как попадают в другую и т.п. Точно, как в известной песне о несчастных дикарях: «Что они ни делают, не идут дела, видно в понедельник их мама родила…»

Что же это? Может быть это то, что мы называем судьбой? Порою мы слышим о ком-то: «Какой невезучий человек» и успокаиваем себя: «Да, знать судьба у него такая».

Если все это так, то существуют ли в жизни неизвестные нам законы, которые каким-то образом влияют на мою судьбу? Если да, то было бы хорошо научиться, если не управлять этими законами, то хотя бы подстраивать под них свою жизнь.

Подсознательно у человека давно живет желание как-то влиять на свою судьбу, что-то предпринять наперед, предугадать, постараться избежать неизбежное. В народной мудрости это выражено пословицами типа: «Эх, знать бы где упасть, так соломки б подстелил», и т.п. То есть, тяга к постижению этого однозначно есть.

В этих исканиях люди заходят порою в «запретную зону», которая грозит им серьезной опасностью. Я имею ввиду, что в поисках легкого счастья люди обращаются за помощью к оккультным силам тьмы, которые предлагают свои услуги именно в этой области. Обратившись к ним, они попадают в губительные сети ворожей, гадателей, колдунов, вызывателей мертвых, астрологов, предсказателей и пр.

Таким образом, проблема не так уж безобидна, как это кажется на первый взгляд. С другой стороны, я не хочу спорить, что каждый отдельный случай везения или невезения, удачи или неудачи можно попытаться объяснить какими-то объективными причинами, совпадениями, случайностями и т.п. Не отрицая это, не претендуя на всеобъемлемость, но и не распыляясь, я предлагаю посмотреть на это явление с точки зрения Библии.

В Библии есть достаточно много мест, которые убеждают нас в существовании невидимой нашему взору духовной закономерной наследственности, которая соответственным образом влияет уже на физические причинно – следственные законы нашей жизни.

Книга Исход прямо говорит о возможности такой наследственности в жизни людей: «ибо Я Господь, Бог твой, Бог ревнитель, наказывающий детей за вину отцов до третьего и четвертого рода, ненавидящих Меня, и творящий милость до тысячи родов любящим Меня и соблюдающим заповеди Мои» Исход 20:5-6.

И еще одно место: «Иной сыплет щедро, и ему еще прибавляется; а другой сверх меры бережлив, и однако же беднеет» Пр. 11:24.

Мы находим достоверную информацию в Книге Иова, что на наш материальный мир огромное влияние имеет невидимый духовный мир, находящийся в другом измерении, о котором Апостол Павел пишет: «Видимое временно, а невидимое вечно...» 2Кор.4:18. Эта Книга приоткрывает завесу непроницаемой тайны и указывает на прямую зависимость от Творца видимых и невидимых сфер бытия. Многие другие места Писания также дают основание считать её реальностью нашей жизни.

Беда в том, что это явление вообще не считается явлением в нашей безбожной повседневности, окружающей и воспитывающей нас еще с пеленок. Поэтому неудивительно, что эта тема не вызывала в прошлом никакого энтузиазма у философов, поскольку уж слишком здесь все кажется эфимерно, и нет той философской точки опоры, с которой можно было бы начинать переворачивать мир. Да и вообще рассуждения на такие темы всегда были непредсказуемыми, неблагодарными, а порою и просто наказуемыми. Таким образом, факт, что в этом направлении мы имеем сплошные белые пятна, думаю, никого не удивит.

Учитывая его значение, я полагаю никто не отказался бы от возможности обладать этим секретом и применять его в своей жизни. Эти рассуждения привели меня к решению написать эту книгу.

ВЛАДИМИР МЫСИН

ОКНА НЕБЕСНЫЕ

ВЛАДИМИР МЫСИН

БЛАГОСЛОВЕНИЕ

«Благословение Господне – оно обогащает,
и печали с собою не приносит»

(*Книга Притчей Соломоновых*)

Как мы уже договорились, что не критикуя иные понятия, мы будем рассматривать это явление с точки зрения Библии. Поэтому, за основу наших рассуждений я предлагаю взять понятие, которое Библия называет благословение и положить его краеугольным камнем этой главы.

Слово благословение часто употребляется в среде людей, живущих по учению Библии. В церквах постоянно возносятся потоки молитв. Прислушавшись, мы заметим, что немалое место в этих молитвах занимают просьбы о благословении. Молитвы о благословении не прекращаются и в наших повседневных молитвах. Мы просим благословения на пищу, на день грядущий, на работу, на учебу, на экзамены, на поездки, на детей, на родственников и друзей, просим благословения на труд миссионеров и на многое многое другое. К сожалению, люди, привыкшие к звукам этого слова, часто произносят его автоматически, не пропуская его смысл через сердце, не задумываясь о его значении. Я называю это «молитвой на автопилоте».

Читая Библию, мы находим, что древние придавали этому понятию огромное значение. Патриархи, пророки, цари, священники относились к благословению как к чему-то первостепенному и важному. В Книге Чисел (22-24 главы) записана история о пророке Валааме и

Моавитском царе Валаке, которая может послужить некоторой иллюстрацией этой истины.

Бог в видениях и откровениях открывал Валааму Свою волю и Валаам свидетельствует о себе, что он «муж с открытым оком». По всей видимости, такие отношения с Богом у него были задолго до этого случая, поскольку Валаам уже имел репутацию и авторитет пророка среди окрестных народов.

В один прекрасный день царь Валак посылает делегацию вельмож к Валааму с приглашением придти в Моав с особой миссией, но безуспешно. Несмотря на богатые подарки, Валаам отказывается принять царское предложение. Приходят послы обратно и говорят: – Не соглашается Валаам идти к тебе царь. (*Какой удар по гордости и царскому самолюбию.*)

Тут происходит нечто необычное. Валак, не считаясь со своей царской гордостью, срочно снаряжает новое посольство, укомплектовывая его еще более именитыми князьями и вельможами. В конце концов это возымело действие. С условием, что он будет говорить только то, что скажет ему Бог, Валаам соглашается пойти.

Услышав, что Валаам в пути, царь лично вышел встречать его на границе своего царства. Это являлось выражением чрезвычайного почета и уважения со стороны царя. Такой жест цари делали только в исключительно важных случаях, для исключительно важных персон. Что же заставило этого языческого царя пойти на такое унижение? А цари, как правило, знают себе цену.

Здесь, наконец, мы видим причину, которая так взволновала царя. Поднявшись на гору, он показывает Валааму многочисленный неизвестный народ, пришедший из Египта, который заполнил пределы земли Моавитской. Видя, что силы явно неравны и Моавитяне не могут изгнать этот народ из своих пределов обычными военными методами, царь Валак решается на крайнюю меру и обращается за помощью к пророку с просьбой проклясть этот народ.

По указанию Валаама устраиваются жертвенники, он приносит на них жертвы и вопрошает Господа. Царь и вельможи с нетерпением ждут ответа. Но тут для Моавитян наступает полное разочарование, потому что Бог не только категорически запрещает Валааму проклинать народ Израильский, а напротив – Он повелевает благословить их, что он и делает, несмотря на присутствие царя. Когда Валак услышал, что вместо ожидаемого проклятия Валаам начал благословлять Израиля, он стал останавливать его, говоря: «Уж если ты не проклинаешь этот народ, то хотя бы не благословляй его». И отошел от него расстроенный царь Валак, а Валаам вернулся в свое место.

Я не случайно подробно остановился на этой истории. Писание здесь наглядно показывает, какое огромное значение придавали древние благословению и проклятию. Мы видим, что Валак не стал просить военной помощи у союзных царей, но сконцентрировал усилия, чтобы проклясть этот народ, хорошо представляя себе последствия проклятия.

Вопрос благословения надолго сделал смертельными врагами братьев близнецов Исава и Иакова. Долгие годы Иакову пришлось жить вдали от своего родного дома, прежде чем он примирился со своим братом.

Благословение имеет большое значение в глазах Бога. Как награду за верность Бог обещает благословлять Авраама, Исаака, Иакова, Давида и др.

В чем же состоит принцип благословения? Ответ мы находим в Послании к Евреям: «…и беспрекословно, меньший благословляется большим» Евр.7:7.

Мы видим это на примере детей и родителей в каждой нормальной семье. У детей ничего нет, кроме родителей, которые благословляют их в пределах своих возможностей. Родители обеспечивают детей одеждой, обувью, питанием, жильем, лечением, стараются дать образование, заботятся об их росте, развитии. В ответ на просьбу ребенка они могут что-нибудь купить ему, поощряя за хороший поступок, успешную учебу, послушание и т.п.

В духовном плане родители также являются большими для своих детей. Даже, если дети, повзрослев, становятся богаче своих родителей, сильнее физически, получают лучшее образование, но в глазах Бога родители всегда будут обладать правом благословлять своих детей по праву большего. Родители благословляют молодых в браке, встречая их хлебом и солью, благословляют детей провожая их в школу, на работу, в путешествия и т.д.

Я уверен, что в духовном мире, вокруг благословляемых людей, создается невидимый благоприятный микроклимат, который является особым знаком для Ангелов, а выраженные вслух сердечные благопожелания благословения в духовных сферах не проходят бесследно, как впрочем и недобрые. Поэтому я советую родителям: всеми силами воздерживайтесь от плохих высказываний в адрес своих непослушных детей, как бы они вас не огорчили (*как впрочем и в адрес других людей*), но старайтесь терпением, молитвами и благословением преграждать путь всякому негативу к душам ваших детей.

Родители, в свою очередь, приносят детей в церковь с надеждой получить благословение от еще более Высшего и Большего. Многие места Писания повествуют нам о величии Того, Кто имеет право благословлять всех.

Напомню вам одно из них – Псалом 32. Это восторженная Песнь о Создателе. Прочитайте его сегодня. Процитирую только несколько стихов: «С небес призирает Господь, видит всех сынов человеческих… Он создал сердца всех их и вникает во все дела их… Не спасется царь множеством воинства, исполина не защитит великая сила… Ненадежен конь для спасения,… Вот око Господне над боящимися Его и уповающими на милость Его…!»

Может возникнуть логичный вопрос: Насколько Бог надежен и верен? Может быть вчера Он говорил одно, а сегодня уже говорит другое? Как часто Он меняет Свои правила? Может, пообещав что-то сегодня, Он отменяет это завтра? Можем ли мы положиться на Его слово?

Если судить человеческими мерками, то окружающая нас действительность не дает нам никакого оптимизма в этом плане. Сплошь и рядом мы видим, как нарушаются различные соглашения, обещания, договоры, контракты, союзы и т.п. Не так часто встречаются люди, на которых можно положиться. В современном мире дефицитным стало такое качество человека как надежность. Очень часто человеческие слова и обещания оказываются легче пустоты.

Так ли дело обстоит с Богом? Нет. На страницах Библии мы находим убедительнейшие доказательства верности Бога Своим обещаниям. Читая историю Израильского народа, Псалмы, пророков, нас поражает «суперверность», которую Бог проявляет по отношению к Израилю.

В Книге пророка Иеремии Бог сравнивает Израильский народ со Своей невестой. Просто уму непостижимо, какую честь Бог оказал Израилю ради Своего завета с Авраамом. Израиль, по замыслу Создателя, должен быть народом-миссионером, народом-священником, от этого народа должно начаться возрождение всех народов земли, представители его должны будут занять места на двенадцати Престолах в Царствии Небесном и судить вселенную. Но, увы! Этот народ, по свидетельству пророков, «...стал хром на оба колена...» 3Цар. 18:21; Исаия; Иеремия.

Но, несмотря на неверность Израиля, Бог остается верным и продолжает над ним Свою работу. С твердостью скалы Бог соблюдает Свою часть завета, заключенного с Авраамом.

В Книге Чисел описывается характеристика Бога по отношению Своих обещаний. «Бог не человек, чтобы Ему лгать, и не сын человеческий, чтобы Ему изменяться. Он ли скажет и не сделает? Будет говорить и не исполнит?» Чис.23:17.

В Евангелии от Матфея Иисус Христос говорит: «Небо и земля прейдут, а слова Мои не прейдут» Мат. 24:35.

Еще одно место мы находим у Пророка Исаии:«Как дождь и снег нисходит с неба и туда не возвращается, но напояет землю, и делает ее способною рождать и произращать, чтоб она давала семя тому, кто сеет, и хлеб тому, кто ест: Так и слово Мое, которое исходит из уст Моих, - оно не возвращается ко Мне тщетным, но исполняет то, что Мне угодно, и совершает то, для чего Я послал его» Ис. 55:10-11.

Подобных мест в Священном Писании достаточно много, следовательно, вопрос о надежности и верности Того, Кто имеет право благословлять, это, можно сказать, не вопрос, поскольку Бог действительно верен и в точности исполняет Свои обещания. Об этом свидетельствуют также и колоссальное количество исполнившихся Библейских пророчеств, которые были сказаны Богом через пророков, задолго до совершения событий.

Еще один вопрос может заинтересовать нас в контексте нашей темы. Как долго пребывает благословение?

В Книге Второзакония записаны слова: «Итак, знай, что Господь, Бог твой, есть Бог, Бог верный, Который хранит Завет Свой и милость к любящим Его и сохраняющим заповеди Его до тысячи родов» Втор.7:9. Эти же слова Господь повторяет в пятой главе Второзакония и в Книге Исход.

В Книге Паралипоменон записана благодарственная молитва царя Давида о благословении. Процитирую заключительные слова его молитвы: «Ибо, если Ты, Господи, благословишь, то будет он благословен вовек» 1Пар.17:16-27.

Бог все делает надежно и основательно, ибо Он есть Бог устройства. (Пс.103.) Мы можем быть совершенно уверены в том, что Бог не намерен позабавить нас благословением как игрушкой и забрать его обратно. Любящие Бога будут от всей души восклицать подобно Давиду: «Ибо, если Ты, Господи, благословишь, то будет он благословен вовек».

Мы выяснили, что вопрос благословения имеет прямую зависимость от Того, Кто имеет право благословлять, т.е. от Бога, Который верен Своему слову и весьма надежен, то логично будет спросить: Кого Он благословляет?

Подходят ли под эту категорию все люди или только избранные счастливчики, как мы говорим, баловни судьбы? Есть ли возможность и нам попасть в их число? По сути дела, этот вопрос является ключевым вопросом всей темы, ибо если на него, каждый для себя, не найдет положительного ответа, теряется весь смысл прочитанного о благословении.

Отвечая на этот вопрос, нам необходимо связать два важных аспекта: Бог и вера. Очевидно, что невозможно просить и ожидать что-либо от Бога, не веря в Его существование, поэтому, вопросу веры Бог придает первостепенное значение. «Без веры угодить Богу невозможно; ибо надобно, чтобы приходящий к Богу веровал, что Он есть, и ищущим Его воздает» Евр. 11-6.

Очень многое в нашей жизни начинается с веры. Слова, которые вы сейчас читаете, могут быть для вас благословением, если вы поверите написанному. Это зависит от вас.

Таким образом, мы подошли здесь к самому главному. Основываясь на Библейских обетованиях, определить основание, на котором мы будем возводить стройное здание Божьих благословений. С этой целью я предлагаю подробнее остановиться на самом понятии основание и для иллюстрации провести параллель на известное всем христианам понятие – спасение.

Слово спасение для верующих людей имеет особый смысл. Прежде всего, оно говорит о плане спасения, приготовленном еще от сотворения мира. Бог однажды положил основание для спасения и оно незыблемо как небосвод. Никто не может изменить это основание, никто не может обойти его. Основание это – посланный Богом Мессия Иисус Христос.

Хочу обратить внимание, как высоко Бог ценит это основание. Поверив в Иисуса Христа, как в заместительную Жертву, человек на этом основании начинает строить. День за днем, год за годом и так всю жизнь. Затем огонь Божьего Правосудия испытает дело каждого человека, кто как строил.

Послание к Евреям: «И как человекам положено однажды умереть, а потом суд» Евр. 9:27.

«И нет твари, сокровенной от Него, но все обнажено и открыто пред очами Его: Ему дадим отчет» Евр. 4:13.

Еще один стих из Послания к Римлянам: «Итак, каждый из нас за себя даст отчет Богу» Рим. 14:12. Нет никакого сомнения в том, что Бог всякое дело приведет на суд, и все тайное, хорошо ли оно или худо. (Екл.12:14.) Рано или поздно, все люди дадут отчет Богу о прожитой жизни.

В Послании к Коринфянам мы находим информацию, как будет происходить этот процесс. Основание, на котором человек строил, играет теперь исключительно важную, судьбоносную роль при определении его вечной участи: «Ибо никто не может положить другого основания, кроме положенного, которое есть Иисус Христос. Строит ли кто на этом основании из золота, серебра, драгоценных камней, дерева, сена, соломы, – каждого дело обнаружится; ибо день покажет, потому что в огне открывается, и огонь испытает дело каждого, каково оно есть. У кого дело, которое он строил, устоит, тот получит награду; а у кого дело сгорит, тот потерпит урон; впрочем сам спасется, но так, как-бы из огня» 1Кор. 3:11-15.

Итак, основание для спасения – это Иисус Христос. Строившие на этом основании из золота, серебра, драгоценных камней кроме спасения получают еще и награды. Это естественно и понятно.

Но там упоминаются и такие люди, которые строили из дерева, сена, соломы. Дела их жизни, будучи испытаны огнем, конечно же, сгорят. Они предстанут пред лицом Бога, на пороге вечности, только с горстями пепла в руках, постыженные, поникшие, как обгорелая головня. Жизнь их была прожита напрасно, они не в Боге богатели и все их дела, стремления, усилия были соломенными делами. Данное Богом время было растрачено напрасно, они никому не принесли пользы, они жили только для себя и в итоге остались у разбитого корыта. Ни одного доброго дела. Все сгорело. В руках один пепел. По всему видно, что это конец. Их ждет страшная участь...

Но, удивительно! На первый взгляд мы читаем о них здесь нечто неудобовразумительное. – Они спасаются! (15-стих) Да, без славы, без наград и почестей. Да, потерпевши урон, они все-таки спаслись. Как же это получается??? **ОСНОВАНИЕ!** Они некогда приняли основание и Бог им дарует спасение. На этом примере Дух Святой открывает нам, как высоко Бог ценит Им положенное основание.

Подобное мы имеем и в вопросе благословения. Бог положил твердое основание, принимая которое, любой человек, поверивший Богу, может иметь доступ к неисчерпаемым сокровищницам благословений.

В Едемском саду, в лице Адама, люди потеряли свое благословение. Проклята за тебя земля, сказал Бог Адаму и в истории земли наступил мрачный период застоя, в течении которого греховное разложение человека достигло своего предела. Но Бог, не переставал искать путей вернуть человеку утерянное благословение и осуществил это намерение через завет с Авраамом, заложив в нем основание для благословения всех людей.

«И сказал Господь Авраму: пойди из земли твоей, от родства твоего и из дома отца твоего, в землю, которую Я укажу тебе.

И Я произведу от тебя великий народ, и благословлю тебя, и возвеличу имя твое; и будешь ты в благословение.

Я благословлю благословляющих тебя, и злословящих тебя прокляну; и благословятся в тебе все племена земные» Быт. 12:1-3.

Первым стихом Господь говорит, что надлежит сделать Аврааму. Во втором – Бог говорит, что Он сделает Аврааму, а в третьем стихе Господь открывает двери благословения «всем племенам земли». Не забудем, это слова Бога, Который бесконечно верен и надежен как скала.

Здесь я хочу подробнее остановиться на вопросе: что имеет ввиду Бог, когда Он говорит о благословении? Ответ мы находим в Книге Второзакония.

«И придут на тебя все благословения сии, и исполнятся на тебе, если будешь слушать гласа Господа, Бога твоего.

Благословен ты в городе, и благословен на поле. Благословен плод чрева твоего, и плод земли твоей, и плод скота твоего, и плод твоих волов, и плод овец твоих. Благословенны житницы твои и кладовые твои. Благословен ты при входе твоем, и благословен ты при выходе твоем.

Поразит пред тобою Господь врагов твоих, восстающих на тебя; одним путем они выступят против тебя, а семью путями побегут от тебя.

Пошлет Господь тебе благословение в житницах твоих и во всяком деле рук твоих; и благословит тебя на земле, которую Господь, Бог твой, дает тебе.

И даст тебе Господь изобилие во всех благах, в плоде чрева твоего, и в плоде скота твоего, и в плоде полей твоих на земле, которую Господь клялся отцам твоим дать тебе.

Откроет тебе Господь добрую сокровищницу Свою, небо, чтоб оно давало дождь земле твоей во время свое, и чтобы благословлять все дела рук твоих: и будешь давать взаймы многим народам, а сам не будешь брать взаймы.

Сделает тебя Господь главою, а не хвостом, и будешь только на высоте, а не будешь внизу, если будешь повиноваться заповедям Господа, Бога твоего, которые заповедую тебе сегодня хранить и исполнять» Втор. 28:2-13.

Уверен, что ни один разумный человек не отказался бы попасть под благодатную струю такого обетования. Благодарение Богу, такая благодать дана сегодня всем людям без исключения. В Своей любви к людям, Провидение Божие никого не лишает возможности получить благословение, положив основание этому в благословении народа Израильского. Заключенный завет с Авраамом дает Богу юридическое право благословить любого человека на земле при условии, что этот человек, благословляя Израиля, пожелает тем самым встать на основание обетований благословения. Вопрос благословения, таким образом, зависит от человека. Со стороны Бога уже все сделано.

Итак, для благословения мы имеем прочное основание. Здесь я хочу привести читателям ключевые места Писания, которые дополнят чудесную панораму благословения и помогут нам возрастать в благодати и любви Божией.

Первое условие благословения – это вера в Бога. Восхождение Авраама началось с того, что он поверил Богу. «Поверил Авраам Богу, и это вменилось ему в праведность» Рим.4:3. Вера сцементировала его послушание Богу, благодаря чему Авраам, устояв в искушениях, стал отцом всех верующих, которые через веру попадают под благословение Авраамово. «Итак верующие благословляются с верным Авраамом» Гал. 3:9.

Выше мы читали, что огромное значение для благословения имеет послушание. (Втор. 28:2-13.) Кроме того, послушание, – это единственный способ показать свою любовь к Богу. Господь сказал ученикам на тайной вечере:«Кто имеет заповеди Мои и соблюдает их, тот любит Меня...» Иоан. 14:21. (1Иоан. 5:3.)

Библия говорит нам, что Бог благословляет праведников. «Ибо Ты благословляешь праведника, Господи; благоволением, как щитом, венчаешь его» Пс. 5:12-13.

«Желание праведников исполнится» Пр. 10:24.

Здесь может возникнуть вопрос: кто есть праведник? Чаще всего мы слышим в ответ, праведник – это святой, угодный Богу безгрешный человек. Это не совсем так. Слово Божие говорит нам, что абсолютно безгрешных людей нет, ибо «все согрешили и лишены славы Божией» Рим. 3:23.

А вот параллель: праведник – это правдивый человек живущий по правде, имеет в Писаниии хорошее основание. (Пр. 12:5; Пс. 36:30-31; Откр. 22:11.)

Мы находим в Писании, что Бог благословляет благочестивого. «Проклятие Господне на доме нечестивого, а жилище благочестивых Он благословляет» Пр.3:33.

Об истинном благочестии пишет Апостол Иаков. «Чистое и непорочное благочестие пред Богом и Отцем есть то, чтобы презирать сирот и вдов в их скорбях и хранить себя неоскверненным от мира» Иак. 1:27. Очевидно, что Богу приятны благочестивые люди и Он благословляет их.

Еще одна категория благословляемых людей отмечены в Библии – это боящиеся Бога. «Бог благословляет боящихся Господа, малых с великими» Пс.113:21.

«Блажен муж, боящийся Господа и крепко любящий заповеди Его. Сильно будет на земле семя его; род правых благословится. Обилие и богатство в доме его» Пс. 111:1-3.

Псалом 127-й и множество других мест Писания свидетельствуют, что Бог благословляет боящихся Его. Кроме того, у боящихся Господа открываются перспективы быть мудрыми людьми. Соломон пишет: «Страх Господен – начало мудрости».

Таким образом, Бог, Который есть источник мудрости, обещает боящимся Его, что они будут еще и мудрыми людьми. Однажды Бог явился юному царю Соломону и спросил, что он хотел бы получить от Него? Единственное, что попросил Соломон – это мудрость. Это было угодно Богу и Он вместе с мудростью даровал Соломону богатство, изобилие и обильно благословил его. (3-я Книга Царств) Это замечательное обетование.

Интересное место записано в Книге Ездры. В седьмой главе мы находим описание, как Ездра вышел из Вавилона и через четыре месяца благополучно закончил свое долгое путешествие в Иерусалиме. Я думаю, что фраза из 9-го стиха этой главы привлечет наше внимание: «...так как благодеющая рука Бога была с ним». Ездра не пишет здесь, что он обязан своему успеху тем, что у него были охранные грамоты могущественного Вавилонского царя Артаксеркса, не упоминает, что вместе с ним шли надежные воины, что многие из народа Израильского пошли восстанавливать разрушенный Иерусалим, нет, Ездра свидетельствует, что своим успехом он обязан тому, что «благодеющая рука Бога была с ним».

Как достичь, чтобы благодеющая рука Бога была с нами, как некогда она была с Ездрой? В следующем стихе мы находим ответ: «Потому что Ездра расположил сердце свое к тому, чтобы изучать закон Господень и исполнять его, и учить в Израиле закону и правде» Езд. 7:9-10.

Бог вчера, сегодня и вовеки тот же. Таким образом, мы можем смело рассчитывать, что благодеющая рука Бога будет сопровождать и наше земное поприще, если мы, подобно Ездре, расположим свои сердца к изучению и исполнению заповедей Божиих.

Замечательные обетования благословений есть для тех, кто любит благотворительность. Бог говорит таким людям: «Благотворительная душа будет насыщена...» Пр. 11:25.

Там же в Притчах мы находим одно уникальное место: «Благотворящий бедному дает взаймы Господу; и Он воздаст ему за благодеяние его» Пр. 19:17.

Удивительно! Всемогущий Творец всей Вселенной, всего видимого и невидимого, Единый, имеющий бессмертие, дающий жизнь и дыхание всей твари, соглашается брать взаймы и считаться нашим должником? Это просто невероятно!

Попробуйте подойти к президенту страны и, вынув из кармана банкноту, сказать: я хочу дать вам взаймы сто долларов, верните потом, как-нибудь, я подожду. Держу пари, что ни один президент не пойдет на такое унижение и вас в три шеи вытолкают за двери. (*Это если вы еще сумеете подойти к президенту.*) Да что там президент, попробуйте дать взаймы мэру города, преуспевающему банкиру или еще кому-либо из сильных мира сего, могу вас заверить, что никто из них не пойдет на такой унизительный поступок. Но Бог соглашается брать у нас взаймы и ставит Свое имя на векселях бедняков. Можно быть уверенным, что Он не останется в долгу у благотворителя.

Кроме того, благотворительность является оружием христианина, благодаря которому Господь разрушает твердыни сатанинские в сердцах человеческих. «Так чтобы вы всем богаты были на всякую щедрость, которая чрез нас производит благодарения Богу. Ибо дело служения сего не только восполняет скудость святых, но и производит во многих обильные благодарения Богу» 2Кор. 9:11-12.

Таким образом, люди, посвятившие себя благотворительности, становятся в разряд служителей Божиих.

Благодаря этому труду, в сердцах обездоленных людей рождаются обильные благодарения Богу, а диавол терпит поражение и бежит прочь, ибо для него невыносимо пребывать там, где возносится благодарность Богу.

Еще одно место заслуживает внимания в контексте этой темы. «Просите мира Иерусалиму: да благоденствуют любящие тебя» Пс. 121:6.

Заботясь о судьбе земного Иерусалима, мы становимся на сторону Бога. Красавец Иерусалим всегда был предметом особой любви и заботы Царя Небесного, поэтому пророческие слова Давида приобретают для нас особый смысл. Прося мира Иерусалиму, мы благословляем Израиль и, таким образом, попадаем под обетование Всевышнего данное Аврааму: «Я благословлю благословляющих тебя» Быт.12:3.

Несомненным является факт – Бог весьма и весьма озабочен тем, чтобы молодое поколение почитало родителей. (*Почитание – это высшая степень уважения.*) Через эту заповедь Господь обещает человеку здоровье, долголетие и благополучие. «Почитай отца твоего и мать, это – первая заповедь с обетованием: Да будет тебе благо, и будешь долголетен на земле» Еф. 6:2-3. (Втор. 5:16)

Еще одна заповедь, связанная с обещанием благоденствия, записана на страницах Писания. «И заботьтесь о благосостоянии города, в который Я переселил вас, и молитесь за него Господу; ибо при благосостоянии его и вам будет мир» Иер. 29:7.

«Итак прежде всего прошу совершать молитвы, прошения, моления, благодарения за всех человеков, за царей и за всех начальствующих, дабы проводить нам жизнь тихую и безмятежную во всяком благочестии и чистоте; ибо это хорошо и угодно Спасителю нашему Богу» 1Тим. 2:1-3.

Руками земных правителей Господь управляет процессами жизни народов земли. Слыша молитвы о начальствующих страны, о благосостоянии города, Господь направляет жизненные стези человечества по путям мира и благоденствия. Это очень важная заповедь.

Бог никогда не оставляет дел, сделанных наполовину. В деле благословения Бог не ограничился только земным благословением, но оно простирается своими лучами за горизонт времени и скрывается в золотом зареве ожидающей нас вечной жизни в обителях неба, о чем пишет Апостол Павел: «Не видел того глаз, не слышало ухо, и не приходило то на сердце человеку, что приготовил Бог любящим Его» 1Кор.2:9.

В Иисусе Христе Бог благословил нас всяким духовным благословением на небесах. «Благословен Бог и Отец Господа нашего Иисуса Христа, благословивший нас во Христе всяким духовным благословением на небесах» Еф. 1:3.

Духовные благословения возрожденного человека находят свое отражение и в его земной жизни. Плоды Духа Святого преображают его характер и желания, его привычки и поведение, таким образом, праведность, мир и радость Царства Небесного разливается на земле.

Благословенный человек не может проклинать, но его задача нести благословение дальше. В великой Нагорной Проповеди Христос учит нас: «Любите врагов ваших, благословляйте проклинающих вас, благотворите ненавидящим вас и молитесь за обижающих вас и гонящих вас, да будете сынами Отца вашего Небесного» Мат.5:44-45.

Первое Послание Петра: «Наконец будьте все единомысленны, сострадательны, братолюбивы, милосерды, дружелюбны, смиренномудры; не воздавайте злом за зло, или ругательством за ругательство; напротив, благословляйте, зная, что вы к тому призваны, чтобы унаследовать благословение» 1Пет.3:8-9.

Еще одно место из Послания к Римлянам: «Благословляйте гонителей ваших; благословляйте, а не проклинайте» Рим.12:14.

Из этих мест Писания мы видим, что благословение является еще и формой борьбы. Благословенному человеку не трудно прощать своих обидчиков, ибо он сам прощен Богом. Когда в ответ на причиненное огорчение христианин от всей души говорит человеку слова прощения и благословляет его именем Господа, нет такого сердца на земле, которое осталось бы равнодушным. Даже если это произойдет не сразу, такие поступки обязательно принесут свои добрые плоды в сердце врага и обидчика.

Наряду с тем, что получает благословенный человек в смысле земного благосостояния, следует отметить, что не всегда материальные блага бывают нам благословением. Думаю, многие согласятся, что порою, по прошествии времени, мы благодарим Бога, что не получили от Него то, о чем мы так страстно умоляли Его когда-то. В то время казалось, что Он не желает нас благословить и только в последствии мы понимали, как любил нас Бог, не давая просимого. Писание говорит, что иногда человек просит что-то у Господа и не ведает, что просит не на добро. (Иак. 4:1-3.)

Благословением для блудного сына стали, как это ни странно, не богатое наследство, а свиньи и голод. Полученное богатство послужило колеёй для его падения, а тесные обстоятельства нужды, голода и позора привели его чувство и он возвратился туда, где его действительно любили, где он был дорог и желаем, где он обрел благословение и счастье родного дома.

В заключении я хочу рассказать историю из реальной жизни. В округе Сакраменто жила пожилая супружеская пара. Брат был долголетним служителем церкви, а сестра его верной помощницей. Господь благословил их долготою дней и они увидели «сыновей у сыновей своих». Однажды они рассказали, как в самом начале совместной жизни Господь хотел их благословить, но у них не хватило доверия Господу принять это благословение.

«Через год после свадьбы у нас родился первый ребенок, – так начали они свой неторопливый рассказ, – это был мальчик. Родился он крепеньким и здоровым и нам трудно описать всю радость этих счастливых дней. Но у нашего счастья оказались короткие крылья. Через несколько месяцев наш ребенок тяжело заболел и его состояние ухудшалось день ото дня. Доктора назначили ему уколы, таблетки, мы поили его настойками, делали компрессы, притирания, но ничего не помогало, наш малыш угасал на глазах. Несколько дней спустя, поздним зимним вечером у него остановилось дыхание. Ручки и ножки стали наливаться свинцовым холодом и мы поняли, что его душа оставляет свое маленькое тело.

Обезумев от горя, мы на коленях стали умолять Бога оставить нам нашу малютку. «Господи, – вопили мы в полумраке комнаты, – оставь нам его! Оставь нам это дитё. Ты видишь, как душа наша прилепилась к нему, Ты знаешь, что не будет нам большего горя, если мы потеряем этого младенца...» Этими и многими другими словами вопили мы к Богу, то прижимая его безжизненное тельце к сердцу, то дрожащими руками поднимая его вверх к небесам. Потоки слез изливались из наших глаз и, казалось, что весь мир прекратит свое существование с его потерей.

Наши вопли были услышаны. Когда в окнах забрезжило серое утро, малыш наш спал безмятежным тихим сном, как умеют спать только дети, а мы, еще не веря своему счастью, склонились над колыбелью и, прислушиваясь к его дыханию, не могли наглядеться на это чудо... В то время мы еще не понимали, как Бог хотел нас благословить, забирая его от земли невинным и чистым младенцем.

Следом за ним у нас родились сыновья и дочери. Все они росли послушными и приятными детьми, охотно посещали детские собрания, ходили на молодежные общения. Повзрослев, они приняли крещение, обзавелись своими семьями и ничего кроме радости и удовлетворения мы не имели с ними за всю нашу жизнь.

Но с нашим первенцем все было по-другому. Более непослушного и упрямого ребенка не было во всей родне. Одна за другой проблемы и переживания стали посещать наш дом и чем дальше, тем больше. С ранних лет он начал сбегать с уроков, уходить из дома, пристрастился к сигаретам, часто приходил домой пьяным, связался с такими же дружками, от которых за версту разило спиртным, стал попадать в милицию, никакие слова и уговоры на него не действовали, он грубил нам и все более и более опускался вниз. Мы оформляли его на лечение, он убегал оттуда, его ловили и все начиналось сначала.

Этот кошмар продолжается до настоящего времени. Приехав в Америку, вместе с нами страдает здесь и его семья. Теперь его старший сын, наш внук, делает то же самое. Он стал частым гостем тюрьмы и полиции, его лечили в специальной клинике от наркомании, а наш горемычный сын тоже успел побывать и в американской тюрьме.

Мы никогда не делали между нашими детьми какой-то разницы, в семье у нас не было любимчиков, мы всех одинаково кормили, одевали, любили и мы не знаем, почему наш сынок оказался пропащим человеком. Наша вина, что в тот критический момент мы не нашли в себе силы довериться Богу и все предать в Его любящие руки, а теперь мы только плачем и молимся о спасении его души и о его детях. Молимся, чтобы Господь простил нас. Мы сами выкричали себе это непрекращающееся горе, с которым и живем теперь всю жизнь. Мы давно уже поняли, что Господь очень хотел благословить наши земные дни, забирая его к Себе в младенческом возрасте, но увы, мы сами отказались от этого благословения.

Мы от всей души желаем родителям: доверьте Богу все, что Он дал вам. Бог никогда не опаздывает и не ошибается. Он обо всем позаботится и все соделает для вашего блага, ибо Бог есть Любовь, а любовь никогда не мыслит зла. «Все заботы ваши возложите на Него, ибо Он печется о вас». Нам так понятны теперь эти слова Писания. И всегда помните, что «любящим Бога, призванным по Его изволению, все содействует ко благу».

Итак, мой дорогой читатель. Прочитав эти строки, ты знаешь секрет благословенной жизни, которая начинается здесь на земле и не имеет конца. У тебя есть золотой шанс получить благословение от Бога, которое преобразит твою земную жизнь и приведет тебя в бескрайние обители неба. Бог сотворил человека быть счастливым и благословенным. Будь им.

«Во свидетели пред вами призываю сегодня небо и землю: жизнь и смерть предложил я тебе, благословение и проклятье. Избери жизнь, дабы жил ты и потомство твое» Втор. 30:19.

P.S. Десятки лет мы начинаем наши семейные молитвы примерно такими словами:

«Благодарим Тебя, Отче Небесный, что Ты Бог наш, что Ты так возлюбил нас, что отдал Сына Своего Единородного, дабы всякий верующий в Него не погиб, но имел жизнь вечную...

Благодарим Тебя наш Господь Спаситель, что Ты претерпел ради нас мучения Голгофы и совершил великий подвиг спасения нашего, что Ты пригвоздил ко кресту наши грехи и беззакония, наши немощи и болезни...

Благодарим Тебя Дух Святой, Утешитель, Ходатай и Наставник наш, что Ты пребываешь с нами здесь на земле...

Благодарим Тебя Отче Небесный за твои обетования и молим Тебя, Господи, благослови Израиль, пошли мир Иерусалиму, открой глаза и сердца народу

Израильскому, чтобы они приняли Иисуса Христа, как Мессию...»
Аминь

ОКНА НЕБЕСНЫЕ

ВЛАДИМИР МЫСИН

ОКНА НЕБЕСНЫЕ

«Воззови ко Мне – и Я отвечу тебе, покажу тебе великое и недоступное, чего ты не знаешь»
Иер. 33:3.

Факт нашего рождения в этом мире создает у человека иллюзию собственности этого мира. Это моя земля! Я здесь живу. Подобно, как ребенок, родившись в семье, как само собой разумеющееся воспринимает себя частью семьи, со всеми правами и претензиями. Он говорит: «Это мой дом», хотя он его не строил. Он говорит: «Это мои родители», хотя он их не выбирал, он требует свою часть наследства, хотя он его не зарабатывал и т.п.

Таким образом, человек часто забывает, что на земле мы только гости, никто не задержится здесь надолго и время, подобно режиссеру в театре жизни, неслышно продвигает и нас от одного края сцены к другому.

Когда мы начинали свой жизненный путь, впереди себя мы видели своих родителей, дедушек и бабушек, может быть даже прадедушек и прабабушек. По мере нашего продвижения, места впереди освобождались и уже за собою мы видим своих детей, а затем внуков, правнуков, затем видим, что впереди уже никого не осталось и приближается наш черед оставлять сцену этого мира другим. Эта нескончаемая череда поколений продолжается тысячелетия, но не всегда так будет.

*   *   *

В этой главе я предлагаю поговорить об одном уникальном свойстве, которое, подобно времени, пронизывает все сферы человеческой жизни. Провидение Божие даровало нам его на время нашего земного странствования как замечательного друга, опытного путеводителя, мудрого учителя и верного помощника. Имя ему вера.

Вера – это привилегия, которая присуща только человеку. Весь животный мир живет под руководством инстинктов, которые, подобно компьютерной программе, определяют поведение животных и только человек живет под воздействием веры. Животные поступают так, как им подсказывает инстинкт, а человек предпринимает действия после того, как поверит.

Вопрос веры был и будет одним из наиболее животрепещущих вопросов бытия, ибо во все времена все народы, племена, колена и языки во что-то верили. На всех концах земли находят многочисленные атрибуты самых невероятных объектов веры, начиная от рукотворных идолов всех мастей и кончая поклонением солнцу, звездам, деревьям, животным, птицам, духам и т.п. Миллионы жертв и реки крови пролились в безумных попытках людей доказать, чья вера правильней.

В 21-м веке ситуация нисколько не изменилась. Несмотря на развитие науки, техники, электроники, загадок в нашем подлунном мире не убавилось, но стало еще больше. Кроме традиционной веры в Бога, веры в мистические силы, в астрологию, в гороскопы и т.п., нас окружают тысячи повседневных объектов веры.

Группа ученых, начиная исследование, верит, что добьется успеха. Покупая новый автомобиль, человек верит, что этот автомобиль надежный. Пристегивая себя к креслу в салоне самолета, человек верит, что самолет долетит до места. *(Иначе бы его оттуда ветром сдуло).* Вкладывая финансы в новое предприятие, бизнесмен верит, что получит прибыль. Как и большинство людей планеты, я никогда не видел микробов, но я верю, что они существуют. Мы верим учителям в школе, верим своим друзьям, верим своей жене, верим, что говорят по радио, верим тому, что мы читаем в газетах, в книгах, верим президентам, политикам, пасторам, ученым и т.д.

Практически, ни одна новая идея не может осуществиться, если у ее создателя не будет веры в то, что эта идея заслуживает воплощения, заслуживает траты сил, времени, средств, а порою и самой жизни. Вера в то, что идея стоит таких затрат, дает человеку силы осуществлять свой замысел.

Длинный вековой поезд мировой науки, доверху загруженный микроскопами, телескопами, пробирками, книгами, чертежами, портфелями, моделями, из всех окон и дверей которого выглядывают, сверкая линзами очков, бородатые ученые мужи, катится по двум рельсам: вера и любопытство. Нельзя ступить и шага, чтобы не столкнуться с объектом веры, которая в том или ином виде присутствует во всех сферах жизни людей. Даже атеисты, отрицая Бога, или верят, что Бога нет, или не верят, что Бог есть. Но и они верят в светлое будущее на земле (*в которое уже никто не верит*), верят в социализм, в коммунизм и т.п.

Фундаментом всех религиозных течений является вера, которая поднимает дух верующего человека до таких высот, что он может отдать за нее самое дорогое, что у него есть – свою жизнь. Значит, в вере заложена сила, способная вдохновить даже слабого и хрупкого по плоти человека на великие подвиги, делая дух человека твердым, как алмаз, давая ему способность побеждать, пренебрегая опасностями, а порою и самой жизнью. Поэтому, мы не можем сказать, что такие люди витают где-то в облаках с воображаемыми, нереальными картинами в мыслях.

Сила и возможности веры многократно проявлялись в земном хождении Христа и Апостолов. Верой исцеляли больных, очищали прокаженных, изгоняли бесов, ходили по воде, усмиряли бури, кормили тысячи людей, получали обетования, побеждали царства, прогоняли полки врагов... Христос говорил ученикам, что имея веру, можно огромную гору ввергнуть в море, и что это не предел, нет ничего невозможного для веры. Таким образом, простая детская вера делает порою больше, чем усилия десятков человек.

Обилие объектов веры не может не привлечь внимания думающего человека. Тем, кто серьезно заинтересован привести свои познания о вере на новую ступень, я предлагаю посмотреть на веру с точки зрения Священного Писания, в котором мы находим многочисленные описания сверхестественных проявлений веры в нашем физическом мире.

Нынешний видимый мир – это мир времени и все видимое здесь держится в потоке времени, который протекает по вселенной. Вера имеет важное значение для определения нашего миропонимания отвечая на вековой вопрос бытия: откуда мы пришли и куда идем. В Послании к Евреям написано: «Верою познаем, что веки устроены словом Божиим, так – что из невидимого произошло видимое» Евр. 11:3. А в Послании к Коринфянам мы читаем: «Ибо видимое временно, а невидимое вечно» 2Кор. 4:18.

Названные места Писания рисуют четкие рамки мироздания: мы пришли из невидимого и идем в невидимое. Это ставит человечество перед фактом загробной жизни и открывает наше нынешнее место в цепочке бытия. Позади нас вечное невидимое прошлое, откуда пришел этот мир, в середине – наш видимый сегодняшний день, а впереди нас ожидает вечное невидимое будущее, к которому наш мир летит на крыльях времени. Современная наука уже достигла уровня знаний, которые свидетельствуют, что все видимое временно. Любой школьник сегодня знает, что все видимые предметы – это временная форма материи, состоящая из энергии. (*Невидимые молекулы, невидимые невидимые электроны, протоны, нейтроны и т.д.*)

Сопоставляя эти факты, мы приходим к выводу: невидимая часть бытия, пребывающая вечно – это более стабильная форма бытия, чем видимая, которая временная, потому что постоянное и стабильное сильнее временного и проходящего. Сверхъестественная сила веры состоит в том, что посредством веры мы перешагиваем барьер материально-временного и черпаем силы из невидимо-вечного. Таким образом, через веру мы имеем доступ к силам невидимого мира, которые превосходят земные силы, легко побеждают материальные законы природы и приводят человека к берегу океана сверхъестественных возможностей. Вера – это связь между миром времени и миром вечности.

Человеку, стоящему в своей земной колыбели с очками материальности на глазах, трудно постигать законы высшего духовного мира, в которых так легко заблудиться неискушенному и ограниченному рамками временного человеческому разуму. Мы не можем еще постигнуть, во всей полноте, даже физического мира, в котором мы родились и живем, тем более о высшем духовном мире нам дано знать очень мало.

Трудно сказать, на сколько тысячелетий назад отбросило человечество наше грехопадение. Сотворенный по образу и подобию Божию, человек был вершиной творения имея в себе огромный духовный потенциал и перспективу жить вечно. Но, потеряв связь с Богом, человек быстро скатился на уровень животно-чувственного восприятия мира: «Будем есть и пить, ибо завтра умрем». Яркие алмазные блестки гениальности в жизни выдающихся людей земли дают нам некое представление о былых возможностях человека. Путь к познанию бытия тернист и труден, подобно как семя, попав в плодородную почву, начинает медленно прорастать, так и человечество, в целом, медленно продвигается по пути познания, тысячелетиями, по крупицам собирая знания и опыт. В этом пути человеку, как воздух, необходима вера.

Нынешнее земное состояние плотского человека – это низшая стадия во вселенской иерархии. Христос однажды прямо сказал это домогавшимся, но ничего не хотевшим понимать, фарисеям и книжникам. «Вы от нижних, Я от вышних; вы от мира сего, Я не от сего мира» Иоан. 8:23.

Поэтому учение Иисуса содержит в себе простые основополагающие истины. Христос не учит Своих учеников как сводить огонь с неба, как переставлять силою веры горы и управлять стихиями, но учит их послушанию, смирению, воздержанию, терпению, прощению, верности, кротости, любви, вере. Эти качества являются крепчайшим фундаментом человеческого духа, на котором формируется и возрастает образ совершенного человека. Это есть то малое, по достижению которого, Бог ставит человека над многим.

Если человеку встречаются обитатели невидимого вечного мира, хорошо видна огромная разница в силе в сравнении с нашим миром. Когда ко гробу, где положили распятого Иисуса, сошел Ангел с неба, там находилась стража. Это были воины профессионалы. Они знали свое дело. В их руках было оружие и была конкретная задача: стеречь тело.

Что же стали делать воины, увидев Ангела? Может быть они, услышав сигнал тревоги, выстроились в боевой порядок, закрылись щитами и с копьями на перевес, по команде начальника отряда, пошли в атаку на Ангела? И там началась яростная битва? Нет. Ангел и не собирался с ними воевать. Одного его взгляда было достаточно, чтобы вся эта «грозная» стража лишилась чувств от страха присутствия представителя высшего мира.

Писание отмечает также разницу духовного уровня между нашими мирами. Апостол Павел пишет Коринфским христианам о человеке, который удостоился побывать в раю и разговаривать с обитателями высшего мира. (2Кор.12глава) Возвратившись, этот человек не сумел даже пересказать словами, о чем говорили с ним жители неба.

Беседуя с учениками об Иоанне Крестителе, Христос также указывает им на эту великую пропасть между жителями земли и обитателями Царства Небесного, говоря: «Истинно говорю вам: из рожденных женами не восставал больший Иоанна Крестителя; но меньший в Царстве Небесном больше его» Матф.11:11.

После разговора с богатым юношей, Христос, подводя итог этой беседы, говорит ученикам о том, как трудно войти в Царство Небесное. Это было большим потрясением для учеников и они в ужасе спросили Его: «Кто же может спастись?» Христос не опроверг выводы Своих учеников, ибо они задали Ему справедливый вопрос, и подтвердил эту истину словами: «Человекам это невозможно, но не Богу; ибо все возможно Богу» Марк.10:27.

Таким образом, мы имеем две новости: хорошую и плохую. Начнем с плохой: человеку спастись невозможно. Христос очень высоко оценил Иоанна Крестителя и в то же время говорит, что даже Иоанн Креститель, наибольший из пророков, которые когда-либо рождались на земле, не дотягивает до стандартов Царства Небесного. Что тогда говорить о простых смертных?

Хорошая новость: Бог нашел выход из этой ситуации и спасение возможно. Ключевую роль в плане спасения человечества Бог поручил вере.

Бог все делает основательно и прочно. Начав подготовительные работы с Авраама, Бог в двенадцати патриархах заложил фундамент совершенно нового народа земли. Далее Египет и Моисей, закон, земля обетованная, судьи и пророки, цари и священники и, наконец, когда пришла полнота времени, Бог посылает на землю «начальника и совершителя веры Иисуса» (Евр.12:2) и через веру в Него открывает людям путь к праведности и спасению.

Праведность посредством закона – это долгий, утомительный, кропотливый, нескончаемый труд. Обременяя человека бесчисленными уставами, обрядами, традициями, ритуалами, рамками, жертвоприношениями и прочими правилами, узы закона обрекают его всю жизнь тянуть эту лямку, маленькими шагами поднимаясь на священную гору праведности. Праведность посредством веры – это полет быстрокрылой ласточки взлетающей на Сион праведности, над ковыляющей толпой унылых законников.

Через веру Бог даровал людям превосходнейший путь к праведности и это путь, который угоден Богу. «Без веры угодить Богу невозможно» Евр.11:6. Несмотря на то, что Авраам многие годы был в общении с Богом и был назван другом Божиим, праведность он получил через веру. «Поверил Авраам Богу, и это вменилось ему в праведность» Рим.4:3.

В арктических поселках долгими зимними месяцами люди живут в темноте и метели порою метут там по много дней, без перерыва. Снег и ветер со страшным воем несутся ледяной стеной так, что невозможно перейти на другую сторону дороги. В таких поселках, на зимнее время, от дома к дому протягиваются канаты, благодаря чему человек может попасть к соседям или сходить в магазин. Как бы ни бушевала вьюга, канаты указывают правильное направление и сохраняют человека в кипящем котле суровой северной стихии.

Нечто подобное происходит и в вопросе веры. Среди житейской вьюги, порою, трудно решить в какую сторону направить свои стопы и Бог протянул для людей канат веры, который через все невзгоды приводит человека к тихой гавани спасения. Вера – это Божий проводник, который приводит человека к Богу и одевает его в брачную одежду праведности. Никакая другая одежда не подходит для брачного пира Агнца, поэтому Писание категорично говорит людям, что без веры угодить Богу невозможно.

Вера помогает потерянному человеку, будучи в теле, найти Бога и получить свидетельство спасения. Даже сегодня множество людей на земле никогда не изучали грамоту и не умеют ни читать, ни писать, а тем более в прошлые века, лишь очень немногие имели возможность получить образование и самостоятельно читать Библию. Простой, неграмотный человек, поверив Богу, может ничего более не знать, но всю оставшуюся жизнь жить радостной и благодарной жизнью, веруя, что Бог уже спас его через пролитую кровь Своего Единородного Сына и этого ему будет достаточно для спасения. Как говорит Писание: «Праведный верою жив будет...» Евр.10:38. С другой стороны, пытливым и ищущим сердцам вера открывает безграничные горизонты познания, для которых не хватит короткого человеческого века, чтобы познать все.

На примере Даниила мы видим, до каких высот ведения может поднимать человека вера. Подобно, как любовь – это ветер, наполняющий паруса жизни, вера – это ветер, наполняющий паруса желаний.

На протяжении всей жизни нам помогает вера, сопровождая нас днем и ночью, но вера – это временная подруга, с которой мы расстанемся, когда переступим порог вечности. Если мы что-то видим наяву, нам уже не нужна вера. Как только невидимое, в существование которого мы верили, появляется на наших глазах, вера растворяется в познании. Когда корабль заходит в гавань, ему уже не нужен компас. Вера – это компас, указывающий курс кораблю жизни к маяку вечности. Вера – это компас вечности.

В Послании к Евреям мы находим формулу веры. «Вера же есть осуществление ожидаемого и уверенность в невидимом» Евр. 11:1. Приведенная формула – это формула активной веры. Состоит она из двух частей: уверенность в невидимом и осуществление ожидаемого, поэтому первой ступенью нам следует основать свою личную уверенность в невидимом, как фундамент нашей веры.

В Послании к Римлянам есть стих, благодаря которому мы получаем представление о том, как действует Бог в творении: «Я поставил тебя (*Авраама*) отцом многих народов», – пред Богом, Которому он поверил, животворящим мертвых и называющим несуществующее, как существующее» Рим. 4:17.

Когда уверенность в невидимом достигает наивысшей концентрации, то несуществующее называется как существующее. Это вершина веры. Бог сказал слово и несуществующее стало существующим. Здесь Писание открывает, какую непостижимую человеческому разуму силу имеет слово невидимого Бога. Бог животворит мертвое и, властно назвав несуществующее как существующее, производит процесс творения.

Многочисленные и многообразные следы невидимой вечной силы, видимым образом проявляющиеся в земной природе, убедительно свидетельствуют о реальности невидимого Создателя. Павел пишет: «Ибо, что можно знать о Боге, явно для них, потому что Бог явил им; ибо невидимое Его, вечная сила Его и Божество, от создания мира через рассматривание творений видимы, так что они безответны» Рим. 1:19-20.

Таким образом, Бог предусмотрел, чтобы наша уверенность в невидимом имела под собой прочное основание через созерцание видимых творений и ставила каждого человека перед фактом существования сверхъестественной созидающей силы. Именно на эту сферу диавол прилагает много усилий, стараясь разбить в сердцах людей веру. Через атеизм, теорию эволюции, различные философские учения, он стремится подрезать людям крылья веры и убедить мир, что все здесь получилось само собой и никакой разумной невидимой силы нет.

Уверенность в невидимом через многочисленные доказательства силы Невидимого в видимых творениях и стихиях мира приводит нас к ступени познания, где мы находим открытые окна в вечное невидимое, которые называются обетования Божии.

Обетования Божии – это энергия невидимого мира, направленная на землю, и они незыблемы, как скала. Тысячелетия истории доказывают, что пророчества Библии исполняются до точности. Поэтому наша уверенность в Невидимом имеет под собой не только доказательства в творениях и стихиях, но твердое основание и мощный творческо-энергетический потенциал заключенный в обетованиях Божиих.

Обетования Божии – это открытые окна небесные, через которые, независимо ни от каких обстоятельств, нисходят потоки силы и благодати из вечного невидимого мира. Иаков пишет: «Всякое даяние доброе и всякий дар совершенный нисходит свыше от Отца светов, у Которого нет изменения и ни тени перемен» Иак. 1:17. Этот стих свидетельствует, что окна в невидимое вечное открыты и действуют, даруя людям добрые даяния и дары совершенные. Поступая так, как гласит обетование, мы становимся под струю силы Божией.

Сорок лет ходил по пустыне народ Израильский. Сорок лет они не выращивали никакой пищи, у них не было фабрик для производства обуви, одежды и многих других предметов первой необходимости, но ни у одного человека, за эти сорок лет, не изнашивалась обувь, не ветшала одежда, не рвались вьючные ремни на животных и т.п. Как это объяснить? Это случилось потому, что сорок лет над Израильским народом пребывали открытые окна небесные, через которые на них нисходила сила невидимого мира, видимо подчиняя себе физические законы.

Обетования Божии – это практическое выражение любви Божией к людям. Ключ к обетованиям – это вера, посредством которой Бог соединяет видимое с невидимым. Вложив силу невидимого мира в Свои обетования, Бог хочет, чтобы мы искали Его обетований и ждет, когда мы протянем к ним руку веры, чтобы нам жить жизнью благодарности и победы.

<u>Мертвая вера</u> уныло смотрит в белый потолок, прося у Бога жалобным голосом «дай», «дай», и не видит, что Бог давно уже протягивает к ней чашу благодати, наполненную обетованиями и говорит «бери».

<u>Живая вера</u> видит перед собою накрытый стол благодати Божией с обильными явствами обетований.

Залог исполнения обетований есть Сам Бог. «Ибо верен Обещавший» Евр.11:11. О верности Божией свидетельствуют множество мест Писания. «Бог не человек, чтоб Ему лгать, и не сын человеческий, чтоб Ему изменяться. Он ли скажет, и не сделает? Будет говорить, и не исполнит?» Числ.23:19. Об Аврааме мы читаем (Рим.4:18-21), что он пребыл твердв вере, не поколебался в вере в обетование Божие, исполнил условия, поставленные Богом, и Богу ничего не оставалось делать, как только исполнить Свое обетование, ибо верен Обещавший.

Что здесь особенно важно: Бог именно этого и хотел по отношению к Аврааму; именно этого Он хочет по отношению ко всем людям. Бог добровольно связал Себя Своими обетованиями людям и Он не может не исполнить то, что обещал, потому что Он Бог. В этом заключается глубинный смысл пути веры и обетований, который Бог, от Авраама до Христа, бережно строил для благословения всего человечества.

Обратим внимание, что в Ветхом Завете очень мало говорится о вере. Бог настолько был близок к народу Израильскому, что называл его Своей невестой. Авраам, Исаак, Иаков, Моисей и другие столпы Израильского народа имели прямое общение с Богом. Имея у себя скрижали заповедей, ковчег Завета, несчетное число совершившихся знамений и чудес, у Израильского народа не стоял вопрос веры в Бога. Они прекрасно знали, что Бог есть.

Проблемой Израильского народа было послушание. Несмотря на многочисленные чудеса и знамения, они раз за разом уходили от живого Бога и служили чужим богам. Именно послушание Бог заложил в основание Своей заповеди о благословении народа Израильского. (Втор. 28гл.) Для остальных народов, чтобы быть участником благословения Авраамова, необходимо верить и благословлять потомков Авраама.

Это обетование, как и остальные, постигается верой и осуществляется словами сердечного благопожелания народу Израиля. Построено оно по принципу закона отражения: любой человек, заинтересованный получить благословение для себя, должен прежде благословить Израиля.

Поистине, только гроссмейстерская мудрость и отеческая любовь к этому народу могли заложить в века, наперед, такую изумительную схему процесса благословения. Подобно, как вера и дела, укрепляя друг друга, приводят веру к совершенству, так и в вопросе благословения, благословляя Израиль, мы, тем самым, благословляем и себя. (Быт.12:3)

Таким образом, вера – это путь к благословению. «Дабы благословение Авраамово чрез Христа Иисуса распространилось на язычников, чтобы нам получить обещанного Духа верою» Гал.3:14.

Через веру исполнилось обетование Божие Аврааму, когда Бог сказал ему, что потомство твое будет так многочисленно, как песок земной. Быт.13:16. По всей земле Евреев насчитывается сегодня несколько десятков миллионов. Есть народы гораздо многочисленнее. Это неудивительно. На протяжении многих столетий диавол прилагал титанические усилия, чтобы стереть с лица земли семя Авраамово. Вы не найдете на земле другого такого народа, который бы столько претерпел гонений, горя и страданий, как народ Израильский.

Но сегодня на земле славят Бога миллиарды христиан, которые посредством веры стали сыновьями и дочерями Аврааму и свои Богу. «Познайте же, что верующие суть сыны Авраама» Гал.3:7. «Итак верующие благословляются с верным Авраамом» Гал.3:9.

Бог хочет, чтобы мы стремились подражать Ему, как дети стремятся подражать своим родителям. Как Бог, в процессе творения, из несуществующего производит существующее, мы не можем знать во всех подробностях – масштаб различия силы Божией и силы человеческой слишком велик. На страницах Писания мы находим информацию, что в процессе творения у Бога огромное значение имеет слово. «Так и слово Мое, которое исходит из уст Моих, – оно не возвращается ко Мне тщетным, но исполняет то, что Мне угодно, и совершает то, для чего Я послал его» Ис.55:11.

Посредством веры Бог учит нас, осуществляя ожидаемое, получать из невидимого видимое через обетования, за которыми стоит сила Божия. Это миниатюрные процессы творения. Здесь также большое значение имеет наше слово, потому что сила веры выражается силой слова. Сила слова заключается в истине. Сила слов веры – это сила истины. Поэтому, когда мы говорим истину, наши слова имеют силу. Может ли лживый человек расчитывать на то, что его слова будут иметь силу? Нет. Апостол Павел пишет: «Мы не сильны против истины, но сильны за истину» 2Кор.13:8.

Обетования Божии дают основание верующему молиться, как власть имеющему зная, что за нами стоит великая вечная сила невидимого мира. Эту силу и власть окружающие люди видели в Иисусе Христе. Эта сила и власть была в Апостолах, эту силу и власть Христос завещал всем Своим последователям. В Евангелии от Иоанна Христос сказал, что верующие будут творить еще большие дела, нежели Он творил, потому что после Голгофской победы верующие получили авторитет и власть Иисуса Христа в Его Имени. Имя Иисуса Христа – это сила, пред Которой преклонится всякое колено небесных, земных и преисподних сил. Поэтому, наше назначение на земле не только найти личное спасение, но, подобно верным рабам своего Господина и Спасителя, быть соработниками на Его ниве, даже если наше участие будет выражаться просто нашими постоянными молитвами.

Обетования Божии делают наши молитвы сильными и побеждающими. Это огромная нива труда для пожилого и старческого возраста. Ваш многолетний духовный опыт дает вам неоценимое преимущество перед молодыми и новообращенными христианами. Вы прожили нелегкую жизнь, вы знаете обетования Божии, вы знаете волю Божию из Писания, вы понимаете то, что молодые поймут позже, и поэтому вы знаете о чем просить и молиться. Не беда, что вы уже слабы физически, тем сильнее будут ваши молитвы веры, ибо, зная волю Божию, вы молитесь по воле Его и Бог непременно будет отвечать на такие молитвы. Молитвенники – это духовный фундамент церкви.

Практически, во всех своих Посланиях Павел обращается с просьбой к церквам, чтобы за него молились. Казалось бы, уж кому-кому, а ему, наверное, меньше всего нужны были чьи-то молитвы. Многие люди сами с готовностью склонили бы свою голову и колени для благословения под руки Апостола. Имеющий сильную веру, дар исцеления, кому неоднократно являлся Господь и лично наставлял его, кто имел видения, чьими руками творились многие чудеса и вдруг Апостол Павел просит молиться за него.

Много времени проводили в молитвах Христос и Апостолы. В Гефсимании Господь также просил учеников бодрствовать и поддержать Его молитвами. Эти факты свидетельствуют нам о чрезвычайной важности молитвы как в делах веры, так и в личной жизни, ибо молитва веры – это великая сила.

Яростным врагом веры является сомнение. Сомнение стало началом конца многих печальных событий и причиной многих несостоявшихся открытий. Первое, что диавол посеял в душе Евы, это сомнение в словах Бога, которое и привело ее к падению. В четырнадцатой главе Евангелия от Матфея записана уникальная история, как Петр, поверив словам Христа, пытался ходить по воде. Оказалось, это далеко непросто. Пока Петр смотрел на Иисуса, он шел по воде, так же, как и Господь. Но, когда он обратил внимание на неспокойное море, как его босые ноги ступают прямо по гребням волн, не имея под собой никакой опоры и его ступни ощутили холодную влагу воды, которая почему-то стала упругой, то вся его рыбацкая сущность возопила в душе: «Не может быть!», и он, тут же, с головой провалился в пучину.

Этот эпизод является примером и для нашей веры. Пока Петр смотрел на Иисуса, он силой невидимого мира смело осуществлял ожидаемое, идя по воде, но, как только он стал принимать во внимание физические законы, в которых родился и вырос каждый человек земли, они мгновенно разрушили его веру и он стал утопать. Почему? Ответ дал Господь буквально через несколько секунд: «Маловерный, зачем ты усомнился?»

Этот эпизод является хорошей иллюстрацией того, как глубоко сидят в каждом человеке корни материальности, поэтому, становясь на путь веры, мы должны объявить войну сомнению. Никто не сможет стать сильным воином Иисуса, если не научится побеждать сомнение.

Существование зла на планете неизмеримо усложняет жизнь человека, поэтому путь к желанной пристани нам приходится совершать со многими трудностями. В условиях прессинга искушений и испытаний мы не можем ограничиваться только уверенностью в невидимом и знанием силы обетований, но критически важным становится необходимость практической стороны веры – осуществление ожидаемого.

Осуществление ожидаемого – это не ожидание ожидаемого, а осуществление. Это действие. Только уверенность в невидимом – это пассивное состояние веры. Апостол Иаков называет это «мертвой верой». Можно всю жизнь верить в загробную жизнь, что существует Бог, но не пошевелить и пальцем, чтобы позаботиться о своем спасении. Принесет ли нам пользу такая вера? Нет, такая вера будет мертвой. Иаков пишет, что: «И бесы веруют и трепещут» Иак. 2.19. Далее он пишет, что оживотворяет веру – осуществление ожидаемого.

Осуществление ожидаемого – это то, что Бог хочет видеть в каждом человеке после того, как у него появится уверенность в невидимом. Это наши поступки и образ жизни в соответствии тому, в чем мы уверены. Эти выводы приводят нас к двум параллелям: вера и дела. Вера – это уверенность в невидимом, а осуществление ожидаемого – это наши дела в соответствии нашей веры. Дела по вере являются инструментом, через который они совершенствуются и укрепляют друг друга. Иаков подводит этому итог, приводя в пример Авраама. «Видишь ли, что вера содействовала делам его, и делами вера достигла совершенства» Иак. 2:2.

Таким образом, характеризуя живую веру, можно сказать, что уверенность в невидимом и осуществление ожидаемого подобны двум рельсам железнодорожного полотна. Поэтому тот, кто спорит, что важнее для спасения: вера или дела? – спорит о том, какая рельса важнее для поезда – левая или правая.

Подчеркивая в выдающихся людях веры особенности характера, Библия называет их особыми именами. Давид - «псалмопевец», Соломон - «мудрейший», Даниил - «муж желаний», Авраам назван «отцом веры». В лице Авраама Писание оставило нам замечательный пример завершающего фактора живой веры – осуществление ожидаемого. Павел пишет о вере Авраама: «Он, сверх надежды, поверил с надеждою... и, не изнемогши в вере, он не помышлял, что тело его, почти столетнего, уже омертвело, и утроба Саррина в омертвении; не поколебался в обетовании Божием неверием, но пребыл тверд в вере, воздав славу Богу, и будучи вполне уверен, что Он силен и исполнить обещанное» Рим. 4:18-21

Осуществляющая сила веры проявляется в том, что <u>несуществующее называется как существующее.</u> Мы читали выше, что так поступает Бог, это же самое делал Авраам, вполне уверенный, что Бог силен исполнить Свое обетование и воздавал славу Богу, принимая несуществующее еще, как существующее. Авраам, еще не получив обещанное, стал благодарить за это Бога, крепко ухватившись рукою веры за Его обетование. В этом есть юродство веры для мира. – Как вы можете благодарить Бога, Которого не видите, за Его обещания, еще неполученные?

Но Авраам, имея твердую уверенность в невидимом, осуществлял ожидаемое тем, что воздавал славу невидимому Богу, как бы уже получивший от Него обещанное. Основным инструментом Авраама в осуществлении ожидаемого была благодарность. (*Благодарность, в своей высшей степени, приводит к хвале, а хвала, в своей высшей степени, приводит к славе.*)

Таким образом, Авраам не просто благодарил Бога, но он славил Бога, вполна уверенный, что Бог, несмотря ни на что (*старость, бесплодие Сарры*), непременно исполнит обещанное. (*В следующей главе мы более подробно поговорим о благодарности.*)

Диавол большой мастер угашать веру в людях ледяными стрелами сомнения. Я думаю, что Аврааму не раз стучались в сердце диавольские мысли о том, что его омертвелое столетнее тело уже не способно произвести потомство, что Сарра, с молодости неплодная, уже омертвела, это уже невозможно, жизнь уже прожита и т.д.

Но Авраам не впадал в рассуждения, не спорил и не доказывал, не убеждал свою человеческую логику, кричавшую ему, как Петру: «Не может быть!» Нет. Авраам сразу отбрасывал эти мысли, не давая им, через рассуждения с самим собою, свить гнездо в своем сердце. Он даже не помышлял об этом продолжая благодарить и славить Бога за обетование, потому что вера убеждает человека, что все обещанное Богом можно считать уже осуществившимся, так, словно у нас есть документ, подтверждающий право собственности, что это реально, хотя мы этого не видим. Это путь веры.

Может быть и в вашей жизни встречаются порою ситуации, когда все ваше существо кричит вам – это невозможно! В такие моменты помните, что для веры все возможно и гоните прочь унылые мысли сомнения. Путь веры – это путь, на котором нет ничего невозможного, ибо вера побеждает все. «Все возможно верующему» Марк.9:23.

В вопросе веры следует подчеркнуть одно немаловажное обстоятельство: не торопитесь обольщаться фактом явного проявления сверхъестественных сил. Силы и возможности невидимого мира не всегда и не всеми используются в хороших целях. В восьмой главе Книги Деяния Апостолов приводится небольшая история, которая послужит некоторой иллюстрацией этой истины.

В одном Самарийском городе проживал человек, по имени Симон, сумевший увлечь доверчивых самаритян своими мелкими чудесами, которые он маклевал посредством волхвования, выдавая себя за великого человека. Но, когда туда пришел Апостол Филипп и народ увидел действие силы Божией, то даже сам Симон уверовал, крестился и не отходил от него стараясь понять, как это Филипп совершает такие чудеса.

Спустя некоторое время, услышав о начавшемся пробуждении, в город пришли Апостолы Петр и Иоанн. Тут Симон-волхв, увидев, как через возложение рук Апостолов на верующих сходит Дух Святой понял, откуда исходит сила и решил, что лучшего бизнеса трудно даже и придумать. Недолго думая, он приносит Апостолам деньги, пытаясь с их помощью получить для себя лайсенс на раздачу Святого Духа и, таким образом, повысить свою «производительность» на ниве волхвования, за что едва не поплатился головой.

Когда Моисей являл фараону силу и могущество Божие сверхъестественными делами несколько первых чудес, которые сотворил Бог через Моисея, сумели повторить и Египетские жрецы своими чарами. Но вскоре им пришлось признаться в своем бессилии перед силой Божией. Там, у трона фараона, произошло земное состязание двух великих сил невидимого мира, от которого все окружающие пришли в страх и ужас.

По этому поводу Христос говорит ученикам о людях, которые будут творить многие чудеса и знамения, но ничего общего не будут иметь с Богом. «Многие скажут Мне в тот день: «Господи! Господи! Не от Твоего ли имени мы пророчествовали? И не Твоим ли именем бесов изгоняли? И не Твоим ли именем многие чудеса творили?» И тогда объявлю им: «Я никогда не знал вас; отойдите от Меня, делающие беззаконие». Матф.7:22-23.

Шаблоном, посредством которого легко можно определить плоды истинной веры, является Слово Божие. Плоды истинной веры – это плоды духа: любовь, радость, мир, долготерпение, благость, милосердие, вера, кротость, воздержание. Гал.5:22-23. Истинная вера никогда не имеет в себе корысти или стремления изумлять людей фокусами и чудесами. Те, кого Бог удостоил ближе других соприкоснуться с силою веры, должны бережно придерживаться принципа, который выразил Христос, давая напутствие ученикам, отправляя их в первое миссионерское путешествие: «...больных исцеляйте, прокаженных очищайте, мертвых воскрешайте, бесов изгоняйте; даром получили, даром давайте» Матф.10:1-42.

Подводя итог нашей беседы, зададим вопрос: какова главная цель веры? Переставлять горы? Творить чудеса? Нет, вера имеет более высокие цели. Вера вселяет Христа в сердца человеческие и это единственная дверь, через которую входит туда Господь. «...верою вселиться Христу в сердца ваши» Еф.3:10-21.

Вера, подобно доброй няньке, вскармливает человека в нашей земной колыбели, а после окончания этой жизни приводит в невидимый вечный мир и передает его в руки Бога, для жизни вечной. Вера – это дорога, по которой мы идем в небо, и она заканчивается вратами Царствия Божия. Только через веру мы получаем усыновление и неувядаемое наследство в небесах.

«Итак, оправдавшись верою, мы имеем мир с Богом чрез Господа нашего Иисуса Христа, чрез Которого верою и получили мы доступ к той благодати, в которой стоим и хвалимся надеждою славы Божией» Рим.5:1-2.

Вера – это Божий дар человечеству. «Ибо благодатию вы спасены чрез веру, и сие не от вас, Божий дар» Еф.2:8. Мы не знаем, что принесет нам завтрашний день, но, благодаря вере, мы способны устоять в испытаниях и побеждать трудности жизни. Вера дает силу душе прорастать сквозь чернозем материи, покрывающей нас тучами скорбей, страданий, печалей, к солнечному свету вечной благодати Божией и зажигает в наших душах драгоценный факел надежды. Указывая на высшую цель, вера делает человека мужественным и наполняет нашу жизнь смыслом.

Из прочитанного мы убедились, что тема веры – это весьма объемная тема Священного Писания. Практически, любой стих о вере заслуживает отдельного размышления, поэтому, охватить все, что связано с верой, в такой краткой главе, невозможно. Основная цель нашего разговора о вере состоит в том, чтобы пробудить интерес в тех, кто недооценивал роль и возможности веры в своей жизни, ободрить тех, кто уже верит, и направить желания веры в цель, заострив их на ключевых точках Священного Писания. «Чтобы вера ваша укреплялась не на мудрости человеческой, но на силе Божией» 1Кор. 2:5.

Хотя мы уже многое узнали о вере, но, смотря вперед, должны будем признать, что еще только находимся у подножия высокой горы, имя которой Вера. Пытливые умы будут переходить из веры в веру, открывая для себя новые и новые горизонты познания, и так до самых врат вечности, где откроется все неоткрытое ныне и мы во всей полноте поймем и оценим гармоничную панораму Божией мудрости и любви к людям, заложенную в путь веры.

До конца своих дней человек не сможет исчерпать этот благодатный родник Божьей благодати, но того, что мы имеем в Писании, сказанного о вере, вполне достаточно для благочестивой жизни и спасения. И хочется воскликнуть вместе с Апостолом Павлом: «О, бездна богатства и премудрости и ведения Божия! Как непостижимы судьбы Его и неисследимы пути Его! Ибо кто познал ум Господень? Или кто был советником Ему? Или кто дал Ему наперед, чтобы Он должен был воздать? Ибо все из Него, Им и к Нему.» Рим.11:33-36.

Ему слава вовеки. Аминь

ВЛАДИМИР МЫСИН

ВЕЛИКОЕ ПРИОБРЕТЕНИЕ

> «Великое приобретение быть
> благочестивым и довольным»
> 1Тим.6:6.

Много мудрых законов человек находит в природе. Это неудивительно, ибо законы природы устанавливал мудрый Законодатель, следы Которого мы видим в Его творении. Чередование дня и ночи, солнечных и дождливых дней, осенняя пора увядания, зимняя спячка, весеннее пробуждение, летняя зрелость, все служит конечной цели – земля произращает плоды и жизнь продолжается. Творец всего видимого и невидимого мудро сбалансировал биологическое равновесие жизни и, в конечном итоге, никакое время года не оказывается лишним в нескончаемом круговороте дней и месяцев года. На всем его протяжении земледелец благодарит Бога за дождь, за снег, за солнце, за весну, за лето, за осень и в конце года благодарит Бога за жатву.

Подобное происходит в жизни человека: весна юности, лето труда, осень созревания, зима старости. Проживши жизнь, человек вспоминает, как разнообразны были его прожитые годы. У каждого по-своему, но у всех были и радости и печали, было время труда и было время отдыха, было время плача и время смеха, было время любви и время ненависти. Нам приходилось переживать ночи печали и солнечные дни радости, томительные и унылые времена засухи, дожди и радугу благословений, багровые закаты болезней и лазурные зори выздоровлений, в завершении всего также наступит жатва и человеку надо будет пожинать свои плоды.

Поэтому, как земледелец благодарит Бога за все времена года, так учит нас Слово Божие благодарить за все.

* * *

В основание нашей беседы положим два места Писания: «За все благодарите: ибо такова о вас воля Божия во Христе Иисусе» 1Фес.5:18.

«Притом знаем, что любящим Бога, призванным по Его изволению, все содействует ко благу» Рим.8:28.

Когда в нашей жизни все хорошо, так жить легко. В душе человеческой заложено стремление к хорошему и все хорошее воспринимается нами как норма жизни. Поэтому, хорошее часто не замечается, не ценится и принимается, как само собой разумеющееся. А как же? Так и должно быть. Например, когда мы двигаемся по автостраде и нет помех движению, все идет гладко, на это мало кто обращает внимание, потому что это – нормально. Так и должно быть. Но если образуется помеха движению и автомобили двигаются черепашьим шагом, то и дело останавливаясь, такая ситуация выходит из рамок нормального и нервы начинают натягиваться. Подобное происходит и в других ситуациях жизни. Пока все хорошо – все хорошо, а если случается что-то выходящее из рамок хорошего и нормального, здесь и начинаются трудные периоды, которые переживаются нами по-разному.

Цель наших рассуждений в этой главе – увидеть, как благодать Божия дарует нам замечательное средство, благодаря которому, даже проходя долинами плача и тени смертной, мы сможем открывать в них источники благословения. Это средство называется благодарение.

Благодарение – это есть воля Божия во все времена. Еще в Ветхом Завете, Бог, наряду с другими жертвами, заповедал приносить также и жертвы благодарности, которые были непременной частью служения в храме. Иисус Навин, подчеркивая важность благодарения, призывает славить Бога и жертвами и благодарениями. «Мы можем служить Господу всесожжениями нашими и жертвами нашими и благодарениями нашими» Ис.Нав.22:27.

Во времена Давида служение благодарения стало более значимым, ибо Давид усилил и расширил это служение. Он назначил специальных левитов, чтобы они благодарили и славословили Бога каждое утро и вечер. 1Пар.16:4; 1Пар.23:30. Пророк Неемия пишет о левитах, при каждой благодарственной жертве они славословили Бога. Неем.12:24. Для этого служения они пели особые хвалебные и благодарственные песни. Неем.12:46.

Умение благодарить всегда считалось признаком хорошего воспитания, культуры и свидетельством красоты души. Но, к сожалению, не так уж редко встречаются нам сегодня неблагодарные люди и думаю, нам трудно будет спорить с фактом, что благодарность является одним из дефицитных качеств современного человечества. Далеко не все сегодня способны заметить, оценить и поблагодарить за хорошее. Павел пишет своему юному ученику Тимофею, что признаком последнего времени будет факт, что люди будут неблагодарными. (2Тим.3:1-5)

В Послании к Тимофею Павел написал фразу, которая выражает величайшую мечту всех поколений: «Великое приобретение быть благочестивым и довольным» 1Тим.6:6. Многотомная философия мудрецов, веками пытающихся указать людям путь к счастью, спрессована в этой простом стихе Священного Писания.

Павел не пишет здесь: Великое приобретение стать правителем города или первосвященником; получить в наследство много золота; построить роскошные виллы; иметь табуны породистых лошадей и множество прислуги; сундуки наполненные драгоценностями, и гардеробы с дорогой одеждой, но он пишет, что великое приобретение быть благочестивым и довольным.

Мы должны будем согласиться с тем, что неугасимое вековое стремление людей к счастью, к наслаждению радостями жизни не может осуществиться без одного важного элемента, который имеет определяющее значение: быть довольным. Можно обладать сказочным богатством, но не быть довольным и такой человек не может стать по-настоящему счастливым. Кому-то может быть доступен весь мир, но это не обязательно даст ему чувство наслаждения жизнью.

С другой стороны, человек имеющий скромный достаток и возможности, может быть довольным и счастливым, всем своим существом благодарно воспринимающий драгоценный дар жизни. Быть довольным – это стоять в вестибюле здания счастья.

В наши дни распространилось мнение, что у истинных верующих все должно быть на высшем уровне. У них должны быть самые хорошие автомобили, самые хорошие дома, лучшая одежда, они не должны болеть, у них не должно быть проблем и переживаний и т.п.

А если что-то случается, значит Бог, по каким-то причинам, не благоволит более к такому человеку. Такие люди становятся рабами обстоятельств: если все хорошо, значит Бог меня любит, а если что-то случилось, значит Бог меня разлюбил. Подобные рассуждения дают диаволу огромный калейдоскоп ситуаций, в которых он может искушать человека, удручая его унылыми выводами от случившихся переживаний и трудностей жизни.

Скажем прямо, что Писание не дает нам основания для безоговорочного утверждения такого понятия, но у этой медали есть обратная сторона. Когда вылупливаются пушистые желтые цыплята, их всегда стараются кормить лучшим кормом и содержать в теплом и безопасном месте, до меры их возрастания. Подобное происходит и с духовными цыплятами, которыми, к сожалению, некоторые христиане могут быть многие годы.

Слабеньких духовных цыплят Бог старается сберечь и не допускать им искушений сверх сил, потому что даже незначительные трудности и переживания могут выбить их из колеи жизни и бросить в кювет уныния и отчаяния. Это не значит, что вся жизнь христианина должна состоять из долин плача и тени смертной, Бог благословляет праведника, но те, которые стремятся «к почести высшего звания Божия во Христе Иисусе», (Фил.3:14) обязательно будут проходить через горнила искушений и страданий.

Христос, оставив славу небес, пришел на нашу грешную землю не для того, чтобы мы комфортно и безопасно здесь жили, но чтобы спасти нас от вечной погибели. «Гнали Меня, будут гнать и вас» – сказал Христос. Ему, как и всем людям, приходилось терпеть и страдать, томиться и переживать, плакать и сострадать, преодолевать трудности и т.п.

В Послании к Евреям мы читаем, что многие пророки и мужи веры также терпели лишения, скорби, скитания. «Те, которых весь мир не был достоин, скитались по пустыням и горам, по пещерам и ущельям земли» Евр.11гл. Бог не обещал нам, что став христианином, мы автоматически ограждаемся от всех трудностей и переживаний, но Бог обещал, что даст нам силу устоять во всех испытаниях и пойдет с нами рядом через долины плача. Бог не обещал нам здесь легкой и безоблачной жизни, но обещал не оставлять и любить нас всегда. «Любовью вечною Я возлюбил тебя и потому простер к тебе благоволение» Иер.31:3.

Искушения, скорби, проблемы, переживания – это бревно, которым диавол старается пробить брешь в стенах нашей души, поэтому для христианина очень важно научиться спокойно переносить удары судьбы, доверяя все в руки Божии. В большинстве своем, это явления внешнего характера и до тех пор, пока проблема остается снаружи, это еще полбеды, но беда, когда проблема прорывается вовнутрь и через эту пробоину в душу заползает вереница ее печальных плодов. Бурная реакция на проблему, как правило, не решает проблемы и даже усугубляет ее. Проблема не изменяется, но изменяемся мы. Уходит мир души и радость жизни, а их место занимают новые незванные «жители». Уныние, гнев, злоба, раздражение, крик, плач, страдания, нервы, давление, бессонные ночи и т.п. способны отравить все прелести жизни и это проблема явно не физического характера. Попросите своего доктора выписать вам рецепт, чтобы купить в аптеке пузыречек терпения. Вы можете объехать все аптеки мира и ни в одной из них вы не найдете терпения. Вы не найдете в аптеках прощения, милосердия, любви, кротости и других душевных качеств. Эти «лекарства» надо искать в другом месте.

В Писании мы находим стих, который открывает, как нам правильно понимать и реагировать на экстремальные случаи жизни. Подобно, как наручные часы мы всегда носим так, чтобы в любой момент мы могли ими воспользоваться, так нам надлежит помнить и это место Писания, ибо оно поможет нашей душе переживать искушения и проблемы.

«С великой радостью принимайте, братия мои, когда впадаете в различные искушения, зная, что испытание вашей веры производит терпение...» Иак.1:2-3.

Золотой совет Апостола Иакова направлен не только на то, чтобы помочь человеку, переживая сумрачную полосу жизни, остаться на высоте положения, но даже извлекать пользу из искушений. Первое, что советует Иаков – это радоваться, когда мы попадаем в искушение, зная, что искушения и проблемы это не обязательно наказание за какие-то провинности, но могут быть и другие причины, которые угодны Богу на этом этапе нашей жизни. Таким образом, мы сохраним позитивное состояние души и оградим ее от негативных последствий искушений и это даст нам силу быть спокойными в критических ситуациях, сохранить мир в сердце, трезво оценить ситуацию и не позволить внешней проблеме войти в душу. Как следствие этого, мы получаем крупицы драгоценного качества души, которое называется терпение. *(В следующей главе мы подробнее поговорим о проблеме забот и переживаний.)*

Давид был «мужем по сердцу Господа» и Его избранным сосудом. Казалось бы, что у кого-кого, а у Давида жизнь должна была быть безоблачной и спокойной, но посмотрите сколько пришлось ему пережить. Конечно, в его жизни были проблемы, в которые Давид попадал по своей собственной инициативе, как было в случае с Вирсавией, что потянуло за собой целую цепь негативных последствий, но в целом жизнь Давида была очень непростой. Бог допускал Давиду переживать проблемы и трудности жизни, которые побуждали Давида вновь и вновь прибегать к Господу и Бог помогал Давиду преодолевать проблемы.

Таким образом, Давид шаг за шагом узнавал неисследимое богатство благодати Божией, которая отражалась затем в его псалмах, послужившие благословением уже для миллионов людей земли и ныне и до скончания века. Как бы ни тяжело было Давиду, даже самые плачевные его псалмы неизменно заканчиваются благодарностью и славословием Богу. Ни один пророк в Библии не создал столько благодарных и славящих Бога псалмов как Давид, в которых мы находим также множество обетований Божиих. Его уверенность в Невидимом изливалась в славословие и, таким образом, Давид одерживал свои многочисленные победы.

Поэтому, несмотря на все трудности, Давид пишет: «Межи мои прошли по прекрасным местам» Пс.15:6. Да, в жизни Давида были огорчения, переживания, трудности, испытания, но подводя итог жизни, он свидетельствует, что это было прекрасно, когда рука Божия проводила его через все трудности, это было прекрасно ощущать рядом с собою руку Друга и Советника, Защитника и Помощника надежного, как скала.

В 104-м и 105-м псалмах описывается краткая история Израильского народа. Там мы находим такую фразу: «И послал (*Бог*) человека в Египет, в рабы был продан Иосиф...»

Интересно. Не правда ли? «Бог послал человека в Египет». Ничего себе, «послал». Когда мы видим сегодня великих миссионеров, окруженных кольцом телохранителей, летающих на комфортабельных «Боингах» и подъезжающих к очередному стадиону на новейших моделях «Мерседеса», наверное поневоле вкрадывается мысль: Ну, это вот, действительно, Божий слуга. Какой размах служения! Какой масштаб проповеди! Какой восторженный прием! Это вот, действительно, Бог послал!

Хочу сразу оговориться. Поймите меня правильно, я не имею намерения осуждать их. (*И вам не советую. Лучше молитесь о них, а особенно о тех, кто их слушает.*) У меня нет весов, чтобы я мог взвесить их души и намерения сердечные. Меня никто не поставил судить таковых, в свое время это сделает Бог. Я могу только подписаться под словами, сказанными Апостолом: «Но что до того? Как бы ни проповедали Христа, притворно или искренно, я и тому радуюсь и буду радоваться» Филипп.1:18.

Я хочу обратить внимание и на другую сторону медали. Не торопитесь унывать и думать, что Бог отступил от вас, или, что Бог наказывает вас за какие-то провинности, если вы вдруг попадаете в полосу негативных переживаний и проблем. Приложите все усилия, чтобы не допустить этим обстоятельствам нарушить ваш внутренний мир с Богом, чтобы не допустить в душу ропот и уныние, но подобно Давиду, изливайте пред Богом свою печаль и благодарите Его за помощь.

Воздавайте Ему славу и силой благодарности побеждайте искушения и проблемы. Помните, что любящим Бога, все содействует ко благу. Помните Иосифа, которого однажды «Бог послал в Египет». Когда Бог «посылал» Иосифа в Египет, Он ничего не сказал ему об этом, поэтому для Иосифа было очень важным не сломаться, не скатиться в болото ропота и отчаяния, но остаться верным Богу и стойко пережить эти трудности, которые впоследствии оказались благословенными и судьбоносными для него самого и для всего Израильского народа. Давид пишет: «Благословен Господь всякий день. Бог возлагает на нас бремя, но Он же и спасает нас» Пс.67:20.

Эти и многие другие места Писания открывают нам, что чередование негативных и позитивных периодов жизни не должно пониматься нами как нечто странное и из рук вон выходящее, но это часть нормального процесса духовной жизни, в котором происходит воспитание нашей духовной зрелости и подготавливает нас к славе вечной жизни, в сравнении с которой все земное будет как ничего не значущее и мимолетное. «Блажен человек, который переносит искушение, потому что, быв испытан, он получит венец жизни, который обещал Господь любящим Его» Иак.1:12.

Следовательно, искушения Бог допускает для нашей пользы, ибо через это имеем шанс получить венец жизни. Поэтому Иаков говорит, чтобы мы дорожили и не упускали случаи искушения, но, принимая их с радостью, не унывая, благодарили за это Бога, зная, что каждое побежденное искушение – это ступени, по которым мы поднимаемся к венцу жизни и почести высшего звания Божия во Христе Иисусе.

Подобное наставление дает и Петр: «Возлюбленные! Огненного искушения, для испытания вам посылаемого, не чуждайтесь, как приключения для вас странного, но как вы участвуете в Христовых страданиях, радуйтесь, да и в явлении славы Его возрадуетесь и восторжествуете» 1Петр.4:12-13.

Поэтому, если человек связывает свои отношения с Богом с внешними обстоятельствами, то он, рано или поздно, потерпит кораблекрушение в вере. Заслуга и похвала христианина в том, что он находит в себе силы благодарить Бога не за стечение хороших обстоятельств и благоденствие, но вопреки всем искушениям и проблемам. Пророк Аввакум пишет. «Хотя бы не расцвела смоковница и не было плода на виноградных лозах, и маслина изменила, и нива не дала пищи, хотя бы не стало овец в загоне и рогатого скота в стойлах, – но и тогда я буду радоваться о Господе и веселиться о Боге спасения моего» Авв.3:17-18.

Это портрет характера истинного дитя Божия, для которого внешние обстоятельства не имеют никакого значения. Такие христиане любят Бога, несмотря на искушения, проблемы и трудности, они любят Бога за то, что Он Бог. Нам, современным людям, понимать и делать это сегодня должно быть несравненно легче, чем древним, ибо у нас есть драгоценный светильник Слово Божие, в котором мы находим ответ на любую жизненную проблему.

Разрешите задать вопрос: какой грех считается для христианина тяжелым? Вы скажете: это убийство, блуд, воровство и т.п. Я должен буду с вами согласиться, действительно, это очень тяжкие грехи, которые не должны даже именоваться в среде христиан.

Но я хочу обратить ваше внимание на еще один грех, достойный того, чтобы его также поместили в разряд грехов повышенной тяжести. Имя этому греху – ропот. Я умышленно называю ропот грехом «повышенной тяжести», так как в нашей среде бытует мнение, что ропот – это не грех, а так, «грешок», или как это называют еще «грех не к смерти». Маленький такой недостаточек из разряда немощей и слабостей. То есть, всерьез ропот не воспринимается. Ну, ропщет себе брат или сестра в немощи своей, да и ропщет. Ну, что ты с ними поделаешь. Ну, слабость у них такая, такой вот маленький недостаточек. Тут вреда, как бы, особого нет, в собрание то он или она ходят справно и жертвуют... Но я поставил бы ропот в разряд опаснейших грехов верующего человека и призываю вас уделять ему самое серьезное внимание.

Прежде, чем народ Израильский избавился от Египетского рабства, на их глазах Бог совершил много чудесного, но, несмотря на это, в среде Израильтян началось недовольство, которое привело их к ропоту. В конце концов, Бог выносит приговор: никто из роптавших не войдет в обетованную землю. Это стало причиной их сорокалетнего странствования по пустыне, пока не умерли все ропотники. Поэтому, враг наших душ делает все возможное, чтобы посеять в душе человеческой зерна ропота, ибо он знает, что ропот является тяжким грехом, которым человек грешит против Бога и приводит человека к гибели.

В таком состоянии сам человек, как правило, всегда пытается найти виноватого на стороне, ибо ослепленный ропотом, он теряет способность трезво оценивать действительность и воспринимает только негативную сторону жизни. Его ничего не радует, он всем недоволен, разрушается его духовное и физическое здоровье и в таком состоянии сатана старается направить отрицательные эмоции человека против Бога, как объект ропота. – А куда Бог смотрит? А Он что, не видит? А Он что, не знает? И т.д. И т.п. Эту сторону жизни хорошо подметил мудрейший человек земли Соломон. «Глупость человека извращает путь его, а сердце его негодует на Господа» Пр.19:3.

Как видно из этого стиха, у древних была такая же реакция на проблемы, как и в наше время. Человек, по своей собственной инициативе, нарушая заповеди Господни, делает глупости, а потом, ища на кого бы все это свалить, начинает роптать на Бога. С того времени, как Соломон написал этот стих, прошли тысячелетия, но в жизни человечества за это время мало что изменилось.

Мы читали, что любящим Бога, призванным по Его изволению, все содействует ко благу. Ясно, что эти слова Писания направлены к верующим, поэтому, вдвойне губительно и недопустимо, если человек, берущий на себя ответственность называться христианином, начинает роптать. Этим фактом человек заявляет протест и более того, что в действиях Бога он усматривает изъяны. Что-то Бог делает неправильно и несправедливо, что-то Бог недосматривает и недооценивает, что-то Бог недодает или незаслуженно наказывает и т.п.

Ропот – это грех, который оскорбляет Бога. Начинается ропот с незначительной, на первый взгляд, неблагодарности, неблагодарность приводит к недовольству, недовольство переходит в ропот, ропот в хулу и проклятье.

Мир, в котором мы живем, полон контрастов. Добро и зло, черное и белое, правда и ложь, свет и тьма, любовь и ненависть, эти явления прямопротивоположны и взаимоисключают друг друга. В любви нет ненависти, свет изгоняет тьму, правда уничтожает ложь, но что мы можем противопоставить ропоту? Благодарение. Благодарение очищает душу от губительных метастаз ропота. Они не могут жить вместе. Это дети разных отцов.

Кому-то может показаться, что я склоняю вас к сознательной пассивности, уходу от борьбы и реальной жизни в свой внутренний мир, заранее отрекаясь от борьбы и победы, отдавая инициативу в руки врага. Но это не так. Благодарность – это мощное оружие христианина и форма борьбы. Во-первых, это ключевой фактор веры, как инструмент осуществления ожидаемого, это наша защита в искушениях и наконец, это средство, разрушающее в сердцах людей твердыни зла и оно очень не по душе диаволу. Научая людей благодарности, Бог дает нам ключ, открывающий дверь, ведущую к счастливой жизни.

Однажды Апостолы Петр и Иоанн встретили у дверей храма несчастного калеку, просящего у них милостыни, и Петр сказал ему: «Серебра и золота нет у меня; а что имею, то даю тебе: во имя Иисуса Христа Назорея встань и ходи»Д.А.3:6. Сегодня среди нас не так уж много богатых христиан. Сегодня многие могут сказать подобно Петру и Иоанну: серебра и золота нет у нас, но мы можем дать людям сегодня нечто большее, чем тленное золото и серебро, – мы можем научить их благодарить Бога. За все. Это будет для них великое приобретение, ибо благодарное состояние человеческого духа – неоценимое сокровище.

Враг душ человеческих вверг миллионы людей в духовный и экономический хаос, в нищету, в безысходность и жнет на земле свою страшную жатву. Тысячи озлобленных, опустошенных, ни во что и никому не верящих людей сегодня проклинают свою жизнь, людей, Бога и все на свете и, не видя впереди никакого просвета, кончают порою и саму жизнь самоубийством. Блаженны те, которые сумеют открыть им любовь Божию и научить их, несмотря ни на какие трудности, за все благодарить Бога.

В этом есть нечто удивительное для мира, когда христианин, в любых обстоятельствах находит силу духа благодарить Бога за все. В гонениях, в тюрьмах, в голоде, в тесноте, в болезнях, в скудости и в изобилии, в радости и печали... Дети Божии знают от кого в мир приходят все беды и поэтому, лучшее, что мы можем делать, это учиться благодарить Бога. Если мы будем унывать, роптать, злиться, сатана будет очень доволен, поэтому благодарность – это лучший ответ христианина на все искушения и испытания. Для мира это юродство, а для верующего – драгоценность.

<u>Запомним важную духовную формулу</u>: Бог допускает в жизни человека приключиться злу, которое обязательно превратится в добро и наоборот: диавол может дать человеку добро, которое обязательно обернется злом и приведет к погибели.

Призвание христианина не только быть благодарным, но стремиться чтобы и окружающие люди благодарили Бога. Здесь огромное значение имеют наши добрые дела. В Послании к Коринфянам Павел благодарит Коринфскую церковь за их ревность к добрым делам и открывает важную духовную закономерность последствия добрых дел. «Так чтобы вы всем богаты были на всякую щедрость, которая чрез нас производит благодарения Богу. Ибо дело служения сего не только восполняет скудость святых, но и производит во многих обильные благодарения Богу» 2Кор.9:11-12.

Это место Писания свидетельствует, что наши добрые дела являются сильным оружием христианина, ибо они зарождают в человеческих сердцах обильные благодарения Богу. Это значит, что в таких сердцах нет места диаволу, ибо он бежит оттуда, где возносится хвала Богу. Поэтому Писание говорит нам: «Мы созданы на добрые дела во Христе Иисусе...» Еф. 2:10.

- Сила воздействия добрых дел многократно умножается, если мы способны делать их тем, кто делает нам злые дела, если мы способны благословлять и молиться о тех, кто проклинает и ненавидит нас. (*В одной из последующих глав мы поговорим об этом более подробно.*)

Хотим мы этого или нет, мы оставляем о себе впечатление в людях, с кем мы рядом живем, работаем, учимся и эти впечатления могут быть очень разными. Павел пишет, всякий раз, когда он вспоминает о том, что на свете существуют его друзья из Македонского города Филиппы, его сердце возгорается желанием благодарить за них Бога. «Благодарю Бога моего при всяком воспоминании о вас, всегда во всякой молитве моей за всех вас принося с радостью молитву мою...» Филипп.1:3-4.

Какое замечательное свидетельство из уст Апостола получили Македонские христиане. Эти слова говорят, что даже образом своей жизни можно служить Богу, ибо добрые воспоминания о нас рождают в сердцах людей благодарения Богу. Подобные свидетельства Павел пишет и о многих других церквах.

Посмотрим на свою жизнь. Благодарят ли Бога наши соседи за то, что мы поселились с ними на одной улице или в одном подъезде?

Благодарят ли Бога наши сотрудники на работе или там, где мы учимся, за время, которое они проводят рядом с нами? Благодарит ли Бога наш босс, что мы стали работать в его отделе? Благодарят ли Бога наши супруги, что когда-то согласились связать с нами свою судьбу брачными узами?

Благодарят ли Бога наши дети за образ жизни, который они в нас видят? За мудрые наставления и пример в воспитании? Благодарят ли Бога те люди, с которыми мы случайно встретились и скорее всего, никогда их более не увидим. Какой образ они уносят в своей памяти о нашей встрече?

Благодарит ли Бога пастор нашей церкви и служители за то, как мы созидаем дело Божие и какой пример видят в нас братья и сестры?

Перечень подобных вопросов может быть продолжен и я хочу подчеркнуть здесь одну важную истину: благодарность является замечательным духовным средством оздоровления души и как христиане, мы призваны к тому, чтобы не только мы сами благодарили Бога, но распространяя Христово благоухание окружающим нас людям, зарождали в их душах чувства благодарности Богу. Горячие волны благодарности вытесняют из сердец человеческих злые помыслы, возбуждают желания подражать хорошему и взрыхляют почву для благодатных семян Святого Духа.

Огромное значение имеет благодарность с позиции щита веры. Не секрет, что враг душ человеческих всегда готов искушать человека и он большой мастер этого дела. Если кто-то попадает в жизненные затруднения, сатана делает все возможное со своей стороны, чтобы возбудив в человеке отрицательные чувства, склонить его к недовольству, к ропоту, к озлоблению и т.п. Если так случается, это радует сатану, ибо он враг всего доброго.

Но если в ответ на все искушения мы не ропщем, не отчаиваимся, а всякий раз благодарим Бога (*как написано: за все благодарите*), то здесь мы ставим сатану в очень щепетильную ситуацию, он, как бы, сам становится невольным возбудителем в нас новой волны благодарности, когда в ответ на искушения, мы тут-же начинаем усиленно благодарить Бога. Чем чаще искушает нас сатана, тем чаще возносятся Богу наши благодарения.

Таким образом, всякий раз, прежде чем подойти к нам с новым искушением, сатана сам попадает в искушение: а стоит ли опять искушать нас, если вместо недовольства и ропота мы опять будем благодарить Бога. Поэтому, благодарите Бога за все. Всегда есть достаточно причин, за что мы можем и должны благодарить Бога.

Бог живет среди славословий небожителей. Небо наполнено хвалой и славословием. Покрыв нашу землю мрачным туманом зла и греха, сатана делает все возможное, чтобы люди ненавидели свою жизнь, роптали на Бога и проклинали друг друга, а Бог хочет, чтобы мы жили жизнью благодарности и хвалы, так, как живут граждане неба. Путь веры учит нас, будучи еще на земле, жить жизнью благодарности. Небесные окна обетований Божиих всегда открыты людям. Протягивайте к ним руку веры и начинайте благодарить Бога за ответ. Вы не будете постыжены, ибо Бог измениться не может. Не могут измениться и Его обетования.

Подобно, как земледелец знает, что все времена года идут на благо растениям, так и в духовной жизни мы всегда должны помнить, что Бог контролирует ситуацию и не допустит нам искушения сверх сил. Мы читали выше: «Притом знаем, что любящим Бога, призванным по Его изволению, все содействует ко благу» Рим.8:28.

Многие другие места Писания также дают нам твердое основание благодарить Бога за все. Если в вашей жизни совершилось главное и вы приняли Иисуса Христа, как своего личного Спасителя, то за остальное можно не беспокоиться. Отдайте руль вашей судьбы в руки великого Кормчего и под Его управлением спокойно совершайте свое земное поприще. Бог никогда не ошибается. Помните, для Бога нет трудных ситуаций, ибо Бог контролирует все сферы жизни. На нашу долю остается очень немного, бодрствовать, за все благодарить и жить тихой и безмятежной жизнью, зная, что все нам содействует ко благу.

Мой друг, веришь ли ты, что Бог любит тебя? Если веришь, благодари Бога за все.

Веришь ли ты, что любящим Бога все содействует ко благу? Благодари Бога за все.

Веришь ли ты, что для Бога нет ничего невозможного, что Бог силен избавить тебя от любых проблем? Благодари Бога за все.

Веришь ли ты, что Бог уже спас тебя от вечной погибели? Если веришь, то благодари Бога.

Прилагая усилия к достижению благодарного сердца, мы откроем для себя изумительный мир Божьих благословений, ибо так мы будем исполнять волю Божию. Так наши сердца будут исполняться и преисполняться новыми волнами благодати Божией. Так мы будем одерживать новые и новые победы в искушениях и, в свое время, возблагодарим Бога Отца и Сына и Святого Духа там в вечности, вместе со всеми святыми, ибо там во веки веков будут звучать также и слова благодарности Богу.

«Аминь! Благословение и слава, и премудрость и благодарение, и честь и сила и крепость Богу нашему во веки веков! Аминь» Откр.7:12.

Философы пишут книги и рефераты о том, как пережить те или иные проблемы, но эта истина, благодаря вере, доступна неграмотным крестьянам и рыбакам в той же мере, что и великим Апостолам.

Мой друг, начни благодарить Бога за все и мир Божий наполнит твою душу и нет во всей вселенной такой силы, которая могла бы похитить этот мир, пока твое сердце исполнено благодарности. В этом мы находим превосходящую разумение мудрость Божию, которая предусмотрела для людей надежный и безопасный путь к счастью и самый слабый, идя по нему, не заблудится.

Всегда будем помнить, что Бог любит нас также, как Он любит Билли Грэйма или Апостола Павла и, нашу душу Он не поменяет на все богатства этого мира. Поэтому, пусть и те люди, которые окружают нас сегодня, какими бы они не были падшими, будут драгоценны в наших глазах, как и наша душа драгоценна в глазах Господа. Да даст нам Господь силы всегда быть Ему благодарными за все.

«Ибо все для вас, дабы обилие благодати тем большую во многих произвело благодарность во славу Божию» «Кор.4:15.

«Посему, как вы приняли Христа Иисуса Господа, так и ходите в Нем, будучи укоренены и утверждены в Нем и укреплены в вере, как вы научены, преуспевайте в ней с благодарением» Кол. 2:6-7.

ВЛАДИМИР МЫСИН

ЗАБОТЫ

> «От каждого недуга в этом мире
> Лекарство есть, иль вовсе нет спасенья,
> Ты отыскать старайся то лекарство,
> А если нет его, не мучь себя напрасно...»
> (Из старой английской поэзии)

Заботы, заботы, заботы... Бесконечным потоком текут они изо дня в день, из месяца в месяц. Как нежданные гости стучатся они в двери наших домов и как незваные попутчики упрямо идут они рядом с нами из года в год, до самой тризны. С мыслями о своих заботах мы просыпаемся утром, ходим с ними днем, ложимся спать вечером и, порою, они долго не дают нам заснуть ночью. Как мало в этом мире беззаботных людей.

Характерная особенность нашего времени – мы ничего не успеваем. С одной стороны, возможности современного человека сказочно увеличились: то, что могло только сниться нашим предкам, является сегодня нормой нашей жизни. Расстояние от Сакраменто до Сан Франциско около семидесяти миль. Еще сто лет назад, чтобы покрыть это расстояние, надо было пробыть в дороге три дня, сегодня мы тратим на это полтора часа. Сакраменто от Лос Анжелеса находится на расстоянии четырехсот миль. Наши предки ехали туда на лошадях две недели, на автомобиле мы покрываем эту дистанцию сегодня за шесть часов, а самолетом всего за шестьдесят минут. Несколько месяцев требовалось, в «старые, добрые времена», чтобы попасть из Европы в Америку, сегодня на это уходят считаные часы. Современный бизнесмен, находясь в Нью-Йорке, может одновременно разговаривать с Лондоном и Москвой, с Токио и Сиднеем.

Но вот, парадокс! Мы ничего не успеваем. Как-то так все устроено в этом мире, что нам постоянно катастрофически не хватает времени. Жизнь современного человека сегодня зажата в тисках срочных дел, расписана на много лет вперед и от этого просто некуда деться. Каждый день нам необходимо делать множество дел, иначе мы не выживем.

Огромное количество людей находятся сегодня в финансовом рабстве, далее они передают долги своим детям и так продолжается десятилетия. Кредитные карточки, страховки на жизнь, на лечение, на автомобиль, страховки от пожаров, от наводнений, от ураганов, выплаты банку за дом, за машину, оплата налогов за жилье, платежки за электричество, за воду, за газ, за телефон, за учебу, налоги на товары, а еще надо купить продукты, одежду, обувь, вложить финансы в бизнес и т.д. и т.п. Это далеко не полный перечень забот современного человека, которые заковывают его в свои кандалы на много лет вперед.

Неизмеримо большие возможности наших дней соответственно принесли нам и неизмеримо большие заботы, которые спрессовали наше время до предела, вынуждая нас одновременно делать много разных дел. Сегодня человечество имеет в своем арсенале целый ряд новых болезней, связанных с этим ускорением. Стресс, нервные истощения, инфаркты, инсульты, гипертония, диабет, депрессия и многие другие болезни – это плата за скорость и сумашедший ритм жизни, в который вовлечена большая часть человечества. Стрелка на манометре ритма жизни сегодня достигает своей красной черты и многие люди уже не в состоянии самостоятельно справляться с этой проблемой. Процент самоубийств неуклонно идет вверх и, что примечательно, именно в наиболее развитых, в технологическом отношении, странах.

Многие люди, жалуясь на недостаток времени, говорят, что время сегодня, каким-то образом, стало короче и дни проходят быстрее, чем раньше. Стало не хватать дня, чтобы успеть сделать все свои дела. Не успеешь оглянуться и еще один день промелькнул, как полустанок в окне вагона скорого поезда, а часы отстукивают круг за кругом на циферблатах, как колеса на стыках рельсов. Евгений Евтушенко написал строки, которые особенно правдиво отражают реальность наших дней.

Проклятье века – это спешка,
И человек, стирая пот,
По жизни мечется, как пешка,
Попав затравленно в цейтнот...

Что-то непонятное происходит сегодня в масштабе всего мира. Когда окончилась Вторая мировая война, материально все люди жили плохо. Миллионы человек считали за счастье, если у них в доме было хоть немного хлеба, если они не ложились спать голодными. За деликатесы и не вспоминали. На это никто не жаловался, все понимали – война, разруха, были счастливы, что остались живы.

После войны, год от года, жизнь стала улучшаться. Начиная с пятидесятых годов и до начала девяностых, все держалось на довольно сносном уровне. В домах было достаточно хлеба, была стабильность, цены десятилетиями стояли на одном месте, бесплатная медицина и многие другие «мелочи» жизни, которые мы, как это водится, не ценили и, при случае, легонечко поругивали маленьким язычком.

Вдруг все стало меняться. Что интересно, эти изменения коснулись всего мира. Если бы это происходило только в бывшем «Союзе», можно было бы найти какие-то объективные причины, но сегодня уровень жизни пошел вниз во всех странах. Америка, Германия, Италия и другие страны, которые десятилетиями были эталоном успеха и процветания, на которые равнялся весь остальной мир, неуклонно катятся вниз. Мы видим это в Америке. Наши родственники и друзья в Германии говорят, что особенно после введения новой Европейской валюты, жизнь стала у них заметно тяжелее.

Напрашивается вопрос: почему? Когда была война, это понятно. Разруха, голод, болезни, но сегодня нет войн мирового масштаба, наподобие Второй мировой, но почему уровень жизни во всем мире катится вниз? Непонятно.

Эти обстоятельства врываются и в наш внутренний мир, переполняют души страхом, тревогами и переживаниями, проблемами и вопросами, на которые мы часто не находим ответа. Что с нами будет завтра? А послезавтра? А через неделю? Жизнь такая нестабильная, а как мы будем жить через месяц? Через год? Все дорожает, здоровье ухудшается, квартплата увеличивается, пенсии не хватает, зарплату не поднимают, да хорошо, что и вообще не увольняют... Что будет с детьми? С внуками? Чем я буду платить биллы? Как мы перезимуем? И т.д. И т.п.

Я предлагаю посмотреть на эту проблему с точки зрения Библии, чтобы найти в ней точку опоры для нашего щита веры, ибо проблема забот способна превратить жизнь человека в невыносимое бремя. Книга Псалмов начинается словами, в которых Бог открывает людям путь, который мы можем назвать «Дорога к Счастью».

«Блажен муж, который не ходит на совет нечестивых и не стоит на пути грешных, и не сидит в собрании развратителей; но в законе Господа воля его, и о законе Его размышляет он день и ночь! И будет он как дерево, посаженное при потоках вод, которое приносит плод свой во время свое, и лист которого не вянет; и во всем, что он ни делает, успеет» Пс.1:1-3.

Слова «блажен муж» – мы можем понимать здесь как – «счастлив муж», ибо блаженство – это есть высшая степень счастья. Таким образом, Писание говорит нам, что Бог уже позаботился и приготовил людям путь, идя по которому, человек избежит многих проблем современности, все успеет и будет счастлив.

Непоколебимой истиной Писания является факт: все, что написано в Библии, написано на добро человеку и для его пользы. «Все Писание богодухновенно и полезно для научения, для обличения, для исправления, для наставления в праведности» 2Тим.3:16. Критики Библии, в свое время, спалили немало пороха, критикуя ее за пост, якобы Бог издевался над людьми, принуждая их заниматься самоистязанием воздерживаясь от пищи.

Ныне современные доктора написали кучу диссертаций, расхваливая пользу и оздоровительные перспективы воздержания и научно доказали, что воздержание, или, как это называют сегодня, «лечебная голодовка», оказывает целебное воздействие на организм человека. Нынешняя наука имеет в своем арсенале великое множество методов и диет, основанных именно на воздержании и умеренности, чем, по сути дела, и является пост.

Не так давно, в возрасте 94-х лет, трагически погиб знаменитый ученый-натуропат Поль Брэгг, который был страстным проповедником воздержания. После его вскрытия, к удивлению медиков, обнаружилось, что все его органы были в идеальном состоянии, как у молодого юноши. Погиб он от несчастного случая, катаясь на океанских волнах, занимаясь серфингом.

Таким образом, весьма очевидно, что заповедь поста Господь оставил нам не для того, чтобы мучить и истязать голодом Своих последователей, но эта заповедь приносит реальную пользу для нашего тела. (*Я не говорю сейчас о незаменимой роли поста, как элемента духовной жизни верующих людей. Это отдельная тема.*)

В заповеди о жертвоприношениях Бог заповедал не употреблять в пищу и сжигать на жертвеннике весь тук (жир) животных, не потому, что Он хотел лишить человека лакомых кусочков пищи, но потому, что они являются наиболее вредными для здоровья. Сегодня, о вредном воздействии холестерина на организм человека написано море публикаций, все это прекрасно знают и всеми силами стараются ограничить его употребление.

Или завет обрезания. Ученые утверждают теперь, что этот завет, в условиях знойной Палестины, предохранил от болезней миллионы человек.

Перечисление подобных фактов в Библии может занять страницы целой книги, которая лишний раз будет подтверждать слова Бога, обращенные к людям через Исаию, в которых пророк суммирует эту истину: «Я Господь, Бог твой, научающий тебя полезному, ведущий тебя по тому пути, по которому должно тебе идти» Ис.48:17.

Ключевым стихом нашего разговора о заботах мы возьмем слова заповеди Господней, записанные евангелистом Матфеем в знаменитой Нагорной проповеди Иисуса Христа: «Итак не заботьтесь о завтрашнем дне, ибо завтрашний сам будет заботиться о своем: довольно для каждого дня своей заботы» Матф.6:34.

В контексте нашей темы я хочу напомнить определение Божие, данное людям на самой заре истории человечества: «В поте лица твоего будешь есть хлеб, доколе не возвратишься в землю, из которой ты взят» Быт.3:19. После этой заповеди прошло несколько тысячелетий, и в Нагорной проповеди Иисуса Христа мы находим нечто, на первый взгляд, противоположное: «Посему говорю вам: не заботьтесь для души вашей, что вам есть и что пить, ни для тела вашего, во что одеться» Матф.6:25.

Глядя на окружающий нас мир мы видим, что слова, которые Бог сказал Адаму: «В поте лица твоего будешь есть хлеб...», находят себе повсеместное подтверждение в наших каждодневных заботах о хлебе насущном. Тогда как заповедь, данная Иисусом Христом, заставляет задуматься: а как это может быть? «Не заботьтесь...». Ведь практика жизни, да и первая заповедь свидетельствуют об обратном. У нас всегда, как говорится в пословице, «забот полон рот».

Так что это? Новое противоречие в Библии? Неточность перевода? Или, может быть, Христос отменил то, что установил Отец Небесный?

Люди, порою, пытались понимать эти слова буквально. Раз сказано – не заботьтесь, значит так и будем делать. Печальный пример этому некогда нашумевшее движение «хиппи». Это было ничто иное, как очередная уловка диавола, до неузнаваемости исказившая смысл Священных Писаний. Люди, увлекшись этой идеей, превращались в добровольных «бомжей», скоро теряли человеческий облик и заходили в тупики жизни от бессмысленного времяпровождения. (*Хороший пример, как человек может закопать свой талант*).

Где-то в Ставропольском крае живет семья (мы им посылали несколько коробок с помощью), так вот их папаша, объятый неуемной ревностью о соблюдении этой заповеди, разбивал молотком стеклянные баллоны с консервацией, которые жена, украдкой от него, заготавливала на зиму, зная его своеобразное толкование этого места Писания. Такие извращения, конечно, ничего общего не имеют с тем, чему хотел научить нас Господь.

Проблема забот – это проблема мирового масштаба и Библия говорит, что ситуация, в целом, будет ухудшаться, что мы и видим теперь повсеместно. Незадолго до распятия, беседуя с учениками о последнем времени, Христос упомянул такую фразу: «Люди будут издыхать от страха и ожидания бедствий, грядущих на вселенную» Лук.21:26. Что здесь примечательно: сами бедствия еще не пришли, они еще только грядут, но люди, удрученные этим ожиданием, уже умирают от страха.

Это очень похоже на то, что происходит в наши дни. Кто может сосчитать, сколько инфарктов, инсультов и других болезней, связанных со стрессом и переживаниями, случаются у людей, удрученных тяжестью непосильных забот, подавленных страхом грядущих проблем, которые преждевременно укладывают их в могилу. Смертность от сердечно-сосудистых заболеваний стоит сегодня на первом месте, оставив далеко позади все остальные болезни. Медицинские институты, университеты, госпитали, страховые компании тратят миллиарды долларов на исследования и лечение, пытаясь сдержать обвальный поток фатальности от этих болезней, но беспристрастные цифры статистики свидетельствуют, что ничего из этого не получается.

В кинофильме «Земля Санникова» звучит песня с замечательными словами.

Призрачно все в этом мире бушующем,
Есть только миг, за него и держись,
Есть только миг между прошлым и будущим,
Именно он называется жизнь...

Слова этой песни хорошо иллюстрируют главную мысль нашей беседы. Миг между прошлым и будущим и есть наша жизнь в той точке времени, где мы себя ощущаем. Именно этот миг может быть счастливым и радостным или наоборот. Именно этот миг заботы завтрашнего дня, который еще не настал, стремятся достать своими щупальцами и отравить этот неповторимый миг жизни, дарованный нам Богом. Зная, что чрезмерные заботы могут быть весьма тяжким бременем в жизни человечества, Господь заповедал нам: «Не заботьтесь о завтрашнем дне, ибо завтрашний сам будет заботиться о своем: довольно для каждого дня своей заботы».

Но что нам делать, если мы все-таки попадаем в критическую ситуацию? Интересный совет дает Дэйл Карнеги. В первую очередь, представьте себе самое худшее, что может произойти в этой ситуации и, представив себе самое худшее, мысленно смиритесь с этим в случае необходимости. Как только вы сделаете это, паника оставит вас, вы сможете успокоиться и сконцентрировать свои силы для решения проблемы, по крайней мере уже не травмируя себя изнутри. Часто бывает, что когда мы начинаем спокойно мыслить и говорить, находится неожиданный выход из сложившейся ситуации, а в панике люди часто делают много ошибок и опрометчивых решений.

Кроме того, статистика говорит, что из всех предполагаемых проблем, которые порою так удручают нас своими мрачными перспективами, приблизительно две трети из них не осуществляются и остаются пустыми страхами за бортом жизни. Я думаю, каждый из нас может вспомнить моменты, когда что-то ужасное и страшное маячило на горизонте, но, в конце концов, все оканчивалось благополучно. Но как это омрачало наше существование. В то время, когда мы могли бы наслаждаться жизнью, мы были скованы страхом и терзались ожиданием грядущих бедствий, которые, в конце концов, оказались напрасными. Удрученные этим ожиданием, мы тоскливо воздыхали и безвозвратно теряли драгоценные дни жизни, ставшие нам не в радость, а в тягость.

Доктор Добсон пишет об «эффекте маятника», суть которого выражается в том, что в критических ситуациях очень важно какое-то время перетерпеть и постараться остаться спокойным, затем положение, как правило, улучшается. Подобно, как маятник, качнувшись в одну сторону, затем обязательно перемещается в другую. В Библии мы также имеем обещание, что Господь не допустит нам быть искушаемыми «сверх сил». «Верен Бог, Который не попустит вам быть искушаемыми сверх сил, но при искушении даст и облегчение, так-чтобы вы могли перенести» 1Кор.10:13.

Важно не забывать и такую правду жизни: все вещи имеют свое начало и свое окончание. Порою к нам приходят обстоятельства и мы не можем их изменить, как бы нам этого ни хотелось. Мир, в котором мы живем, это временная сцена, на которой рано или поздно для всего закрывается занавес, и в таких случаях у нас бывает только два выбора: или принять свершившееся как неизбежное и, приспособившись к этой ситуации, успокоиться, или, протестуя против неизбежного, мы рискуем погубить свою жизнь и здоровье. Если мы будем возмущаться, протестовать и ожесточаться, мы не изменим неизбежное, которое уже случилось, но мы изменим себя и ухудшим ситуацию.

Римский философ Эпиктет говорил: «Существует только один путь к счастью. Для этого следует перестать беспокоиться о вещах, которые не подчинены нашей воле».

Знаменитый поэт Востока Омар Хайям написал об этой истине мудрое четверостишье:

Раз не нашею волей вершатся дела,
Беззаботному сердцу и честь и хвала,
Не грусти, что ты смертный,
Не хмурься в печали,
Так, пожалуй, ведь станет и жизнь немила.

Это действительно так. Нескончаемый пресс забот стал сегодня серьезным разрушающим орудием в руках диавола, делая наше существование невыносимым бременем, лишая нас удовольствия и радости жизни, приводя людей к состоянию, когда им становится жизнь немила. Доведенного до крайности, озлобленного и отчаянного человека легче склонить к любым злодеяниям и даже к самоубийству. Поэтому Писание говорит, чтобы ни в каких трудностях мы не впадали в отчаяние и всегда помнили, что на небесах есть Тот, Который исчислил все дни наши, когда ни одного из них еще не было.

Козьма Прутков сказал: «Если хочешь быть счастливым – будь им». Если бы мы стали спрашивать людей: что вам необходимо, чтобы быть счастливым? Ответы у всех будут разные.

Но прежде, чем вы ответите на этот вопрос, я хочу рассказать вам историю о трех матросах, которые после кораблекрушения двадцать один день провели, окруженные волнами необъятного Тихого океана, на маленьком спасательном плоту. Имея с собой мизерный запас воды и продуктов, парни три недели делали все возможное, чтобы выжить среди бескрайней морской стихии. Они ловили и ели сырую рыбу, маленьким парусом собирали дождевые капли, дорожа каждым глотком воды и, в конце концов, случайно были подобраны каким-то торговым судном.

Впоследствии, один из этих моряков сказал фразу, которую нам всегда следует помнить, ибо такие истины не рождаются в комфортных кабинетах с мягкой мебелью, стоящей у горящих каминов. Такие истины рождаются в страданиях. Эти слова достойны того, чтобы их написали золотыми буквами на главной стене всех госпиталей, в которых лечат людей от депрессии и подобных недугов.

«После этого плавания я хорошо усвоил одно: если на сегодняшний день мы имеем для себя достаточное количество хлеба и пресной воды, мы ни о чем более не должны беспокоиться».

Чтобы дойти до этой истины, морякам пришлось три недели смотреть в глаза смерти и отчаянно бороться с волнами океана за свою жизнь, но эта истина давно уже открыта людям на страницах Писания. Две тысячи лет назад Апостол Павел говорил ее юному Тимофею, наставляя его основам Евангелия. «Великое приобретение – быть благочестивым и довольным. Ибо мы ничего не принесли в мир; явно, что ничего не можем и вынесть из него. Имея пропитание и одежду, будем довольны тем» 1Тим.6:6-8.

Заповедь Господа: «Не заботьтесь о завтрашнем дне...» и наставление Апостола Павла в Послании к Колоссянам: «И все, что делаете, делайте от души, как для Господа, а не для человеков» Кол.3:23. – дают нам формулу построения счастливой жизни.

Заключается она в следующем: начиная новый день, не пускайте заботы и дела завтрашнего дня в свое сердце, но сконцентрируйте внимание на том, что вам предстоит сделать сегодня и постарайтесь сделать это наилучшим образом, сделать «от души, как для Господа». На следующее утро, когда вы обернетесь и посмотрите на прожитый день, вы будете видеть, что все в нем было сделано «от души». Таким образом, ваш вчерашний день будет похож на счастливый сон и у вас будет хорошее основание с оптимизмом смотреть в день грядущий. Так поступая, ваше настроение и жизненный тонус будут повышаться день ото дня без всяких лекарств.

Следовать правилам этой формулы несложно, но через нее мы получаем помощь, которую трудно переоценить. Все, что нам необходимо делать, это отгородить заботы завтрашнего дня непроницаемой стеной, честно и добросовестно делать свое дело, благодарно радоваться драгоценным минутам жизни настоящей и доверить Господу свое «завтра». Делать сегодня все, что могут делать наши руки наилучшим образом и перестать беспокоиться о завтрашнем дне. В небольшом стихотворении Ф. Тютчев суммировал эту истину.

> Не рассуждай, не хлопочи,
> Безумство ищет, глупость судит,
> Дневные раны сном лечи,
> А завтра быть чему, то будет.
> Живя, умей все пережить,
> Печаль и радость и тревогу,
> Чего желать? О чем тужить?
> День пережит – и слава Богу.

Христос хочет, чтобы мы были счастливы сегодня и Он знает, как это сделать. Он говорит людям: «Придите ко Мне все труждающиеся и обремененные и Я успокою вас...» «Все заботы ваши возложите на Меня» – и это не просто слова, это программа жизни. Помните, что это сказал Господь, Который не умеет лгать. Бог не бросает нас на произвол судьбы, но готов разделить с нами всю тяжесть наших забот.

В Евангелии от Иоанна записаны слова Христа: «Я пришел, чтобы дать вам жизнь и жизнь с избытком». Это Его цель и Господь хочет, чтобы наш драгоценный миг жизни был наполнен радостью, миром, благодарностью. Сознание того, что мы спасены от вечной погибели, что нас ждет впереди бесконечная, счастливая жизнь с Богом – это неувядающая причина для каждого христианина всегда быть жизнерадостным и благодарным. Не думаю, что унылое, постное и удрученное лицо может послужить вдохновляющим примером для окружающих нас людей. Поэтому Слово Божие говорит нам: Всегда радуйтесь... За все благодарите... Радость ваша да будет известна всем человекам...

«Не заботьтесь ни о чем, но всегда в молитве и прошении с благодарением открывайте свои желания пред Богом» Фипп.4:6; «Ибо знает Отец ваш, в чем вы имеете нужду, прежде вашего прошения у Него» Матф.6:8.

«Все заботы ваши возложите на Него, ибо Он печется о вас» 1Петр.5:7; «Предай Господу путь твой и Он совершит...» Пс.36:5; «Возложи на Господа заботы твои и Он поддержит тебя...» Пс.54:23.

В шестнадцатой главе Книги Притчей записан «золотой стих» бизнесменов: «Предай Господу дела твои, и предприятия твои совершатся» Пр.16:3.

Вечная Библия открывает нам, что Ведение Божие наполняет землю и все события на ней находятся под пристальным контролем свыше, как пишет пророк Иеремия. «Кто это говорит: «и то бывает, чему Господь не повелел быть?» Плч. Иер.3:37.

Поэтому, мы имеем непоколебимое основание, чтобы быть счастливыми и спокойными сегодня, зная, что наш завтрашний день в надежных руках Бога, Который с желанием и любовью готов помогать нам во всех наших заботах и знает их прежде, чем мы Ему об этом скажем.

«С небес призирает Господь, видит всех сынов человеческих. С престола, на котором восседает, Он призирает на всех, живущих на земле: Он создал сердца всех их и вникает во все дела их. Не спасется царь множеством воинства; исполина не защитит великая сила. Ненадежен конь для спасения, не избавит великою силою своею. Вот, око Господне над боящимися Его и уповающими на милость Его» Пс.32:13-18.

Некто хорошо сказал: «Сегодня начался первый день твоей оставшейся жизни». Да благословит нас Бог, мои дорогие друзья, на нашем нелегком пути к вечности, чтобы мы всегда имели мудрость предавать свои заботы в надежные руки Господа.

ВЛАДИМИР МЫСИН

ТЕРПЕНИЕ

      Как жалок не имеющий терпенья,
      Мгновенно рану можно ль излечить?
                        Шекспир

    Случается порою, что мы не обращаем внимания на то, что впоследствии приобретает огромную ценность. И наоборот, человек тратит годы жизни, силы и средства одержимый какой-нибудь идеей, но затем оказывается, что старания его были впустую. В этом плане люди имеют немалый опыт, который в сочетании с житейской мудростью, помогает нам ориентироваться в ситуациях и избегать обидной траты времени на бесполезные земные дела, определяя то, что действительно имеет цену.

    С точки зрения вечности, огромное значение имеет способность определять, что было бы ценным в глазах Бога. Например, на земле есть много физически сильных людей. Они очень гордятся своею силой. Но такая сила ничего не значит в глазах Бога. Есть на земле много красивых людей, но телесная красота ничего не значит в глазах Бога. Есть на земле много ученых людей, но мудрость человеческая ничего не значит в глазах Бога. Есть на земле много богатых и знатных людей, они купаются в лучах славы человеческой, но это ничего не значит в глазах Бога. В Своей великой Нагорной Проповеди блаженства Христос никого не упомянул из этой категории. Он не говорил: Блаженны мускулы, до уродства накачанные и карманы, до отказа набитые…

    Но Он сказал нечто иное: Блаженны нищие духом…, блаженны плачущие…, блаженны кроткие…, блаженны алчущие и жаждущие правды… Поэтому, для человека, серьезно озабоченного вопросом спасения, было и будет важным разглядеть истинные ценности бытия и соответственно расставить приоритеты своей жизни.

В этой главе я хочу обратить внимание на известное качество души, которое называется терпение. У кого-то может возникнуть вопрос: так ли нужно терпение в нашем просвещенном 21-м веке? Может быть, в век электроники и ракет, в век атомной энергии и покорения космоса, компьютеров и мобильных телефонов терпение уже потеряло свою былую актуальность и практическое значение?

Даже при поверхностном взгляде мы должны будем согласиться, что, несмотря на все достижения науки, техники, культуры, образования, терпение и сегодня имеет огромное значение и встречается во всех сферах нашей жизни. Мы не можем ступить и шага, чтобы нам не встретилось терпение в том или ином виде.

Педагоги знают, как много терпения необходимо в классах с учениками. Много терпения надо студентам – годами изучать учебники, сдавать сессии. Сколько терпения требуется родителям, воспитывая детей. Скульптору или художнику приходится, порою, тратить годы жизни и прилагать много терпения, прежде, чем создать шедевр искусства. Земледелец, посеяв семя, должен терпеливо ждать жатвы. Человек с терпением должен делать свою ежедневную работу, добывая хлеб насущный. Терпение необходимо партнерам в бизнесе, дрессировщикам животных, спортсменам, тренерам, артистам, терпение необходимо пастору церкви, дипломатам, политикам. Мы терпим холод, жару, непогоду...

Сколько надо терпения тем, кто попал в тюрьмы, лагеря, ссылки, призванным на службу в армию, есть множество подобных ситуаций, в которых человеку ничего не остается делать, как только терпеливо ждать окончания определенного срока.

Если телу причиняют раны или случается болезнь, мы ощущаем физическую боль, которую приходится терпеть. В настоящее время имеется множество средств, благодаря которым человек научился заглушать физическую боль, избегая, таким образом, необходимость терпеть.

Но какое надо терпение, чтобы пережить боль измены, боль потери, боль несправедливости, боль предательства, обмана, оскорбления, унижения, насмешки, непонимания. Эту боль перетерпеть намного труднее, чем физическую боль или время. Вы не найдете лекарства от такой боли в аптеках. Раны души заживают труднее и дольше, чем раны физические, и, порою, не заживают никогда.

Как трудно бывает стерпеть и удержать слово, не сказать обидчику в ответ то, что он заслуживает. Терпение необходимо, чтобы отвергать искушения и соблазны. Сколько нужно терпения, чтобы не разболтать доверенный тебе секрет или услышанную «горячую» новость. Без терпения не может быть дисциплины...

Очень многих проблем могло бы избежать человечество, если бы люди умели быть терпеливыми. Катастрофическая цифра разводов была бы в десятки раз меньше, если бы супруги имели навык терпения. Катастрофические цифры убийств и самоубийств были бы намного меньше, если бы люди умели терпеть. Меньше было бы аварий, если бы на дорогах было больше терпеливых водителей. Если бы люди были терпеливыми, не было бы многих мировых конфликтов и трагедий. Было бы меньше увечных и больных, сирот и бездомных детей...

Терпение необходимо человеку на протяжении всей жизни, от рождения и до смерти. На земле всегда ценились и будут цениться люди, которые умеют терпеть. Самообладание, благоразумие, верность, великодушие, послушание, кротость и многие другие свойства души человека немыслимы без терпения. Оно окружает нас буквально со всех сторон, и можно еще долго перечислять различные ситуации в калейдоскопе жизни, в которых человеку необходимо терпение.

Очевидно, что терпение – это важнейший элемент воспитания и формирования зрелости в структуре бытия. Бог, устроив так течение жизни, по-видимому, имеет в этом особый замысел, поскольку терпение распространяется и на материальную и на духовную сферы. Этот факт должен побудить нас к более тщательному исследованию этого качества души и характера человека.

У современных христиан бытует мнение, что терпение – это, конечно, хорошо, но в духовной жизни не так важно, как вера, любовь, говорение языками и т.п. Может быть, по этой причине верующие часто относятся к терпению, как к второстепенному качеству. Мы слышим много проповедей, пения, стихотворений о любви, о вере, но терпение, на фоне этих великих тем, часто остается в тени.

Если мы прочитаем Библию заново, с одной только целью: обращать внимание на места, в которых говорится о терпении мы увидим, что терпение это – важнейшее звено в духовном развитии человека и необходимое условие для нашего спасения. Христос сказал: «Терпением вашим спасайте души ваши» Лук.21:19. Эти слова говорят нам, что терпение – это далеко не второстепенный элемент на нашем пути к вечности.

Множество мест Писания свидетельствуют о терпении Божием. Начиная от Едемского сада и заканчивая Голгофой. Терпение настолько вошло в естество Божие, что одно из имен Бога – это Бог терпения. «Бог же терпения и утешения да дарует вам быть в единомыслии между собою, по учению Иисуса Христа» Рим.15:5. Таким образом, говоря о терпении, мы не можем упрекать Бога в том, что Он требует от нас того, что Ему несвойственно и, более того, все, что Бог нам заповедал, Он Сам это пережил, подав великий пример, как нам следует поступать.

Бог говорит людям: «Возлюби Господа Бога твоего всем сердцем твоим, и всею душею твоею, и всем разумением твоим» Мат.22:37. И Он возлюбил нас прежде любовью вечною, превосходящей наше разумение.

Бог говорит людям: «Будьте милосерды, как и Отец ваш милосерд» Лук.6:36. И Он нашел путь, как нас помиловать.

Бог говорит людям: «Благословляйте проклинающих вас... Благословляйте гонителей ваших...» Мат.5:44. Рим.12:14. И Он благословил нас от сотворения мира.

Бог говорит людям: «Спасай взятых на смерть, и неужели откажешься от обреченных на убиение?» Пр.24:11. И Он спас нас от вечной погибели.

Бог говорит людям: «Терпением вашим спасайте души ваши» Лук.21:19. И Он оставил нам великий пример терпения.

Зададим вопрос. Может быть, с воскресением Иисуса Христа для Отца Небесного время терпения уже закончилось? Отнюдь нет! Творцу всей Вселенной и в наши дни приходится много терпеть и долготерпеть, видя грехи и беззакония человеков, не желая, чтобы кто-нибудь погиб, но все пришли к покаянию. Посмотрим на себя, может быть, глядя на нашу жизнь, Господу приходится и сегодня долготерпеть, ожидая нашего прозрения.

В характере Иисуса Христа терпение было на особом месте. Он имел право сказать Своим ученикам: «Научитесь от Меня, ибо Я кроток и смирен сердцем...» Мат.11:29. Земная жизнь Господа не была прогулкой под луной, но Он получил от Своего творения полную чашу типичной человеческой «благодарности». Сколько Ему приходилось терпеть, мы в полной мере узнаем, только когда придем в вечность.

Но что надо было претерпеть Отцу Небесному, глядя на страдания Своего Сына. Глубину этого терпения невозможно измерить никакими земными мерками. Павел в Послании к Евреям, говоря о страданиях Господа, которые Ему суждено было перенести, особенно подчеркивает терпение.

«Ибо надлежало, чтобы Тот, для Которого все и от Которого все, приводящего многих сынов в славу, Вождя спасения их совершил чрез страдания» Евр.2:10.

«Хотя Он и Сын, однако страданиями навык послушанию» Евр.5:8.

«Взирая на начальника и совершителя веры, Иисуса, Который, вместо предлежавшей Ему радости, претерпел крест, пренебрегши посрамление, и воссел одесную престола Божия. Помыслите о Претерпевшем такое над Собою поругание от грешников...» Евр.12:2-3.

«Ибо, как Сам Он претерпел, быв искушен, то может и искушаемым помочь» Евр.2:18.

«Но видим, что за претерпение смерти увенчан славою и честию Иисус, Который немного был унижен пред Ангелами, дабы Ему, по благодати Божией, вкусить смерть за всех» Евр.2:9.

Исследуя жизнь мужей Божиих, пророков, священников, мы видим, что им также приходилось идти дорогой терпения. Как, должно быть, печалились священник Захария и Елизавета о том, что у них не было детей. Сколько было вознесено молитв, сколько было пролито слез, сколько было постов, сколько жертв приносил Господу праведный и благочестивый Захария, чтобы Господь послал им дитя.

Но проходили год за годом, прошла долгая жизнь, пришла старость, а ответа не было. Мы легко и быстро читаем это повествование на страницах Писания, но как нелегко было Захарии и Елизавете. Сколько надо было иметь терпения, чтобы не ожесточиться, чтобы не потерять веру, но с неизменным постоянством нести служение в храме, несмотря на все обстоятельства. Теперь мы видим, что это были избранные Богом сосуды для особой миссии, но прежде, чем она совершилась, им необходимо было терпение.

Вспомним Иова, Авраама, Иосифа, Моисея, Давида, Илию, Иеремию, Даниила и многих других, все они проходили в своей жизни через школу терпения и побеждали. Через школу терпения надлежит проходить всем последователям Господа. Поэтому Апостол Петр пишет: «Возлюбленные! Огненного искушения, для испытания вам посылаемого, не чуждайтесь, как приключения для вас странного...»1Пет.4:12.

В другом месте мы читаем: «Терпение нужно вам, чтобы, исполнивши волю Божию, получить обещанное» Евр. 10:36. Эти слова являются напоминанием для всех христиан, чтобы мы не принимали как нечто странное, если и нам также приходится терпеть.

Отметим еще несколько мест, говорящие нам о терпении: «Зная, что испытание вашей веры производит терпение» Иак.1:3.

«И не сим только, но хвалимся и скорбями, зная, что от скорби происходит терпение, от терпения опытность, от опытности надежда, а надежда не постыжает...» Рим.5:3-5.

Без терпения невозможно быть настоящим служителем на ниве Божией. Пока христианин не научится через терпение угашать раскаленные стрелы искушений, Бог не сможет полноценно использовать его для служения. Терпение является основанием, на котором Бог утверждает настоящих служителей. Без терпения мы не сможем прощать. Без терпения мы не сможем любить. Без терпения мы не сможем побеждать. Без терпения мы не сможем спастись. Терпение дает душе силу оставаться спокойной в искушениях и это есть первый шаг к победе.

Человек не рождается с терпением, как с цветом волос или кожи, но терпение достигается нами сознательно в процессе жизни и это не абстрактное понятие, но важнейшая духовная ступень на пути к совершенству. Особенным свойством терпения является факт, что терпение, как щитом защищает нашего внутреннего человека от поражения раскаленными стрелами искушений. Это настолько важно, что я хочу остановиться на этом подробнее.

Библия говорит, что человек троичен и состоит из духа, души и тела. В человеке может жить также Дух Божий или дух диавола. Христос, живя во плоти, из многих людей изгонял бесов, также поступали и Апостолы, это поручение Господь дал и Своим последователям.

В возрожденном свыше человеке живет Дух Божий. «Разве не знаете, что вы храм Божий, и Дух Божий живет в вас?» 1Кор.3:16. – спрашивает Апостол Павел. Верующий человек становится храмом Божиим, а терпение призвано быть стенами этого храма, защищающие живущего в нем Духа Божия от любых потрясений. Бури испытаний и раскаленные стрелы искушений, нити которых тянутся из огненной бездны геенны (Иак.3:6), угасают в надежной стене терпения. Всякий раз, когда мы не выдерживаем искушения, мы позволяем диаволу разорять храм нашей души. Поэтому Соломон пишет: «Что город разрушенный, без стен, то человек, не владеющий духом своим» Пр.25:28.

Представьте, что вам сказали обидное слово. Вы, возмутившись, ответили своему обидчику еще более обидным словом. Слово за словом, завязывается словесная перепалка, сыпятся упреки, оскорбления, брань, побои... Стрела искушения, разрушив стену терпения, разжигает адский огонь в храме вашей души. Все! Стены вашего терпения разрушены, храм разорен. Дух Святой и мир Божий уходят из храма вашей души.

После таких пожаров человек чувствует себя стоящими на развалинах того, что еще недавно было местом, в котором жил Бог. Мы не защитили себя терпением, но, пойдя на поводу у эмоций или амбиций, допустили диаволу поразить свою душу раскаленной стрелой искушения, и вот, плачевный результат – храм разрушен, на душе горько и тяжело, все в руинах и пепле.

Терпение в таких ситуациях приобретает неоценимую роль. Мы можем сравнить терпение со стенами дома. На дворе бушует непогода, ветер, дождь со снегом, но в доме тепло и уютно, нам не страшно ненастье, потому что дом защищает нас прочными стенами. Так, подобно, терпение защищает наши души. Чтобы ни происходило вокруг нас, житейские бури, катастрофы, беды, испытания, искушения, обиды, оскорбления, терпение, подобно надежным стенам, способно защитить храм нашей души от разорения.

Мы можем безошибочно определить момент, когда в стене нашего терпения появляется трещинка и приложить все силы, чтобы укрепить стену прежде, чем загорится пожар. Эту трещинку зовут раздражение.

Постарайтесь уследить за тем моментом, когда в вашей душе появляется раздражение и сделайте все возможное, чтобы угасить его в самом зародыше, потому что за раздражением следуют гнев, ярость, крик, злоречие и ситуация выходит из-под контроля. Раздражение, как желтый сигнал светофора, предупреждает, что настало время нажимать на тормоз.

Апостол Павел пишет в Послании к Ефесянам: «Всякое <u>раздражение</u> и ярость, и гнев и крик, и злоречие со всякою злобою да будут удалены от вас» Еф.4:31. Заметим, что раздражение стоит здесь на первом месте.

Апостол Иаков, описывая в третьей главе, как действует этот губительный духовный закон, приводит подробную последовательность этой диавольской цепочки. В этой борьбе терпение имеет первостепенное значение, ибо имеет свойство угашать раскаленные стрелы лукавого. Таким образом, если щит нашего терпения еще слабенький и хрупкий, так, что раскаленные стрелы искушений раз за разом пробивают его, если мы можем запаляться из-за любого пустяка, если из-за какой-нибудь мелочи можем сделать бурю в стакане воды и запалившись воспаляем круг жизни вокруг себя, значит мы еще не научились терпению и не можем говорить о серьезном духовном росте.

<u>Терпение – это камни, которыми вымощена дорога к спасению.</u> Когда Бог видит, что стены терпения, окру-

жающие храм нашей души уже достаточно прочны, так, что выдерживают удары испытаний и угашают жар искушений, Он приводит нас к следующей ступени, которая называется совершенство. Это должно быть целью христианина, как пишет Павел: «Да будет совершен Божий человек, ко всякому доброму делу приготовлен» 2Тим.3:17.

Человечеству свойственно стремиться и искать пути к совершенству. Шедевры зодчества, искусства, развитие науки, техники, культуры – это ничто иное, как плоды многолетних стремлений человечества к совершенству. В духовной жизни путь к совершенству лежит через терпение. Иаков пишет: «Кто не согрешает в слове, тот человек совершенный, могущий обуздать и все тело» Иак.3:2.

Соломон пишет: «Долготерпеливый лучше храброго, и владеющий собою лучше завоевателя города» Пр.16:32. Эти места Писания свидетельствуют, что имея навык терпения, мы поднимаемся по ступеням, ведущим к совершенству и это реально. Если терпение настолько укоренилось в вашем характере, что вы не согрешаете в словах и в состоянии обуздывать свой язык, вы очень близки к совершенству. «Терпение же должно иметь совершенное действие, чтобы вы были совершенны во всей полноте, без всякого недостатка» Иак.1:4.

О таких христианах пишет Апостол Павел, что они могут благословлять своих обидчиков в ответ на злословия и побои: «Злословят нас, мы благословляем; гонят нас, мы терпим; хулят нас, мы молим; мы как сор для мира, как прах, всеми попираемый доныне» 1Кор.4:12-13. Это невозможно делать, если у нас нет навыков терпения.

Таких христиан невозможно обидеть, но в ответ на любые оскорбления они могут благословлять обидчиков, зная законы духовной брани, которая идет не против плоти и крови, а против духов злобы поднебесных. (Еф.6:12) Такие христиане отвергли себя и имеют право называть себя рабами Иисуса Христа. Никакие гонения и злословия не смогут кипятить их души, ибо они окружены надежной стеной терпения.

Навык терпения поднимает человека на новую ступень совершенства и открывает двери в сферу высших духовных законов, являясь фундаментом для кротости и смирения.

Знание этих законов делает христианина непобедимым воином в армии Иисуса Христа. – Таким образом, через нас проявляется сила Божия. Это является практическим шагом к тому, чтобы в нашем сердечном храме жил Дух Божий. Вы можете долго и красиво молиться, бить низкие поклоны, громко вопиять, страстно умолять, приносить богатые жертвы и дары в храм, призывая, чтобы Бог поселился в вашем сердце, но от этого ничего не изменится, потому что Бог давно указал в Своем Слове на дверь, через которую Дух Божий входит в храм нашей души. Эта дверь называется смирение.

«Ибо так говорит Высокий и Превознесенный, вечно живущий, – Святый имя Его: Я живу на высоте небес и во святилище, и также с сокрушенными и смиренными духом, чтоб оживлять дух смиренных и оживлять сердца сокрушенных» Ис.57:15.

Итак, если в сердце нет смирения, которое является высшей степенью терпения, то в таком сердце никогда не будет жить Дух Божий. Это закон. Поэтому, дети Божии, испытавшие счастье жизни с Богом, но по какой-либо причине допустили раскаленной стреле искушения разрушить стены терпения, ощущают, как Дух Божий уходит из разоренного места и храм остается пуст.

Псалмопевец Давид очень правдиво отразил это состояние в Псалмах, потому что сам пережил и глубоко оплакивал пред Господом эту потерю. После падения с Вирсавией Давид ощутил, что Дух Святой оставил его. С Духом Святым ушли радость спасения, чувство правоты и Давид изливает в Псалме свой плач пред Господом: «Сердце чистое сотвори во мне, Боже, и дух правый обнови внутри меня. Не отвергни меня от лица Твоего, и

Духа Твоего Святого не отними от меня. Возврати мне радость спасения Твоего и Духом владычественным утверди меня» Пс.50:12-14.

Далее Давид пишет слова, которые мы всегда должны помнить, становясь на молитву: «Сердца сокрушенного и смиренного Ты не презришь, Боже» Пс.50:19. Этими словами Давид открывает нам еще один духовный закон, в основе которого также лежит смирение. Итак, если мы хотим, чтобы наша молитва была услышана, мы имеем ключ. Этот ключ называется смирение.

Прочитайте еще раз Книгу Псалмов и обратите внимание, как хорошо Давид знал силу смирения. Когда Давид попадал в трудные ситуации, как он смирялся пред Господом. Каким смирением и сокрушением наполнены его молитвы. Господь слышал его молитвы, потому что Давид взывал к Нему с сокрушенным и смиренным сердцем. Это было правильным состоянием пред Богом и Бог засвидетельствовал о Давиде такими словами: «Нашел Я мужа по сердцу Моему, Давида, сына Иессеева, который исполнит все хотения Мои» Д.А.13:22.

Об этом законе пишут Апостолы Иаков и Петр: «Бог гордым противится, а смиренным дает благодать» Иак.4:6; 1Петр.5:5.

Об этом законе пишет мудрейший человек земли, Соломон: «Бог смиренным дает благодать» Пр.3:34. Закон смирения дает Богу юридическое право принимать участие в нашей жизни и давать благодать любому человеку, если человек, сознательно смирившись пред Богом, прибегает к Нему за помощью.

Во второй Книге Царств мы находим историю из жизни Давида, в которой есть пример, как он применял на практике силу этого закона.

Как гром среди ясного неба, свалилась на голову Давида беда. Его родной сын, первенец, красавец Авессалом, которого Давид любил больше жизни, составил заговор и, собрав войско, пошел войною на Иерусалим, намереваясь завладеть царским престолом. Давиду, его друзьям и слугам пришлось спасаться бегством. Здесь я хочу обратить внимание на один эпизод, благодаря которому мы видим, как хорошо Давид понимал высшие законы духовной борьбы.

Выйдя из Иерусалима, Давид шел по дороге на гору Елеонскую и плакал. Несмотря на царское звание, Давид, не скрывая своего унижения, покрыв голову накидкой, шел босой и плакал. Перейдя на другую сторону горы, Давид и его люди дошли до селения Бахурим. Из этого селения выходит человек, по имени Семей, и начинает злословить Давида и тех, кто шел с ним в этой печальной процессии.

«И бросал камнями на Давида и на всех рабов царя Давида; все же люди и все храбрые были по правую и по левую сторону царя. Так говорил Семей, злословя его: уходи, уходи, убийца и беззаконник...» 2Цар.16:5-8.

Люди, идущие с царем, были крайне возмущены этой дерзостью и сказал Авесса, могучий воин, главнокомандующий войском Давида и его ближайший друг: «Зачем злословит этот мертвый пес господина моего царя? Пойду я, и сниму с него голову».

И вот здесь Давид говорит слова, которые показывают, что Давид хорошо знал силу духовного закона смирения: «...оставьте его, пусть злословит; ибо Господь повелел ему. Может быть, Господь призрит на уничижение мое, и воздаст мне Господь благостию за теперешнее его злословие. И шел Давид и люди его своим путем, а Семей шел по окраине горы, со стороны его, шел и злословил, и бросал камнями на сторону его и пылью» 2Цар.16:11-13.

Прочитаем еще раз странные, на первый взгляд, слова Давида: «...пусть злословит; ибо Господь повелел ему...». Казалось бы, что это за жестокость со стороны Бога? У Давида и без того на душе полный мрак, он идет униженный, босой, слезы текут по его щекам. Авессалом повернул против него народ, у которого Давид многие годы был царем, ради которого Давид, не щадя своей жизни, вел опасные войны, укрепляя Израильское царство. Сын намерен стереть с лица земли своего отца. О, какой стыд и позор! О, как тяжело Давиду смотреть в глаза людей, которые идут с ним и которые стоят по обочине дороги. Вдвойне обидно, что это делает родной и близкий человек... Покрыл Давид свою голову накидкой, шел и плакал. Что может быть хуже? А тут еще и Господь подключился и повелел Семею злословить Давида, усугубляя и без того тяжелые муки души... Сколько терпения надо было проявить Давиду, слушая его злословия.

В таких ситуациях диавол часто подходит к человеку с искушением, ожесточить сердце и похулить Бога, как это было некогда с Иовом. Там жена Иова, сама не зная того, играла первую скрипку в оркестре сатаны, побуждая своего мужа похулить Бога. (2глава Книги Иова)

Но Давид знал, что через это унижение к нему открывается дверь благодати Божией, что Бог стоит уже совсем рядом, ожидая, когда Давид даст Ему возможность войти в эту ситуацию и спасти его. Поэтому, услышав злословия в свой адрес, Давид знал, все, что ему надо было сделать, это смириться, чтобы Господь, согласно закону смирения, воздал ему благом. Сила этого закона много раз была его щитом в критических ситуациях, поэтому он говорит своим возмущенным слугам: «...пусть злословит; ибо Господь повелел ему». Таким образом, через терпение и смирение Давид имел Бога на своей стороне и победил. Ибо там, где Господь, там всегда будет победа.

Хорошо знал силу закона смирения Иисус Христос. «Научитесь от Меня, ибо Я кроток и смирен сердцем...» Несмотря на Божественное происхождение, Христос на протяжении всей Своей земной жизни крепко держался этого закона и это было Его щитом от бесконечных искушений, которые со всех сторон восставали на нашего Господа. Как кротко и смиренно отвечал Господь на искушение диавола в пустыне, на искушения от книжников и фарисеев, как кротко и терпеливо Он учил учеников, как кротко и покорно Он стоял в синедрионе, на судилище Пилата, перед ревущей от ярости и жажды крови толпой, как кротко Он умирал, не произнеся ни одного слова проклятия или укоризны. Он показал нам вершину терпения, кротости, смирения и любви, когда в последние минуты страшных мучений нашел в Себе силы сказать: «Отче, прости им...»

Пророк Исаия, описывая страдания нашего Господа, много пишет о Его глубоком смирении: «Он был презрен и умален пред людьми, муж скорбей и изведавший болезни, и мы отвращали от Него лице свое; Он был презираем, и мы ни во что ставили Его... Он истязуем был, но страдал добровольно, и не открывал уст Своих; как овца, веден был Он на заклание, и, как агнец пред стригущими его безгласен, так Он не отверзал уст Своих» Ис.53:3-7.

Друзья мои, если Бог Своему Сыну предпределил путь терпения, может ли Он от нас ожидать что-либо другого? О, нет! Петр пишет: «Ибо вы к тому призваны; потому что и Христос пострадал за нас, оставив нам пример, дабы мы шли по следам Его: Он не сделал никакого греха, и не было лести в устах Его; будучи злословим, Он не злословил взаимно; страдая, не угрожал, но предавал то Судии Праведному» 1Петр.2:21-23.

В первой Книге Царств записан один необычный эпизод, который долгое время приводил меня в смущение. Об этом событии мы читаем в шестнадцатой, восемнадцатой и девятнадцатой главах: «Находил злой дух от Бога на Саула».

Это фраза долго не давала мне покоя и ломала всю мою логику в отношении устоявшихся христианских стандартов: «Бог – добро, диавол – зло». Мы привыкли понимать, как само собою разумеющееся, что Бог – это светлое, доброе, святое, это мир, радость, любовь, вера и вдруг: злой дух от Бога! Как это может быть? Как может от Бога приходить злой дух? Если бы злой дух приходил к Саулу от диавола, то здесь все понятно и никаких вопросов, но злой дух от Бога!? Понять это место я смог только благодаря закону смирения.

В один прекрасный день мне стало ясно, что Бог давал Саулу последний шанс. Если бы Саул, в то время, когда на него находил злой дух, нашел в себе силы смириться и, отвергнув искушения злого духа, не пойти у него на поводу, у Саула был шанс спастись.

К сожалению, дальнейшие события развивались по трагическому сценарию. Саул, закусив удила, стал неуправляемым и, целиком отдавшись во власть своей гордыни, делал одно преступление за другим, ослепленный жаждой мести невинному человеку. Бог несколько раз бросал Саулу спасательный круг, но он, не пожелав смирить своей гордыни, бесславно погиб вместе со своими сыновьями, которым пришлось разделить его печальную участь.

Другой Израильский царь Ахав поступил благоразумнее Саула и был помилован, несмотря на то, что делал более неугодного в очах Божиих, нежели Саул. Бог засвидетельствовал, что еще не было в Израиле такого нечестивого царя, как Ахав. Но, когда Бог через пророка Илию объявил ему Свой приговор, Ахав, осознав свое нечестие, раскаялся и смирился, и Бог отменил наказание.

«Выслушав все слова сии, Ахав разодрал одежды свои, и наложил на тело свое вретище, и постился, и спал во вретище, и ходил печально... и сказал Господь: Видишь, как смирился предо Мною Ахав? За то, что он смирился предо Мною, Я не наведу бед в его дни» 3Цар. 21:27-29.

Итак, мы находим в Писании четко определенные зоны, которые имеют прямую и постоянную связь с Богом. Это духовные законы, которые Бог оставил людям. Любой человек может применять в своей жизни силу этих незыблемых законов, потому что под каждым из них стоит подпись Творца и Законодателя вселенной и

Он призывает нас к этому. Он есть высший авторитет и нет той силы, которая могла бы помешать исполнению этих законов. Чем больше людей будут вставать под живительные лучи благодати Божиих законов, тем меньше успеха будет иметь диавол, тем больше силы Божией будет проявляться в этом мире.

Одним из таких законов является закон смирения. Хотите, чтобы в вашем сердце жил Бог? Смирите свое сердце. Хотите, чтобы Бог воздал вам благостию? Смирите свое сердце. Хотите, чтобы Бог слышал ваши молитвы? Смирите свое сердце. В Писании мы находим много случаев, когда, благодаря смирению, Господь отменял наказание, восстанавливал ситуацию, и вы не найдете в Писании ни одного случая, чтобы факт смирения остался у Бога безответным. Почему? Потому, что это закон. Этот простой в исполнении и сильный в действии закон должны помнить все: цари и священники, рабы и свободные, ибо этот закон открывает в наших сердцах дверь Богу и становится крепким щитом в искушениях и проблемах.

Мой дорогой друг. Может быть и вам повстречаются ситуации, когда вас незаслуженно будут злословить. Не упустите этого момента. Не ожесточите своего сердца, не мстите за себя, не допустите раскаленной стреле искушения разрушить стены вашего храма, но в терпении смирите ваше сердце и через смирение дайте место силе Божией одержать победу и воздать вам благодеянием. Бог совершит Свое дело и по закону смирения вознесет вас на новую ступень духовного совершенства. «Смиритесь пред Господом, и вознесет вас» Иак.4:10.

Все Послание Апостола Иакова проникнуто особым духом смирения и начинает он его странными, на первый взгляд, словами: «С великой радостью принимайте, братья мои, когда впадаете в различные искушения, зная, что испытание вашей веры производит терпение» Иак.1:2-3. Но для тех, кто знает силу закона смирения, это слова глубочайшего смысла, это прямой путь к победе и совершенству.

Друзья мои, закон смирения имеет великую силу. Смирение изменит вашу судьбу, судьбу вашей семьи, смирение защитит вас от многих жизненных проблем, поможет вам выйти из житейских тупиков и, самое главное, через смирение в вашем сердце поселяется Бог. Присутствие Божие сделает вашу земную жизнь раем и вы не согласитесь променять это на все богатства и удовольствия этого мира.

Но это еще не все. Заключительным, торжественным аккордом в финале симфонии смирения является слава. Смирение приводит нас к славе. «За смирением следует страх Господень, богатство и слава и жизнь» Пр.22:4.

«Перед падением возносится сердце человека, а смирение предшествует славе» Пр.18:12. Это чудесно и это не должно удивлять нас, потому что все, что делает Господь, Он делает во всей полноте. Так обстоит дело и с законом смирения. Бог не только воздает благодеянием за смирение, но и приводит нас посредством этого закона к высшей духовной степени – в славу. «Сеется в уничижении, восстает в славе» 1Кор.15:43.

Так было с Иисусом Христом, так будет со всеми, кто претворяет это чудесное обетование Божие в своей жизни. «Но видим, что за претерпение смерти увенчан славою и честию Иисус, Который немного был унижен пред Ангелами, дабы Ему, по благодати Божией, вкусить смерть за всех» Евр.2:9.

Друзья мои, какие замечательные обетования дал нам Господь. Какие чудесные ступени духовного роста, ведущие нас к совершенству и славе, Бог предлагает всем людям. Первая ступень – это терпение. Терпение приводит нас к смирению. Смирение приводит нас к славе. О, бездна богатства и премудрости Божией! Как удивительны и благостны пути Божии, уготованные нам на страницах Писания.

Да укрепятся ослабевшие колена, ибо Господь царствует и наполняет землю. Он знает, что делает.

Будем помнить слова Писания. «Сей Самый Дух свидетельствует духу нашему, что мы – дети Божии. А если дети, то и наследники, наследники Божии, сонаследники же Христу, если только с Ним страдаем, чтобы с Ним и прославиться. Ибо думаю, что нынешние временные страдания ничего не стоят в сравнении с тою славою, которая откроется в нас» Рим.8:16-18.

«Посему и мы, имея вокруг себя такое облако свидетелей, свергнем с себя всякое бремя и запинающий нас грех, и с терпением будем проходить предлежащее нам поприще»

Евр.12:1.

ОКНА НЕБЕСНЫЕ

ВЛАДИМИР МЫСИН

ПРОЩЕНИЕ

> Я всем прощение дарую
> И в Воскресение Христа
> Меня предавших, в лоб целую,
> А не предавшего – в уста.
> (Анна Ахматова)

В этой главе я хочу обратить наше внимание на свойство души, которое занимает особое место среди всех душевных качеств человека. Называется оно прощение. В силу ограниченности места и времени, мы поговорим о прощении, с точки зрения щита веры, ибо тема прощения – это обширная, многогранная тема и чтобы раскрыть ее во всей мыслимой полноте, необходимо посвятить ей отдельную книгу.

Почему людям так трудно прощать? Ведь для того, чтобы простить, не надо делать что-то трудное и тяжелое, не надо тратить финансы или ехать за тридевять земель, для этого не надо тренироваться в спорт-клубе или учиться в университете... Почему же прощение бывает таким трудным делом? Мы видим, что даже малые дети очень неохотно прощают и с большим желанием воздают своему обидчику «зуб за зуб», нежели прощают обиду. Конечно, дети помнят обиды недолго и в этом их прелесть и пример, но как нам определить где проходит та грань, за которой утихают волны ожесточения и обиды и начинается тихая гавань прощения и мира?

Огромное значение придает прощению Священное Писание, по причине того, что акт прощения – непрощения простирается в духовные сферы бытия, линия фронта которого проходит через наши души. Это одно из самых трудных направлений, на котором постоянно происходят конфликты.

Прощение – непрощение, как граница, разделяет нашу душу на две зоны и некто, кто командует невидимым парадом в душе, становится перед необходимостью перешагивать эту черту, иногда по нескольку раз в день.

Факт, что против вас согрешили, сделали что-то плохое, обидели и т.п., это попытка диавола втянуть вас в свою игру. Это значит, что ваша душа зашла в полосу негативных сумерек зла и вам предстоит сделать выбор: или простить и, перешагнув черту прощения, выйти из зоны искушения в позитивную зону мира и света неповрежденным, или не простить и, оставаясь там, пытаться решать проблемы другим путем. (Доказывать свою правоту и несогласие словами или физической силой, заявить в полицию, подать на обидчика в суд и т.д.) Как правило, это как раз то, чего добивается враг душ человеческих, ибо в таких случаях ему легко подливать масла в огонь и он большой мастер делать такие дела.

Искушение – это стремление диавола вовлечь вас в цепочку нового зла, которая может начаться в каких-то посторонних людях и затем, как эстафета, передаваться от одного человека другому. Если мы не прощаем, мы принимаем эстафету зла и если еще пытаемся воздать своему обидчику по заслугам, этим мы передаем эстафету зла дальше. Но если вы смогли прощением остановить дошедшее до вас зло, чтобы оно не отразилось в вас, это признак того, что вы настоящий боец в армии Иисуса, который знает законы духовной брани и умеет побеждать.

Таким образом, прощение – это щит христианина в духовной борьбе. Тот, кто научился владеть этим щитом, должен видеть в искушениях не плоть и кровь, через которые диавол воплощает проблемы, а руку сатанинскую. Каждому христианину необходимо помнить, что прощением он останавливает цепную реакцию зла.

В прощении мы исполняем заповедь: «Не судите, да не судимы будете» Матф.7:1. Этой заповедью Господь учит нас не судить, ибо суд, ни при каких обстоятельствах, Господь не доверяет людям. Как пишет Павел: «Посему не судите никак прежде времени, пока не приидет Господь» 1Кор.4:5.

Важнейшей истиной прощения в таких обстоятельствах является, что прощая людям их согрешения, мы не судим их сами, но отдаем суд в руки Господа и, таким образом, не препятствуем своим осуждением Господу проявить к ним Свою милость и спасти.

Представьте себе, что вы не простили какому-то человеку его согрешения против вас и этот грех остался лежать на его совести непрощенным до самой смерти. Когда тот человек придет в вечность, непрощенное вами согрешение тоже придет туда в багаже дел и может стать причиной его осуждения. Поэтому, если кто-то против вас согрешил или обидел, учитесь прощать его как можно скорее. К этому нас призывают многие заповеди Господни: «Солнце да не зайдет во гневе вашем...» «Сколько раз прощать брату моему? – До седмижды семидесяти раз...» Пусть вашим ответом и молитвой в искушениях будет: «Господи, я прощаю этому человеку и если Ты найдешь возможность помиловать его, я буду очень рад видеть его в вечности спасенным...»

Прощая людям согрешения, мы становимся соработниками у Бога в деле спасения душ и ни для кого не будем служить препятствием на пути к вечности. Настоящее прощение трудно достичь без любви к людям, как к творению Божию. Любовь перебрасывает мост через человеческое Я и прощает.

Слова Иисуса Христа, сказанные в великой Нагорной Проповеди, открывают нам еще одну важную сторону прощения. Прощение – это заповедь с обетованием, которая имеет далеко идущие последствия для нас самих. «Ибо, если вы будете прощать людям согрешения их, то простит и вам Отец ваш Небесный; а если не будете прощать людям согрешения их, то и Отец ваш не простит вам согрешений ваших» Матф.6:14-15.

Люди часто просят в молитвах, чтобы Бог простил им грехи и проступки. В Нагорной Проповеди находится пример молитвы, в которой мы видим, что в прощение Бог вложил Закон Отражения: «И прости нам долги наши, как и мы прощаем должникам нашим» Матф.6:12. (В народе называют ее «Молитвой Господней».) Таким образом, в прощении мы находим закон: «Прощая тем, которые грешат против нас, мы открываем дверь Божьего прощения для себя». Этими словами Писание говорит, Бог прощает наши грехи, вознаграждая нас за то, что мы прощаем другим.

«И когда стоите на молитве, прощайте, если что имеете на кого, дабы и Отец ваш Небесный простил вам согрешения ваши; если же не прощаете, то и Отец ваш Небесный не простит вам согрешений ваших» Мар.11:25-26.

Итак: тому, кто имеет привычку прощать своему ближнему, Бог имеет привычку прощать и его согрешения. В этом есть чрезвычайная важность закона прощения для будущего века и хорошие шансы на Страшном Суде получить амнистию.

В прощении Христос открывает нам картину духовной причинно-следственной взаимосвязи, благодаря которой мы видим, что прощение имеет большое значение в невидимых духовных сферах бытия. «Итак, если ты принесешь дар твой к жертвеннику и там вспомнишь, что брат твой имеет что-нибудь против тебя, оставь там дар твой пред жертвенником, и пойди, прежде примирись с братом твоим, и тогда приди и принеси дар твой» Матф.5:23-24.

Очевидно, что факт допущенной несправедливости может быть серьезной проблемой для полноценной духовной жизни и служить препятствием нашим жертвам и молитвам. Поэтому Христос учит нас любой ценой сохранять мир и не оставлять без внимания любое проявление обиды, тяжбы, непонимания, но стремиться к миру и прощению, даже если ради этого нам придется унизиться, смириться, остаться обиженным, потерпеть убытки, гонения и т.п. «Мирись с соперником своим... Не противься злому. Но кто ударит тебя в правую щеку твою, обрати к нему и другую... Кто захочет судиться с тобою и взять у тебя рубашку, отдай ему и верхнюю одежду... Кто принудит тебя идти с ним одно поприще, иди с ним два...» В заключении Христос говорит, это путь к совершенству, так мы становимся детьми Отца Небесного. (Матф.5-7гл.)

Мы рассуждали о том, что прощать бывает очень трудно, но еще труднее бывает просить прощение. Попробуйте вспомнить в своей жизни случаи, когда вам надо было просить прощение. Ведь сам по себе этот процесс несложный, сказать языком несколько слов и все, ну что тут особенного?

Но на деле это оказывается гораздо сложнее. Нас вдруг как подменяют. Куда девалось наше былое красноречие? Где пыл души? Сердце наполняется какой-то необъяснимой тяжестью, язык становится тяжелым, как свинец, нас бросает то в жар, то в холод... И это из-за одного только слова? Есть люди, которые предпочитают умереть, чем попросить прощения.

Все дело в том, что прощение, проявляясь в материально-физической плоти, достигает духовных сфер бытия. Поэтому, когда человек решается просить прощение, это производит большой резонанс в духовном мире, этим и объясняется то необъяснимое состояние внутренней тяжести, явно не физического происхождения. Физическому телу не трудно сказать слово «прости». Это всего одно слово. За день мы говорим тысячи слов и не устаем. Но здесь, внутри себя, мы начинаем ощущать, как против этого слова восстает что-то, ранее незаметно и тихо сидевшее в разных уголках души. Как только мы становимся перед необходимостью сказать «прости», все это «богатство» выползает из всех углов и дает о себе знать.

Очевидно, что факт признания вины имеет большое значение в духовных сферах и содержит в себе очистительную силу. Этим и объясняется, что человеку так трудно сказать это магическое слово «прости», ибо все силы ада восстают и пытаются удержать его от этого действия и, таким образом, прежде, чем сказать это слово, человеку приходится наступить на целую связку сопротивляющихся плодов плоти: обиду, самолюбие, ожесточение, гордость и т.п.

Говоря «прости», человек официально признает свою вину. Это очень важно. В окружающем нас мире люди очень неохотно признают свою вину. В судебных разбирательствах следственным и судебным органам приходится тратить массу времени, сил и средств, чтобы доказать вину виноватого. (*Хотя, порою, там доказывают и вину невиноватого, но об этом поговорим в другой раз*).

Поэтому, если кто-либо у вас просит прощения, помните, что прежде, чем человек решился сказать вам это слово, в его душе произошла немалая борьба, из которой он вышел победителем, и теперь настала ваша очередь в этой борьбе. Не откажите ему в прощении и диавол будет побежден.

Высшей степенью прощения является милость. Милость – это мост над пропастью суда и закона. Когда все законные причины, необходимые для прощения, иссякают, единственный путь получить прощение – это быть помилованным. Милость – это когда человеколюбие, оставляя внизу суд и закон, протягивает через пропасть осуждения руку прощения. Так говорит Писание: «Милость превозносится над судом» Иак.2:13.

Порою осужденных преступников приговаривают к смертной казни, это значит, что вина их настолько тяжела, что суд, согласно закона, вынужден применить к ним высшую меру наказания. У таких преступников нет шансов получить избавление от смерти по закону и тогда подается прошение о помиловании.

ПРОЩЕНИЕ

История сохранила память об одном событии, случившимся во время правления императора Наполеона, которое является хорошей иллюстрацией милости.

«Один из генералов армии Наполеона совершил тяжкий проступок и по законам военного времени был приговорен к смертной казни. Несколько высших офицеров, приближенные к императору, пытались ходатайствовать о прощении, напоминая Наполеону о былых заслугах генерала, но император был неумолим. – Вина его слишком велика, – отвечал им Наполеон, – он не заслуживает прощения.

Каким-то чудом мать генерала сумела добиться аудиенции у императора и со слезами на глазах стала просить Наполена помиловать ее сына. Выслушав ее, Наполеон ответил:

- Сударыня, мне очень жаль, но ваш сын не заслуживает прощения и должен умереть.

- Милостивый государь, – возразила мать, – я не прошу для него прощения, мой сын может быть действительно не заслуживает прощения, но я пришла просить для него милости. Милости не заслуживают, милостью милуют.

Император был глубоко тронут этой истиной и помиловал генерала. Его друзья были очень рады этому решению и спросили Наполеона: – Ваша светлость, несколько раз мы просили вас отменить казнь генерала и вы нам отказали, но как его мать сумела вас убедить?

Наполеон ответил: – Вы просили меня простить генерала, а мать просила его помиловать и я не мог ей отказать».

В случае с Наполеоном мудрая мать убедила императора оказать милость, но милость Божия – это еще более глубокая милость. Милость Бога – это милосердие, это милость, исходящая из сердца. Это то, что Богу не надо подсказывать, как Наполеону, ибо милость живет в

Его сердце, потому что Он Тот, Кто дал начало милосердию. Он есть Отец милосердия.

Грешное человечество не заслуживало прощения, но милость Божия спасла нас от вечного осуждения. Там, где рукописания суда и закона осуждали грешника на смерть, Бог, любя человека, нашел выход из этой ситуации, став Отцом Милосердия. «Благословен Бог и Отец Господа нашего Иисуса Христа, Отец милосердия и Бог всякого утешения» 2Кор.1:3.

«Но Ты Бог, любящий прощать, благий и милосердый, долготерпеливый и многомилостивый...» Неем.9:17. Какого чудесного Отца мы имеем с вами на небесах! Он любит прощать и миловать.

Прощение– это духовный нейтрализатор и оно всегда должно быть рядом с терпением. Однажды Петр, подойдя к Господу, спросил Его: «Сколько раз прощать брату моему, согрешающему против меня? До семи ли раз? Иисус говорит ему: не говорю тебе: «до семи», но семижды семидесяти раз» Матф.18:21-22.

Представим себе, что наш ближний в каком-то дне согрешил против нас семь раз и мы семь раз терпением угасили обиду. Поневоле, к концу дня в нашей душе будет накапливаться негативное напряжение. Здесь прощение оказывает нам неоценимую услугу, ибо, как только мы угашаем терпением огненную стрелу искушения, нам следует прощать своего ближнего и, таким образом, мы освобождаемся, ибо прощение нейтрализует все последствия искушения. Поэтому, терпение и прощение должны идти рядом друг с другом, как две рельсы железнодорожного полотна. Терпение угашает стрелы искушений, а прощение освобождает наши души от их последствий и как духовный антибиотик, нейтрализует яд обид, оскорблений, зависти, ропота и т.п.

Более того, прощение – это оружие христианина. Христос постоянно имел его при Себе и многократно разрушал этим оружием твердыни сатанинские. Вспомним, с какой готовностью Он прощал людям грехи. Множество больных вместе с исцелением получали прощение. Женщине, взятой в прелюбодеянии, Христос сказал: «И Я не осуждаю тебя; иди и впредь не греши» Иоан.8:2-11.

Христос не забыл об этом оружии, даже будучи распятым на кресте Голгофы. Окруженный озверевшей от крови и агонии смертных воплей толпой, в страшных муках, Он, среди криков и брани, хулений и насмешек, нашел в Себе силы сказать: «Отче! прости им, ибо не знают, что делают» Лук.23:34.

Евангелисты Марк и Матфей, описывая Голгофские события, говорят, что оба разбойника злословили Иисуса вместе с толпой. Евангелист Лука пишет, что один из разбойников злословил Иисуса, а другой унимал своего несчастного товарища. Что это? Еще одно противоречие в Писании? Нет. Это значит – на Голгофе что-то произошло. Я глубоко верю, что слова Христа: «Отче! Прости им...» – перевернули сердце разбойника и он, вдруг, увидел в Нем Сына Божия. Перестав злословить Иисуса, разбойник произнес свою первую и последнюю молитву: «Помяни меня, Господи, когда приидешь в Царствие Твое!» Лук.23:39-43.

Я верю, что стоявший рядом сотник, услышав эти слова, понял, что это не человек и засвидетельствовал: «Истинно, Человек Сей был Сын Божий» Марк.15:39.

Я верю, что слова эти услышали люди, которые сошлись посмотреть кровавое зрелище и возвращались в город, бия себя в грудь, сокрушались о соделанном. Лук.23:48.

Прощение имеет силу угашать зло, которое, дойдя до христианина, не отражается в нем новым злом, но угашается прощением и, таким образом, козни диавольские рассыпаются как карточные домики. Павел пишет Коринфской церкви о прощении и прямо указывает на то, что благодаря прощению нейтрализуется ущерб, который был запланирован сатаной. «А кого вы в чем прощаете, того и я; ибо и я, если в чем простил кого, простил для вас от лица Христова, чтобы не сделал нам ущерба сатана; ибо нам не безъизвестны его умыслы» 2Кор.2:10-11.

Евангелист Лука приводит фрагмент разговора Иисуса Христа в доме одного фарисея, в котором Господь приводит формулу духовного взаимодействия прощения и любви: «Кому мало прощается, тот мало любит». Следовательно, мы можем сделать вывод, что кому много прощается, тот много любит, а кто много любит, тому много прощается. Христос сказал о той грешной женщине: «Прощаются грехи ее многие за то, что она возлюбила много; а кому мало прощается, тот мало любит» Лук.7:47.

Из этой формулы мы видим, что прощение приготавливает почву, на которой зарождается любовь и открывается дверь для Духа Божия. Если какой-либо человек согрешил против нас и мы его простили, тогда вместе с прощением он получает в свое сердце духовный десант в виде любви и через этот плацдарм Дух Божий начинает в нем Свою работу. Поэтому, прощение должно быть нормой жизни всякого христианина, ибо это залог того, что в наших семьях, в наших церквах диаволу трудно будет сотворить какое-нибудь зло, потому что его козни обеззараживаются прощением.

Прощение – это духовный пенициллин, к которому у зла никогда не будет иммунитета. «Итак, облекитесь, как избранные Божии, святые и возлюбленные, в милосердие, благость, смиренномудрие, кротость, долготерпение, снисходя друг другу и прощая взаимно, если кто на кого имеет жалобу: как Христос простил вас, так и вы» Кол.3:12-13.

Однажды наш десятилетний сын, уходя в школу, в дверях помолился такой молитвой: «Господи, дай чтобы ко мне никто не лез в школе и я ни к кому не лез…»

Очень честная молитва. Правда нашей жизни такова, что нам не только приходится прощать кого-то, но порою и самим просить прощение. Поэтому, в контексте нашей темы я хочу обратить внимание на еще один очень важный момент, но перед этим задать вопрос: за что мы просим прощение? Конечно, за грех. За доброе дело прощение просить не надо. Это понятно.

Но я хочу сказать вот что. Как-то незаметно, исподволь, в современных церквах упростилось отношение ко греху и к прощению. Оно стало каким-то легким и панибратским. Грешник, приходя в церковь, часто слышит: «Да ты только скажи «Господи прости» и все, Он сразу и простит». Эта легкость в отношении прощения упростила наше отношение ко греху. Может быть, поэтому люди сегодня легко идут на грех, а в конце дня, за ужином, скоренько так говорят: «Господи прости» и продолжают заниматься своими делами.

Многим людям, до сих пор, Бог представляется таким, как Его рисовали атеисты в карикатурах. Стоит на облачке старенький безобидный дедушка с большой лысиной на голове, с круглой бородой, с добрыми глазами и в белом халатике на босу ногу. Представляя себе такого Бога, у людей складывается к Нему соответственное отношение, которое накладывает свой отпечаток на отношение ко греху и прощению. Создается впечатление, что многие люди сегодня воспринимают прощение, как само собой разумеющееся: а если и согрешу, то не беда, скажу только «Господи прости» и все, Бог, в виде «старого доброго дедушки», подойдет, похлопает по плечу и скажет: «Да ладно, пустяки, бывает, хе-хе-хе, ты не расстраивайся, это ничего, все будет хорошо...»

Такое отношение ко греху делает человека беззаботным и небрежным. Люди перестали бояться грешить. – Да чего тут сильно терзаться, сегодня у нас благодать, скажу только «Господи прости» и опять буду чистенький, грехи так и полетят с меня во все стороны, как вода от намокшей собаки. В таком беззаботном настроении человек легко идет на новые и новые согрешения...

Но на самом деле, не все так просто, как это кажется. Процесс прощения остается неизменным во все века. Павел пишет: «Без пролития крови не бывает прощения» Евр.9:22. Чтобы победить грех, Христу надо было взойти на крест и пригвоздить наши грехи ко древу. Когда мы пришли к Господу с покаянием, Отец Небесный простил нас, ибо мы просили Его простить наши грехи во имя пролитой Крови Его Единородного Сына.

Вопрос прощения тесно связан с покаянием. Без покаяния нет прощения. Покаяние – это ключ к вратам Царства Небесного. Именно этим словом начинались проповеди и Господа и Иоанна Крестителя. Хочу напомнить как истинное покаяние описывает нам Библия. «Тогда вспомните о злых путях ваших и недобрых делах ваших и почувствуете отвращение к самим себе за беззакония ваши и за мерзости ваши» Иез.36:31.

Как Бог прощал наши грехи? Как происходил этот процесс? Может быть нам кажется, что Бог делал это легко и автоматически? Едва услышав слово «прости», Он махнул рукой и простил?

Нет, друзья мои. Услышав молитву покаяния, Бог обращает Свои глаза на Голгофу и, увидев там пригвожденного ко кресту, истекающего Кровью Своего Сына, тогда только, ради Его жертвы, Бог прощает наши грехи. Каждый новый грех, за который мы просим прощение, должен пройти такую же процедуру, как и прощение наших прежних грехов. Всякий раз, когда мы, согрешая, говорим Господу «прости», мы опять просим Отца Небесного обращать Свой взор на Голгофу. Вновь и вновь Ему приходится видеть стекающую со креста Кровь Своего Сына, Его смертные муки и только таким образом грех совершенно исчезает из Вселенной.

Писание говорит: «В Котором (Христе) мы имеем искупление Кровию Его, прощение грехов, по богатству благодати Его» Еф.1:7.

«Он (Христос) есть умилостивление за грехи наши, и не только за наши, но и за грехи всего мира» 1Иоан.2:2.

«Но Бог Свою любовь к нам доказывает тем, что Христос умер за нас, когда мы были еще грешниками. Посему тем более ныне, будучи оправданы Кровию Его, спасемся Им от гнева» Рим.5:8-9.

Здесь я хочу подчеркнуть одну деталь, которую очень важно помнить: Бог не просто прощает наши грехи, Он оправдывает нас. Оправдание – это полное снятие вины, которое снимает с человека все подозрения и возвращает подсудимому все права в обществе и публично объявляется, что этот человек оправдан.

Если мы говорим только о прощении, в таком случае за человеком признается вина. Эта вина, в силу каких-либо обстоятельств, ему прощается и он освобождается от наказания. Таким образом в прощении остается возможность упрека в адрес прощенного, за его прощенные преступления, ибо они действительно имели место.

Оправдание уничтожает вину. Человек освобождается от нее полностью и навсегда. Уже никто никогда не имеет права упрекать оправданного за какие-то преступления, ибо он оправдан.

Так любит нас Бог. Так прощает нас Бог. Такова сила пролитой Крови. Он позаботился даже о том, чтобы на веки вечные никто во всей Вселенной уже не смог сказать нам укоризненного слова за наши прежние грехи, ибо Бог простил нас и оправдал, как пишет Апостол Павел: «Кто будет обвинять избранных Божиих? Бог оправдывает их». Рим.8:33. Мы будем смело смотреть в глаза всех небожителей и всей Вселенной и еще больше будем любить своего Спасителя и Бога, потому что: «Господь – оправдание наше» Иер.33:16.

Прощение и оправдание – подобно двум перилам оберегают нас на мосту «Милости Божией», перекинутого через бездонную пропасть осуждения и погибели. «Получая оправдание даром, по благодати Его, искуплением во Христе Иисусе, Которого Бог предложил в жертву умилостивления в Крови Его чрез веру, для показания правды Его в прощении грехов, соделанных прежде» Рим.3:24-25.

Да сохранит нас Бог от того, чтобы делать сознательные грехи, ибо цена нашего искупления, прощения и оправдания весьма велика.

Почему Бог должен прощать наши грехи? Как долго Бог будет делать это? Будет ли Бог это делать всегда, сколько бы мы не грешили? Кто легкомысленно думает, что время благодати – это время «греши – не хочу», жестоко заблуждаются и играют с огнем. Бог говорит таковым: «Не вечно Духу Моему быть пренебрегаемым человеками...» Быт.6:3. Для таких людей есть реальная опасность, что может уже не быть для них жертвы за грех. Павел пишет в Послании к Евреям очень серьезное предупреждение всем любителям позабавляться с грехом.

«Ибо, если мы, получивши познание истины, произвольно грешим, то не остается более жертвы за грехи, но некое страшное ожидание суда и ярость огня, готового пожрать противников. Если отвергшийся закона Моисеева, при двух или трех свидетелях, без милосердия наказывается смертью, то сколь тягчайшему, думаете, наказанию повинен будет тот, кто попирает Сына Божия и не почитает за святыню Кровь завета, которою освящен, и Духа благодати оскорбляет?» Евр.10:26-29. Да сохранит нас Бог от этого.

Через это место Писания мы имеем очень серьезное предупреждения всем, кто поверхностно понимает реальную опасность быть осужденным. С другой стороны, следует отметить, что суд и конечный результат находятся в руках Бога и я не хочу, чтобы эти слова посадили кого-нибудь в клетку уныния. Милосердие и любовь Божия весьма велики, но не следует искушать Господа новыми грехами. Лучше быть мертвыми для греха и живыми для Бога и добрых дел. Поэтому Священные Писания много много раз запрещают, призывают, умоляют людей остерегаться греха.

В Послании к Римлянам мы читаем: «Так и вы почитайте себя мертвыми для греха, живыми же для Бога во Христе Иисусе, Господе нашем» Рим.6:11. На первый взгляд кажется, что этот стих несколько противоречит призванию христианина бороться со злом и грехом и поэтому я хочу чуть подробнее остановиться на этой важной истине.

Христианин призван побеждать зло в этом мире, но в чем заключается победа? Во-первых, это наши добрые дела, которые мы делаем даже тем, которые делают нам злые дела. Это наши добрые слова даже тем, кто злословит нас.

Дети Божии – это дети правды. Даже тем, что мы говорим правду, учим о правде и живем по правде, мы становимся серьезным препятствием на путях греха, но когда грех подходит к христианину, мы должны быть мертвыми для греха.

Представьте себе мертвого человека. Как бы вы ни оскорбляли его, чтобы вы ни говорили ему, чем бы ни соблазняли, от мертвого человека вы не дождетесь ответа. Он не будет на вас обижаться, он не будет вам мстить, он не согласится ни на какие предложения, как бы заманчивы они ни были, ибо он мертв.

Так подобно должно быть отношение христианина к греху. Когда грех подходит к христианину, он мертв для греха. Никакие угрозы, оскорбления, обещания, перспективы, соблазны, никакой «здравый смысл» с необходимостью согрешить не находит никакой реакции в душе человека Божия. Он мертв для обид, он мертв для оскорблений, он мертв для зависти, для ропота, он мертв для греха.

Быть мертвым для греха – это необходимое состояние для зрелого христианина и служителя. Это признак того, что в душе этого человека Дух Святой имеет постоянную обитель и никакие приманки греха не могут поколебать его. «Итак да не царствует грех в смертном вашем теле, чтобы вам повиноваться ему в похотях его; и не предавайте членов ваших греху в орудие неправды, но предоставьте себя Богу, как оживших из мертвых, и члены ваши Богу в орудия праведности» Рим.6:12-13.

У некоторых христиан есть опасная привычка. Они пробуют подойти ко греху как можно ближе, стать на самом краю, у самой черты, лишь бы только не обжечься грехом. Это плохая привычка рано или поздно закончится падением. Некто хорошо сказал: «Если ты не собираешься торговать с диаволом, не заходи к нему в магазин».

Мы не должны недооценивать силу греха, ибо грех коварен, у него есть сила, но мы можем и должны контролировать ситуацию. В Книге Бытие Бог говорил Каину: «..а если не делаешь доброго, то у дверей грех лежит; он влечет тебя к себе, но ты господствуй над ним» Быт.4:7.

Из этих слов мы видим, что грех не просто лежит у дверей, как дворняжка и, высунув язык, добродушно виляет хвостом, но он влечет человека к себе. Я думаю, что каждый человек может вспомнить, как влекла его к себе эта сила. Поэтому, чем больше мы будем разглядывать его, спорить и доказывать, аргументировать с грехом, тем хуже для нас. Лучшее, что мы можем сделать, это быть мертвым для греха. Это будет нашим надежным щитом в искушениях.

Когда я заканчивал писать главу о прощении, в нашей семье произошел случай, благодаря которому мы могли на практике применить силу Закона Прощения.

Случилось это на второй день Нового 2004 Года. Первый день года прошел просто замечательно. В два часа дня наш хор провел первое новогоднее служение. После собрания несколько пар поехали к Володе и Юле Копейка для продолжения праздника и провели вместе прекрасный вечер. Пели, рассуждали о местах Писания, вспоминали «дела минувших дней» и уже около полуночи воротились домой. Спали мы как убитые, поскольку в новогоднюю ночь, как и все нормальные люди, мы бодрствовали почти до утра и, таким образом, наверстывали упущенное. Наутро, мы, к своему большому огорчению, обнаружили, что этой ночью у нас украли... ангела!

Мысленно вижу, как у читателя недоуменно поднимаются брови и поэтому спешу пояснить. В прошедшем году мы проделали большую работу по облагораживанию нашего двора с внешней стороны. Разбили новые клумбы, поменяли траву, сделали дорожки, поставили беседку, две садовые скамейки в старинном стиле, а по обеим сторонам беседки, в середине цветочных клумб, мы установили две статуи ангелов. Ростом ангелы были около семидесяти сантиметров. Чисто белого цвета, с молитвенно сложенными впереди себя ладонями, со всех сторон окруженные цветами, ангелы изумительно украшали наш двор.

Проект этот носил кодовое название «Едемский Сад». Когда друзья и близкие спрашивали, почему мы его так назвали, я отвечал, что решил воплотить в свет старую пословицу: «Если хочешь, чтобы твоя жена была ангелом, сделай ей райскую жизнь». Ответ удовлетворял всех и в подтверждение этой истины у нас, на самом виду, красовались два ангела.

И вот, утром, второго января, выйдя во двор, мы обнаружили, что одного ангела у нас похитили. В сердце стал заползать знакомый холодок досады и негодования. С языка уже готовы были сорваться гневные слова и «пожелания», которые обычно говорят люди в таких случаях. Но здесь я вспомнил о законе прощения и говорю: – Люба, ты видишь, что потерю эту мы уже не вернем, хоть злись, хоть плачь, от этого только нам будет хуже. В самом начале года испортим себе настроение, нервы, давление и т.п. Я думаю, что это и была цель диавола, который возбудил какого-то негодного человека украсть у нас ангела и через эту потерю нарушить наш душевный мир, чтобы мы свой год начали с огорчений и проклятий.

Давай сделаем иначе. Мы не дадим сатане никакого шанса порадоваться, но из этого ничтожного извлечем драгоценное. С этого дня мы будем молиться за этого человека, за его семью, благословлять его именем Господа и просить для него покаяния. Может быть, за этого человека еще никто никогда не молился и это будет нашим ответом диаволу на его искушение.

Люба охотно согласилась и мы прямо во дворе совершили за него свою первую молитву. Мы сказали Господу, что прощаем этого человека и просили, чтобы Бог благословил его и его семью покаянием и познанием истины, чтобы Господь благословил их материально, в чем они нуждаются, чтобы он навсегда оставил пути греха и стал служить Богу. Так мы стали молиться за него каждый день.

Хочу сказать честно, я делаю это впервые в жизни, хотя в церковь хожу уже несколько десятков лет. И вот, несмотря на весь свой духовный стаж, я обнаружил, что начать молиться такой молитвой мне было нелегко. Надо было приложить усилие, чтобы терпением угасить неприязнь и обиду к этому человеку и простить. Надо было реально отвегнуть себя и выяснилось, что это не так-то просто. Каждое слово благословения в адрес нашего обидчика давалось усилием воли. В то же время слова негодования и досады готовы были литься бурным потоком и это было бы справедливым, ведь он и в самом деле их заслуживал, но мы стали благословлять своего врага.

И вы знаете, чудо совершилось. Чувство негодования уступило место прощению и мир Божий вознаградил наши души. От обиды не осталось и следа, а наши молитвы за эту семью крепли день ото дня. Драгоценное чувство правоты и Божьего одобрения, преисполнило нас чистой первозданной радостью небесного Едема, радостью того, что мы победили и исполнили волю Божию.

Я много раз читал и слышал слова Писания: «Молитесь за врагов ваших... Благословляйте обижающих вас... Благотворите ненавидящих вас...», и вот, благодаря этому случаю, эти места Писания стали живыми. Подобно тому, как безжизненные на вид, во время зимней спячки, стебельки растений покрываются весной чудной зеленью и цветами, так и в наших сердцах эти места Писания заиграли радугой жизни и предстали в новом обличьи. Мы почувствовали, что значит быть участниками духовной брани. Что будет дальше с этим человеком мы не знаем, но знаем, что в наших сердцах враг не сумел одержать победу. Я верю, что молитвы не проходят бесследно и Господь соделает то, что Ему угодно в свое время.

Друзья мои. Попробуйте испытать на практике силу прощения. Не упустите момента, если кто согрешит против вас и простите его от всей души. Это будет реальный шаг к совершенству и вы почувствуете, как благодать Божия теплой волной мира согреет вашу душу непреходящим счастьем, которое вы не сможете купить за все золото мира.

Мы много читали и слышали о любви Божией, о Его безграничном милосердии, что Он любит прощать и миловать, что Он долготерпелив и многомилостив и, не желая погубить душу, помышляет о том, как спасти и отверженного. (2Цар.14:14) Но пусть это не послужит нам поводом продолжать грешить и тем самым огорчать и причинять страдания нашему любящему Богу, Который ради нас отдал самое дорогое, что у Него было – Своего Единородного Сына.

Словами одного христианского псалма Бог сегодня спрашивает нас: «Я все отдал тебе, а чем воздал ты Мне?» Будет ли это справедливо, если мы, в надежде на милосердие и всепрощение Божие, продолжаем произвольно грешить? Да сохранит нас Бог от этого.

Наш Бог достоин того, чтобы мы Его любили всем сердцем, всею душею и всею крепостию своей. Пусть это будет нашей главной заповедью и тогда мы сможем нашими добрыми делами, прощением и любовью побеждать в этом мире зло.

«Посему и мы, имея вокруг себя такое облако свидетелей, свергнем с себя всякое бремя и запинающий нас грех, и с терпением будем проходить предлежащее нам поприще, взирая на начальника и совершителя веры, Иисуса, Который, вместо предлежащей Ему радости, претерпел крест, пренебрегши посрамление, и воссел одесную престола Божия. Помыслите о Претерпевшем такое над Собою поругание от грешников, чтобы вам не изнемочь и не ослабеть душами вашими» Евр.12:1-3.

ВЛАДИМИР МЫСИН

ПОСЛУШАНИЕ

ПРЕДИСЛОВИЕ

Вне всякого сомнения, послушание является предметом самого пристального внимания в структуре любого человеческого общества. Поистине беда той стране, граждане которой перестают уважать и соблюдать законы. В таком обществе начинается хаос и анархия.

На послушании, подчинении, а если необходимо, на порабощении, построена вся иерархия любой организованной власти, будь то первобытное племя или современная республика, будь то немецкая танковая армия или татаро-монгольская орда. Можно без преувеличения сказать, что это – наиважнейшее качество наших характеров. Оно имеет также определенное судьбоносное значение в жизни человека, поскольку является непременным условием для получения благословения Господня.

На страницах Священного Писания имеется великое множество примеров, когда Господь призывает людей к послушанию, которому Он, по многим причинам, придает просто колоссальное значение. Тем не менее сплошь и рядом мы видим, как люди близоруко недооценивают важность послушания, и это зачастую приводит их к большим проблемам и даже к безвозвратным потерям.

Молодым, неопытным, неискушенным людям жизнь часто представляется как море по колено. Ошибки следуют одна за другой, и до поры до времени кажется, что нас ничего не берет. Но жизнь свое возьмет. Жизнь не прощает ошибок. Рано или поздно платить придется сполна. К сожалению, платить приходится подчас своею судьбой.

В этом смысле послушание родителям предусмотренно Богом как некая оградительная скорлупа для неопытных, неискушенных молодых людей, только начинающих свое земное поприще. Поскольку именно послушание способно уберечь их от досадных ошибок молодости, которые впоследствии бывают уже непоправимыми. Но самое главное, что в награду за послушание Бог оставил нам чудесную заповедь: «Почитай отца твоего и мать». Это первая заповедь с обетованием: «Да будет тебе благо, и будешь долголетен на земле». Еф. 6:2-3.

Почитание мы можем охарактеризовать так: «Это – высшая степень послушания! Почитание – это сплав уважения, послушания и любви. Почитание в своей высшей стадии становится благоговением».

Исполняя эту заповедь, мы получаем от Бога привилегию иметь Его благое участие в своей жизни, потому что эта заповедь напрямую связана с твердым обещанием Господним: «…будет тебе благо, и будешь долголетен».

Нередко на склоне лет, вспоминая минувшие дни детства и юности, люди с неподдельным сожалением говорят: «О, если бы я слушался тогда своих родителей, а не тех слепых советчиков, которые увлекли меня в сторону ложных огней пустоты и бессмысленной траты времени! Все могло бы быть совсем по-другому…»

Я слышал подобные признания и от людей, большая часть жизни которых прошла за решеткой. Безвозвратно ушедшие годы, загубленная молодость, утраченные силы и здоровье, поломанная судьба и горький осадок досады и злости в душе...

Жаль, но уже ничего не поделаешь, поезд жизни, уходящий в горизонт вечности, оставил на разбитом полустанке еще одну догорающую судьбу с щемящим чувством утраты, что тебя кто-то обокрал, и украли у тебя не что-нибудь, а целую жизнь. По-видимому, так и родилась в народе эта правдивая пословица, с оттенком сожаления и грусти об ушедших годах и возможностях: «О, если б молодость знала! О, если б старость могла!»

От большинства проблем такого рода человека защищает послушание, которое по Промыслу Безначального спланировано, как безопасное судно в бурном житейском море. Горе тем, кто восстает против этого правила Вселенной, установленного от начала творения.

В нескольких словах приведу краткую характеристику послушания. Слово «послушание» – это составное слово и содержит в себе понятие «слушать не отвергая», «слушать с покорностью». Следовательно, полный смысл слова «послушание» заключается в понятии «услышать и исполнить», и составилось оно из двух слов:

«ПОкорное СЛУШАНИЕ» = ПОСЛУШАНИЕ

ПОСЛУШАНИЕ

«Поверил Авраам Богу, и это вменилось ему в праведность». Рим. 4:3; Быт. 15:6.

Я полагаю начать обзор этой темы от начала истории Бытия, насколько Провидение Вседержителя позволит нашему мысленному взору проникнуть в те отдаленные времена.

Согласно Священному Писанию, некогда Вселенная была совершенно свободна от зла и греха и все ее субстанции пребывали в полной гармонии. Далее мы читаем в Библии, что некий Ангел света, занимавший в то время высочайшую позицию в Небесной Иерархии, возгордившись, решил вознести свой престол выше Престола Всевышнего. Это стало причиной его падения и он становится дьяволом, или сатаною, что означает: «противник, враг Бога».

Давайте немного пристальнее посмотрим на этот роковой факт в биографии всей вселенной. Ангел света, херувим осеняющий, в какой-то момент решает преступить волю Божию. Впервые дерзновенно нарушается установленный Богом порядок Вселенной, который должны были свято соблюдать все небожители. Совершается первое преступление во вселенной!

Итак, мы видим, что дьявол становится первым преступником воли Божией. Под влиянием гордости в нем зародился дух противления, который и привел его к грехопадению через НЕПОСЛУШАНИЕ!

В Едемском саду эта история повторилась с Адамом и Евой. Разница была лишь в том, что грех не зародился непосредственно в их сердцах, но был совершен уже с помощью сатаны, сумевшего влить яд сомнения в сердце Евы. Это привело их к грехопадению. Каким образом? Через НЕПОСЛУШАНИЕ!

Напоминая о том печальном событии, Слово Божие говорит: «За ничто были вы проданы…» Исаия 52:3.

Вы – это все потомки Адама, земля, весь животный мир и все, что населяет нашу планету. Все принадлежало Адаму как его наследство от Бога и сатана стал владеть этим согласно закону наследства, поскольку он купил в рабство наследника, т.е. Адама. Преступив заповедь Божию, Адам заявил этим поступком, что он предпочитает предложение змия более приемлемым для себя, нежели заповедь Господня, и утвердил этот факт своим непослушанием Богу!

Таким образом, мы видим, что непослушание является первородным грехом вселенского масштаба, из-за которого между Богом и человечеством пролегла великая пропасть, а Адам и все его потомки попали под власть другого хозяина.

Быстро пришло отрезвление к Адаму и Еве, но жизнь всей планеты уже покатилась в другом направлении… «Новая метла по новому метет», – так говорит народная мудрость. Вот уже первые слезы, первые раздоры и разногласия, первые похороны, первые вдовы и сироты, первые войны и грабежи… Новый хозяин наводил здесь свои порядки. Плоть вступала в свои права, и страшная машина греха быстро набирала обороты…

Дальнейший период жизни на земле освещен очень скудно. Библия ограничивается лишь перечислением родословий, выделяет имена двух праведников – Еноха и Ноя, упоминает о всеобщем тотальном разложении человечества до такого состояния, что даже Бог раскаялся и восскорбел в сердце Своем, что сотворил человека. Заканчивается этот период всемирным потопом.

Следующий ключевой момент в летописи человечества связан с появлением в ней Авраама. Этот человек стал поворотной точкой истории бытия и навсегда останется объектом благодарности и подражания для всех благочестивых жителей земли.

Открывая Аврааму Свой план, Бог засвидетельствовал людям, что Он не оставляет нас на произвол судьбы, но начинает эру возрождения рода человеческого. Первым камнем в основании этого здания должен был стать Его завет с Авраамом. Мы верим, что Господь ничего не делает просто так, но почему Богу необходимо было пойти таким путем? С какой целью Ему понадобилось заключать завет? Может быть, было более простое решение этой проблемы?

Я предлагаю более пристально посмотреть на самого Авраама. Как получилось, что Бог обратил на него внимание? Что это? Случайность или совпадение? Зигзаг судьбы или заранее спланированный Богом исторический шаг?

По всей видимости, Бог стал пристально наблюдать за Авраамом задолго до того, как Он призвал его идти в землю обетованную. На страницах Книги Бытия мы находим, что Авраам родился в Уре Халдейском. Имя отца его Фарра. Вместе со своим сыном Авраамом и внуком Лотом он вышел из Ура Халдейского и переселился в Харран. По прошествии некоторого времени Фарра умирает в Харране, и Авраам остается вдвоем с Лотом, поскольку все остальные его родственники так и остались жить в Уре Халдейском.

Книга Бытие открывает нам один немаловажный факт из биографии Авраама: Сарра, жена Авраама, была неплодна. Само по себе, это уже печальное явление, но с учетом этого факта мы можем сделать некоторые выводы, характеризующие их духовное состояние. Во-первых, это их верность друг другу!

На Востоке бездетность всегда считалась позором и унижением. (Например: Бытие 30:1; 22-23). Тем не менее, Авраам и Сарра, несмотря на такое положение, остались верными друг другу. Авраам не стал брать себе другую жену, хотя в то время это считалось вполне нормальным явлением, когда человек имел две, три жены, тем более, что у Авраама была для этого очень веская причина. Но мы видим, что Авраам, смирившись, доживал свой земной век, покорно приняв это как неизбежное от руки Бога, не ропща и не ломая ничего, но сохраняя верность своей избраннице.

Это говорит о том, что Авраам был праведным, богобоязненным и добропорядочным человеком, крепко хранящим верность своим обещаниям и живущим примерной жизнью среди языческих народов Ура Халдейского. Это говорит о том, что Авраам действительно любил свою жену, ибо без любви это сделать было бы невозможно.

На этом человеке Бог останавливает свой выбор и шаг за шагом начинает испытывать Авраама на верность и послушание уже Самому Себе.

В семьдесят пять лет Бог призывает Авраама оставить свой народ и идти в далекую неизвестную землю. Это легко читать в кратких стихах Священного Писания, сидя в мягком кресле около теплого камина. Но во времена Авраама, когда завоевание и порабощение одного царя другим считалось вполне нормальным и желательным явлением, это было равносильно самоубийству!

В Книге Паралипоменон есть весьма многозначительная фраза: «Через год, в то время, когда цари выходят на войну…» 1 Парал. 20:1.

Интересно, не правда ли? Оказывается, в то время у царей был какой-то определенный период, когда они, закончив свои сельскохозяйственные работы и другие сезонные хлопоты, связанные с подготовкой к зиме, освобождались и у них появлялось время заняться военным промыслом. Т.е. цари тех времен сами искали любую возможность, чтобы завоевать и разграбить своего ближнего. Все об этом прекрасно знали.

В Книге Судей есть место иллюстрирующее состояние тех народов: «Тогда сказал Адони-Везек: семьдесят царей! с отсеченными на руках и на ногах их большими пальцами собирали крохи под столом моим; как делал я, так и мне воздал Бог…» Судей 1:7.

Представьте себе, какие масштабы грабительства существовали в те времена. Сколько войн должен был провести этот языческий царек Адони-Везек, прежде чем он смог заполонить семьдесят других царей!

Таким образом, Авраам для любого местного царя был неожиданным «подарком» с неба. – «Ну надо же, как повезло! Все время самим приходится рыскать и сражаться с другими царями за добычу, а тут такая удача! Добыча сама идет в руки, как «на тарелочке с голубой каемочкой». Поэтому, зная нравы и обычаи народов тех времен, можно уверенно сказать, что Аврааму решиться на такой отчаянный шаг было очень и очень непросто. Это было серьезнейшее испытание его веры и послушания.

Итак, делая свой первый шаг к Богу, Аврааму в первую очередь требовалось показать Ему свое послушание. «И пошел Авраам, как сказал ему Господь» Бытие 12: 4.

Мы неспроста так подробно останавливаемся на некоторых деталях его биографии, потому что в лице Авраама, впервые после Едемского падения, Бог стал говорить людям о благословении! Ниже мы рассмотрим, как Провидение Божие ведет человечество от Адама до Авраама, от Авраама до Иисуса Христа и от Иисуса Христа в жизнь вечную и в Царство Небесное. Важнейшим звеном в этом трудном пути был завет Бога с Авраамом. В этом смысле от Авраама зависело очень многое.

Возвращаясь к началу истории человечества, давайте вспомним, что случилось в райском саду Едема? Как получился разрыв между Адамом и Богом? Адам согрешил непослушанием!

Таким образом, мы видим, что Бог не изменился. Все требования Божии остались прежними. То, что Бог хотел видеть в Адаме, Он хотел увидеть и в Аврааме. Адам потерял свое благословение через непослушание. Авраам должен был приобрести утерянное благословение на том же простом условии – Богу необходимо было видеть его послушание, это было принципиальным и первостепенно важным условием для Авраама.

В Книге Бытие 15:6 мы читаем: «Авраам поверил Господу, и Он вменил ему это в праведность». Но только ли поверил? Нет, не только. Но вера Авраама стала причиной его послушания и побудила его встать и пойти куда призывал его Бог. Из этого мы можем сделать заключение, что послушание – это плод веры!

Здесь следует отметить одну немаловажную деталь: Адаму было легче проявить послушание и верность Богу, нежели Аврааму. Адаму не нужна была вера в Бога! Адам знал Бога лично, встречался с Ним лицом к лицу, часто беседовал с Ним в прохладе дня, видел Ангелов Божиих и более того, Адам принимал почетнейшее участие в завершающей стадии творения. Много исторических событий совершались у него на глазах.

В Книге Бытие 2:19-20 записан памятный для него эпизод, когда Адам вместе с Богом, в присутствии множества других небожителей, был главным действующим лицом самого необычайного парада на земле. Бог провел перед Адамом весь животный мир и предоставил Адаму почетнейшее право дать каждому живому существу на земле его собственное имя! Просто удивительно, как высоко Бог ценил Адама, как Он поднимал и укреплял его авторитет в глазах всех обитателей земли. Адам действительно был полноправным властелином земных владений, сочетав в себе образ и подобие Божие. Ему необходимо было только послушание.

Аврааму, конечно, было несравненно труднее. Ему прежде надо было поверить Богу и верою заставить повиноваться Божьим словам свою пораженную грехом человеческую природу.

Здесь мы подошли к тому времени, когда Бог открыто сказал Аврааму о Своем намерении заключить завет и произвести от него новый народ. Для осуществления этого плана Богу, в первую очередь, нужен был верный человек, а свою верность в «малом» Авраам, как мы уже знаем, проявил в семейной жизни, и Бог увидел в нем человека, способного исполнить Его планы. В этом смысле Бог поступает последовательно. («...в малом ты был верен, над многим тебя поставлю..» Матф. 25:21-23).

Далее на протяжении 25-ти лет свою верность Авраам доказывает Богу. Медленно тянутся год за годом, в течении которых полностью омертвела плоть Авраама и Сарры, которая и в молодые годы была совершенно бесплодна. Несомненно, это был самый трудный период жизни Авраама и Сарры. Видимо, об этом времени писал Апостол Павел, что Авраам «сверх надежды, поверил с надеждою,... и, не изнемогши в вере, он не помышлял, что тело его, почти столетнего, уже омертвело, и утроба Саррина в омертвении; не поколебался в обетовании Божием неверием, но пребыл тверд в вере, воздав славу Богу!» Рим. 4:18-20.

Итак, на пороге столетнего рубежа все человеческие возможности Авраама угасли и осталась только вера в обетование Господне. Как выясняется впоследствии, этого и ожидал Господь в Своем Провидении.

Ему необходимо было дождаться, когда умрут все плотские надежды и возможности, и тогда сверхъестественная сила Божия в омертвелых телах Авраама и Сарры производит чудо. В то время этот план Божий невозможно было понять человеческим умом, это постигалось только верою, и вера Авраама сцементировала его послушание.

Наконец мы видим потрясающий финал этого ожидания. Когда умерло все, на что надеется всякая плоть, тогда сила Вседержителя воскрешает омертвелое! Именно воскрешает, поскольку мертвое нельзя оживить, мертвое можно воскресить.

Таким образом, от воскрешенных Авраама и Сарры на землю рождается представитель совершенно нового народа на земле, и рождение его было настоящим чудом. Хотя Авраам и Сарра имели такую же Адамову природу, сам факт чудесного рождения Исаака говорит о сверхъестественном вмешательстве в этот процесс силы Божией.

Произошло это благодаря завету. Поскольку завет связывал обе стороны конкретными обязательствами, то после того, как Авраам выполнил свою часть обязательства, Бог должен был исполнить Свою. Непременным условием завета было обещание Аврааму сына, родить которого должна была именно его законная жена Сарра. Эта статья завета на законном основании обязывала Бога исполнить то, что Он обещал Аврааму.

В этом усматривается высочайшая мудрость Создателя, устроившего такой чудесный план. Именно это Ему и нужно было от завета! Зная, что в этом случае Ему, связянному заветом, непременно предстоит выполнить обещание, Бог не торопится исполнять Свою часть обязательства и спокойно ждет, пока пройдет достаточно времени и полностью омертвеет плоть Авраама и Сарры для того, чтобы на <u>законном основании</u> Ему можно было применить сверхъестественную силу для рождения Исаака.

Это событие открывает нам несколько прямых прообразов грядущего Мессии.

Исаак является человеком, положившим начало новому обетованному народу на земле. Христос является Богочеловеком, положившим начало Церкви состоящей из искупленных людей всех племен, народов, колен и языков.

Исаак рождается чудесным образом после воздействия сверхъестественной силы Божией на его родителей. Христос рождается чудесным образом от сверхъестественной силы Духа Святого, сошедшего на Деву Марию. (*Очевидно, что рождение Иоанна Крестителя от неплодной старицы Елизаветы было также чудесным.*)

Исаак родился после того, как умерло все плотское в его родителях, и сила Божия воскресила их плоть для обетованной жизни во плоти. Христос умирает на Голгофском кресте, пригвоздив к нему Свою плоть с нашими грехами, и воскресает Первенцем из умерших к обетованной вечной жизни в духе.

Как Авраам отдавал своего сына в жертву ради Бога, так Бог ради нас отдал Своего Единородного Сына в жертву.

По всей видимости, Бог планировал, что у этого нового народа, начатого таким чудесным образом, плотские Едемские корни будут в значительной мере обрубленны. Этот факт дает право народу Израильскому называться особенным, избранным народом земли. Бог насаждал новое очищенное растение в Своем земном винограднике.

Нечто подобное Бог намеревался сделать во времена Ноя. Избрав его богобоязненное семейство, Господь намеревался оздоровить через него всю землю. Предварительно обрубив греховные корни потопом, Бог начал от праведного семейства Ноя новое поколение людей. Но увы! Грех, как многоголовая гидра, быстро вернул все на свои места, и люди гибли, не в состоянии противостоять его пагубной силе.

В плане Бога все потомки Авраама, рожденные через Исаака, должны были быть носителями особой миссии на земле. Они должны были быть народом –

священником, через который Благая Весть спасения распространялась бы по всем пределам земли, во все племена, народы, колена и языки, и подготовить почву к приходу Мессии. В этом заключался главный смысл избранности народа Израильского.

Поэтому Бог уделяет народу Израильскому, который Он стал называть Своим народом, особенное внимание, сопровождая его необычайными знамениями и покровительством. Чудесное спасение в Египте (через верность Иосифа), еще более чудесный выход из Египта, расступившееся море, облачный и огненный столп сопровождавший их во время хождения в пустыне, манна небесная, Закон Моисея, пророки и т.д.

Это убедительно свидетельствует об особом предназначении народа Израильского, и давало ему бесконечные перспективы быть в центре всех мировых свершений под безопасной сенью руки Всевышнего. Единственным условием для этого было послушание!

В 28-й главе Книги Второзакония записаны очень важные, в этом смысле, слова: «Если ты будешь слушать гласа Господа, Бога твоего, тщательно исполнять все заповеди Его, которые заповедую тебе сегодня, то Господь, Бог твой, поставит тебя выше всех народов земли;

и будешь давать взаймы многим народам, а сам не будешь брать взаймы… Сделает тебя Господь главою, а не хвостом, и будешь только на высоте, а не будешь внизу…

И придут на тебя все благословения сии и исполнятся на тебе, если будешь слушать гласа Господа, Бога твоего».

К сожалению, метастазы греха быстро проросли и в среде этого избранного народа, главным образом через непослушание и неверность. Без духовного возрождения свыше плоть легко одерживала над человеком победу за победой. Поэтому Христос однажды сказал Никодиму: «Надобно тебе родиться свыше…»

Порою приходилось слышать упреки в адрес Бога, что Он, якобы, сконцентрировав Свое внимание на Израиле, игнорирует другие народы. Но это не так! Бог никогда не забывал, не забывает и не забудет ни одного человека на земле.

Цель этой главы – в общей картине благословений увидеть, как Бог, в Своей премудрости, стал осуществлять Свой план благословения всех народов земли, положив начало ему в завете с Авраамом. В Бог сказал об этом Аврааму еще в самом начале: «…и благословятся в тебе все племена земные» Быт. 12:3.

Далее от Авраама до Моисея и от Моисея до Иисуса Христа Бог провел титаническую работу по осуществлению этого плана. Читая историю Израильского народа, мы можем только удивляться поистине сверхтерпению и сверхверности Божией. Бог свято исполнял все, что пообещал Аврааму.

Из Книги Бытие мы видим, что сам процесс заключения завета был поэтапным. Первым шагом, как мы уже говорили, было послушание Авраама, когда он, поверив слову Господа, оставляет землю, в которой родился, и идет в землю обетованную.

В Ханаане Бог заключает с Авраамом завет и говорит ему, что земля, на которой он стоит, будет принадлежать его потомкам. Быт 15 гл.

Накануне рождения Исаака Бог добавляет еще одно условие, чтобы все потомки Авраама непременно соблюдали процесс обрезания, как знамение этого завета. Обратите внимание, с какой готовностью и послушанием Авраам исполнил это слово: «…и обрезал крайнюю плоть их в тот самый день, как сказал ему Бог». Быт. 17:23.

Когда наконец родился долгожданный Исаак, то казалось, что все трудности уже миновали, но, как выяснилось, самое тяжелое испытание ожидало его еще впереди.

После недолгих лет покоя, в течении которых Исаак подрастал и набирался сил, беззаботно забавляясь в своих детских играх, безмерно радуя своих престарелых родителей, вдруг, как гром среди ясного неба, Авраам слышит слова Бога, которые, в буквальном смысле слова, перечеркивали все, что было достигнуто и выстраданно таким трудным путем: «…и сказал Бог: возьми сына твоего, единственного твоего, которого ты любишь, и пойди в землю Мориа и там принеси его во всесожжение на одной из гор, о которой Я скажу тебе» Быт.22:1-19.

Какими словами можно описать то, что творилось в душе Авраама, когда он услышал эти слова? Переворачивается и протестует все естество человеческое против такого поступка. Как это объяснить? Как это понять? Зачем тогда моя верность, мое послушание, мои труды, лишения, риск? А как же завет и Твои обещания, Господи?

Здесь было от чего потерпеть кораблекрушение в вере и сказать Богу: – Нет!!! Я не могу! Я не могу отдать Тебе сына!

Это была кульминация верности и послушания Авраама! Этот факт показывает, какую глубокую веру в Бога имел Авраам. В Послании к Евреям мы читаем:

«Ибо Авраам думал, что Бог силен и из мертвых воскресить…» Евр.11:19. Здесь мы видим, что Авраам готов был кровью своего единственного сына подписать этот завет, и это было весьма драгоценно в глазах Бога.

В духовном мире не проходят подделки. Если в материальном мире случается, что люди обманывают друг друга, заключая различные договора, контракты, соглашения и т.п., то в духовном мире подделки не проходят. В духовном мире невозможно скрыть истинные намерения. Несомненно, что силы Небесные и духи преисподней пристально наблюдали за развитием этого события. Можно только представить себе, сколько раскаленных стрел пускал дьявол в сердце Авраама, искушая его на трудном трехдневном пути к горе Мория, стараясь поколебать его верность Господу. Это был самый тяжелый путь в его жизни. За это время Авраам, наверное, не раз отворачивал лицо от Исаака, скрывая наполнявшие его глаза слезы.

Спустя почти два тысячелетия кровавый путь к той же горе, к месту Своего жертвоприношения совершал еще один Человек, и любящие глаза другого Отца наблюдали за Своим Сыном, идущим этим путем. Я думаю, что сердце Отца Небесного так же, как и сердце Авраама, обливалось кровью от любви и жалости к Своему Сыну…

Вполне возможно, что последнее тяжелейшее искушение Авраама, когда на горе Мориа он должен был принести в жертву Исаака, было не без провокационного участия сатаны. Сила трагедии этого события напоминает нам еще одно событие, описанное в Книге Иова. Там именно сатана выпросил у Бога право терзать праведного и богобоязненного Иова страшными, незаслуженными страданиями с целью: склонить Иова к тому, чтобы он из-за своих мук и позора похулил Бога. Так ему и советовала его жена, которая выразила этими словами самое сокровенное желание сатаны, какое он имеет ко всему человечеству: «Похули Бога и умри». Иов 2:9.

Может быть, и в этом случае сатана, пытаясь любой ценой поколебать верность и послушание Авраама, искушал Бога испытать его таким тяжким испытанием. Благодарение Богу, что Авраам так же, как и Иов, сумел победить в этой борьбе.

Мы читаем в Книге Бытие, как после этого события Бог, до глубины души тронутый готовностью Авраама принести ради Него эту великую жертву говорит, что за сие дело Он навсегда запечатляет этот завет с потомками Авраама.

«И сказал ему Господь: Мною клянусь, что, так как ты сделал сие дело, (*Бог говорит здесь об этом как о свершившимся факте*) и не пожалел сына твоего, единственного твоего. То Я благословляя благословлю тебя и умножая умножу семя твое, как звезды небесные и как песок на берегу моря; и овладеет семя твое городами врагов своих;

И благословятся в семени твоем все народы земли за то, что ты послушался гласа Моего» Быт.22:16-19.

Таким образом, со стороны Авраама все было исполненно. Все Божественные стандарты послушания и верности были полностью удовлетворены, и завет условно был подписан жертвенной кровью Исаака.

Поскольку завет заключается двумя сторонами, то спустя около двух тысяч лет, Бог, со Своей стороны, подписал этот завет реальной, пролитой кровью Своего Единародного Сына, отдав Его в жертву на кресте Голгофском.

Бог не остался в долгу перед Авраамом. То, что Бог просил сделать Авраама, и что Авраам готов был сделать для Него, Бог сделал Сам. Там, на Голгофском кресте, величайшее дело в истории Вселенной получило свое завершение. Завет был подписан кровью Сына Божьего. Совершилось! Так засвидетельствовал об этом Иисус Христос, возвещая начало Новой Эры на земле. Долгий и трудный процесс восстановления здания благословения, разрушенного Адамом, завершился Крестом Голгофы, и через разделяющую нас от Бога пропасть был построен мост.

От Адама до Ноя, от Ноя до Авраама, от Авраама до Моисея и от Моисея до Иисуса Христа Промысел Всевышнего направлял ход истории в новое русло, и непременным условием для всех было послушание.

Адам стал началом всех живущих людей на земле и началом всех наших проблем через непослушание. Из Книги Бытие мы видим, что послушание было единственной заповедью Бога для Адама и Евы. Из бесчисленных плодовых растений Едемского сада одно единственное находилось под запретом. Это была очень простая заповедь для Адама и Евы. Но увы.

Следующим значительным пунктом истории земли был праведный Ной. Когда развращение и растление жителей земли достигло своей крайней точки, Бог решает посредством потопа произвести хирургическую операцию, чтобы отсечь греховные метастазы, поразившие человечество и, от праведного семейства Ноя, начать новое поколение людей. Что, в свою очередь, требовалось от Ноя? Послушание.

Можно только представить себе, как непросто было Ною и его сыновьям послушаться повеления Господа, которое полностью противоречило здравому смыслу того времени. Допотопные люди не имели никакого представления о дождях и наводнениях, не говоря уже о потопах. Книга Бытие не дает нам информацию о том, что Ной жил где-то в приморской зоне. Скорее всего, нет. Таким образом, мы можем заключить, что ни Ной, ни его сыновья не были ни моряками, ни профессиональными судостроителями, знающими это дело.

Подумать только, что пришлось пережить Ною и его сыновьям за несколько десятков лет, которые понадобились им, чтобы построить огромное судно вдали от моря на сухом месте. Это было настоящим безумием в глазах любого здравомыслящего человека тех времен. Но для семьи Ноя, это было спасением. «И сделал Ной все: как повелел ему Бог, так он и сделал». Быт. 7:22.

Нечто подобное мы видим и в новозаветное время. Павел пишет в Послании к Коринфянам: «Ибо слово о кресте для погибающих юродство (безумие) есть, а для нас спасаемых, – сила Божия». 1Кор. 1:18.

Следующей исторической вехой был Авраам и завет. Далее на арене бытия появляется Моисей, первый вождь Израильского народа. С именем этого человека связаны особенные действия Бога в процессе духовного становления Израильтян. Во время Моисея Бог планировал закончить исполнение большинства обетований, данных Аврааму при заключении завета. Бог продолжает Свою работу по созиданию народа Израильского и начинает полагать основание для грядущего Мессии.

В этом смысле появляются уже прямые прообразы Мессии в виде пасхального агнца, крови на косяках дверей, выхода из Египетского рабства, Закона Божьего, который являлся детоводителем ко Христу, прихода в землю обетованную и т.д. Таким образом, мы видим, что Бог отвел для Моисея весьма важную роль в Своем плане спасения человечества.

Давайте коротко отметим для себя некоторые наиболее значительные детали из жизни Моисея. Во-первых, его послушание и верность. Те же качества, которые мы увидели в Аврааме.

Во-вторых, его кротость. Моисей был кротчайшим человеком на земле Числ. 12:3.

Но когда Бог поручал ему что-либо, Моисей преображался. С величайшим риском для своей жизни Моисей смело говорил с фараоном. Сорок лет он ходил по пустыне, будучи вождем этого необузданного и горячего народа. Сколько приходилось ему терпеть несправедливых упреков и непонимания от своих же собратьев, которых он, несмотря ни на что, любил больше своей жизни.

Хочу обратить внимание на один замечательный эпизод из жизни Моисея, благодаря которому мы познаем, какое великое сердце билось в груди этого человека Божия. Однажды Бог, доведенный до крайности ропотом и непослушанием Израильтян, сказал ему о Своем желании истребить этот непокоривый, буйный народ и предложил Моисею начать от него новый народ, многочисленнее и сильнее этого Числ.14:12.

Представьте себе, какое это было искушение для Моисея. – Вот это да! От меня! От Моисея! Сам Бог предлагает начать новый народ! Как это заманчиво! Какие замечательные перспективы! Какое будущее! Подумать только, теперь, во всех веках, люди будут говорить: –

«Вот, это вы видите особенный, избранный народ, а отцом этого народа является человек Божий по имени Моисей. Не Авраам, как это есть сейчас, а Моисей».

Думаю, враг душ наших не упустил шанс искусить Моисея и подтолкнуть его на роковой для всех Израильтян шаг. Речь шла здесь не об одном племени или колене, но о многочисленном народе.

Но Моисей сказал: – Нет! Прости им грех их, а если нет, то изгладь и меня из книги Твоей, в которую Ты вписал. Исход 32:32. Разве могла такая любовь, жертвенность, самоотверженность остаться незамеченными в глазах Бога? Конечно, нет.

Как птица расправляет крылья, защищая птенцов от беды, так и Моисей встал впереди своего народа и готов был даже ценою жизни спасти их от гибели. Бог знал, что Моисей говорил это не ради красного словца, но действительно готов был положить душу свою за братьев своих!

Спустя тысячелетие, Иисус Христос, последний раз вкушая пасху с учениками на тайной вечере, сказал им Свою знаменитую формулу любви: «Нет больше той любви, как если кто положит душу свою за друзей своих» Иоан. 15:13.

Эти слова Христа как нельзя лучше отразили состояние души Моисея в его предстоянии пред Богом за народ Израильский. Он действительно был великим вождем и настоящим пастором для своего народа, готовым положить за них душу свою.

Заключительной и кульминационной фазой Божьего Плана спасения человечества было рождение Иисуса Христа. Жизнь, которую прожил здесь Сын Божий, отнюдь не была прогулкой под луной. Все силы ада обрушили против Него свой многовековый опыт, бесовские знания и ухищрения, всю свою злобу, досаду и ненависть.

Зададим вопрос: изменил что-либо Бог в Своих стандартах с учетом того, что на земле был Сам Сын Божий? Нет. То, что требовалось от Адама, от Ноя, от Авраама, от Моисея, требовалось также и от Иисуса Христа.

Критически важным условием для Адама было послушание. Через непослушание он теряет все.

Критически важным условием для Авраама было послушание. Через послушание он исполняет условия для заключения завета.

Именно послушание необходимо было проявить Иисусу Христу для достижения победы. Божественные стандарты остались прежними. Бог вчера, сегодня и вовеки тот же. Поэтому от Иисуса Христа, находящегося во плоти, требовалось послушание Богу так же, как от Адама и Ноя, от Авраама и Моисея…

Нам порою представляется, что поскольку Иисус Христос был совершенным Человеком с неба, то Ему как бы было полегче бороться со всеми житейскими проблемами и бедами. Но это не так.

В земной юдоли Сыну Божьему не было никаких поблажек, за жизнь Свою Он сполна получил мерой «утрясенной и нагнетенной» от Своего творения, но Он знал на что Он пришел.

Слово Божие говорит, что Ему, как и обычным людям, приходилось в тяжелейшем труде, в страданиях, в терпении, в унижении, в болезнях совершенствовать Свой характер для достижения послушания, несмотря на Божественное происхождение.

Исая пишет в 53-й главе: «Он был презрен и умален пред людьми, муж скорбей и изведавший болезни, и мы отвращали от Него лицо свое; Он был презираем, и мы ни во что ставили Его...» Ис.53:3.

В Послании к Евреям мы читаем: «Хотя Он и Сын, однако страданиями навык послушанию, и, совершившись, сделался для всех послушных Ему виновником спасения вечного». Евр. 5:8-9.

«Он смирил Себя, быв послушным даже до смерти, и смерти крестной. Посему и Бог превознес Его и дал Ему имя выше всякого имени». Филип.2:8.

Совершенно очевидно, что послушание не спустилось к Иисусу Христу с неба, как что-то магическое и свехъестественное. Послушание Он достигал молитвами, смирением, терпением, страданиями, верой, любовью, точно так же, как это достигается всеми простыми смертными. Опыт земной жизни позволяет Ему теперь до тонкостей понимать, через что проходит каждый человек, живущий на земле. Поэтому Павел пишет в Послании к Евреям об Иисусе Христе: «Ибо мы имеем не такого первосвященника, который не может сострадать нам в немощах наших, но Который, подобно нам, искушен во всем, кроме греха» Евр.4:15.

«Ибо, как Сам Он претерпел, быв искушен, то может и искушаемым помочь» Евр.2:18.

Во второй главе Евангелия от Луки мы находим, что от самого начала Своего земного поприща Иисус, еще будучи отроком, был в повиновении у Своих земных родителей. В Писании мы находим убедительные свидетельства послушания Иисуса Христа Отцу Своему Небесному. Христос много раз повторяет на страницах Евангелия, что Он говорит не от Себя, но только то, что слышал от Отца, что Он творит дела, которые Бог Отец повелел Ему творить, что для Него творить волю Отца Небесного – это есть и пища и питие...

Таким образом, если Сам Господь проходил через труд и страдания, стремясь достигнуть послушания, то тем более нам необходимо уделять этому качеству самое пристальное внимание. Более того, Иисус Христос говорит Своим ученикам, что послушание – это единственный путь доказать свою любовь к Богу.

«Кто имеет заповеди Мои и соблюдает их, тот любит Меня, а кто любит Меня, тот возлюблен будет Отцом Моим… кто любит Меня, тот соблюдает слово Мое; и Отец Мой возлюбит его, и Мы придем к нему и обитель у него сотворим. Нелюбящий Меня не соблюдает слов Моих…» Иоан.14:21-24.

Еще одно место: «Ибо это есть любовь к Богу, чтобы мы соблюдали заповеди Его; и заповеди Его не тяжки» 1Иоан.5:3.

Пророк Самуил, задолго до рождения Христа, говорил эту истину, обличая царя Саула. «И отвечал Самуил: неужели всесожжения и жертвы столько же приятны Господу, как послушание гласу Господа? Послушание лучше жертвы и повиновение лучше тука овнов; ибо непокорность есть такой же грех, что волшебство, и противление то же, что идолопоклонство; за то, что ты отверг слово Господа, и Он отверг тебя, чтобы ты не был царем.

И сказал Саул Самуилу: согрешил я, ибо преступил повеление Господа, и слово твое». 1Царств 15:22-24.

Совершенно очевидно, что наше христианство, наша вера и любовь к Богу доказываются только через послушание, которое является верным индикатором, определяющим нашу любовь к Богу!

Выше уже приводилось место из 28-й главы Книги Второзакония, где Господь открывает перспективу послушания и указывает на прямую взаимосвязь – послушания и благословения. «Если ты будешь слушать гласа Господа, Бога твоего, тщательно исполнять все заповеди Его... Придут на тебя все благословения сии и исполнятся на тебе, если будешь слушать гласа Господа, Бога твоего» Втор. 28:2-13.

Еще место из Книги Псалмов: «Но народ Мой не слушал гласа Моего, и Израиль не покорялся Мне; потому Я оставил их упорству сердца их, пусть ходят по своим помыслам. О, если бы народ Мой слушал Меня и Израиль ходил Моими путями! Я скоро смирил бы врагов их и обратил бы руку Мою на притеснителей их» Пс.80:12-15. Подобных мест в Библии очень много.

То, что мы уже прочитали о послушании, было от времени сотворения человека и до Иисуса Христа. Свершившаяся победа Сына Божьего, за которую Иисусу Христу пришлось заплатить очень дорогую цену и факт примирения с Богом всего человечества вывел историю земли на новый уровень наших отношений с Богом. Бог завершил Свой план спасения человечества, начатый через послушание и веру Авраама и законченный Сыном Божием, где Его послушание Отцу Небесному было важнейшим условием. «Ибо как непослушанием одного человека сделались многие грешными, так и послушанием одного сделаются праведными многие». Рим.5:19.

Мы рассмотрели немало примеров послушания в древней истории, но вопрос послушания также важен сегодня, как и во времена патриархов. Апостолы Христовы оставили много замечательных примеров, как люди, обновленные Его благодатью и возрожденные Духом Святым, через послушание совершали великие дела на ниве Божией.

В 16-й главе Деяния Апостолов записана история рождения Филиппийской церкви. Сопоставляя события этой главы и Послание к Филиппийцам, мы найдем здесь интересные и поучительные примеры, оставленные великими мужами веры Апостолом Павлом и Силой, в которых огромную роль сыграло именно послушание.

Все началось с того, что получив благословение братьев, Павел, Сила и присоединившийся к ним в Листрах молодой ученик по имени Тимофей, начали очередное миссионерское путешествие. Начало путешествия было весьма успешным и безоблачным. Проходя по городам, они проповедовали Слово Божие, наставляли верующих, церкви утверждались верою и ежедневно увеличивались числом. (*Есть о чем подумать и молиться многим современным пресвитерам, у которых церкви не увеличиваются, а уменьшаются.*)

Пока все идет просто замечательно. Вот они намереваются идти на проповедь в Асию, но Дух Святой не допускает их на это дело. Затем они решают идти в Вифинию, Дух Святой опять воспрепятствовал им. Несомненно, что этот факт не остался без их внимания и они ожидали, что же Господь повелит им делать. Тем временем они добрались до Троады.

Здесь начинается самое интересное. Ночью Павел видит видение. Некий муж македонянин просит его прийти в Македонию и помочь им. Далее мы читаем: «После сего видения тотчас мы положили отправиться в Македонию…»

С этого места давайте коротко оглянемся на эти события. Как строго Апостол Павел и его соработники, посвятившие себя труду на ниве Божией, держались правила послушания.

6-й стих: они послушались Духа Святого и не пошли на проповедь в Асию.

7-й стих: без ропота и сомнения они отказываются от своего намерения идти на проповедь в Вифинию.

10-й стих: увидев видение, они тотчас положили отправиться в Македонию и через несколько дней прибывают в первый Македонский город Филиппы.

Вначале все шло более – менее неплохо, хотя, может быть, не так успешно, как в других местах, где церкви увеличивались числом ежедневно. В Филиппах обращается к Господу Лидия, зажиточная женщина, имевшая свой бизнес и хороший дом, в котором было достаточно места, чтобы принять постояльцев. Таким образом, крестилась Лидия, ее домашние, и на этом пока все закончилось.

Далее потянулись дни ожидания, когда не было никакого видимого духовного движения, но вдруг начинается сущий кошмар. Чуть ли не весь город восстает против них, возбужденный одной богатой и влиятельной семьей этого города. Увидев, что через исцеление их одержимой служанки прекратилась значительная часть их дохода и популярность, (*Как известно, чем богаче человек, тем более он чувствителен к разного рода убыткам...*), они повлекли Павла и Силу к городским начальникам и воеводам (*Полный набор современной законодательной и исполнительной власти*). Их обвиняют в нарушении порядка и в возмущении спокойствия города, что они проповедуют вредные для Римлян обычаи и т.д.

Павлу и Силе дают множество ударов палками и ввергают в городскую темницу, где начальник тюрьмы, видимо, желая подстраховаться, ко всему прочему еще и добросовестно забивает ноги в колоду и запирает их в ее внутреннюю часть. Это было подвальное или полуподвальное помещение, может быть, даже без окон, что обеспечивало наибольшую сохранность узников от побегов. Так закончился этот день, о котором любой человек вспоминал бы не иначе, как с содроганием и ужасом.

Ситуация, конечно, хуже не придумаешь. Захлопнулись двери темницы, ноги, как у самых опасных преступников, забиты в колоду, сами они лежат раздетые, избитые, израненные на холодном каменном полу темницы. Вокруг затхлый тюремный воздух и компания отъявленных преступников.

Кровоточат и болят свежие раны, в горле пересохло от жажды, от голода и потери крови кружится голова, поскольку в тот день им вряд ли давали пищу. Понятно, что у них было достаточно много причин для ропота и сомнения.

- А правильно ли мы сделали, что пришли в эти Филиппы?

- Павел, а может, это был только сон, когда тебе приснился тот муж Македонянин? – Мог бы спросить его, Сила.

- Как может Бог допустить Своих избранных до такого состояния?

- Тут, видимо, мы где-то ушли от реальности жизни…

Я думаю, здесь было о чем сокрушаться и прийти в уныние, но Павел и Сила хорошо понимают законы духовной войны, что наша брань не против плоти и крови. Поэтому, не теряя самообладания, они мужественно продолжают начатую борьбу зная, что в этот момент Бог через их жизнь совершает нечто по Своему изволению. Что именно? Им еще не вполне понятно, но они знают, что скоро все встанет на свои места, а пока их задача состоит в том, чтобы своим ропотом и сомнением не помешать благодати Божией совершить то, что Бог восхотел совершить.

Поэтому Павел и Сила, не теряя присутсвия духа, воспевая и молясь, терпеливо ждут и благодарят Бога, будучи вполне уверены, что скоро увидят результат.

На уставшую от дневных забот землю опустились тишина и покой теплой южной ночи. Все в городе уснуло спокойным сном, набираясь сил для хлопот грядущего дня. Спят городские начальники и воеводы, спокойным сном заснул начальник тюремной стажи, будучи вполне уверен, что в его владениях царит полный порядок. Не спят только узники, находящиеся в камере с Апостолом Павлом и Силой. Они с немалым удивлением слушают их молитвы, пение и славословие. Как можно, находясь в таком состоянии, петь, молиться и благодарить?! За что?! Непонятно.

Не спали, по-видимому, также Тимофей и Лидия со своими домашними. Бодрствуя и молясь, они взывали о помощи к Небесному Защитнику.

Вдруг среди ночи город потрясает землетрясение, поколебавшее основание темницы. (*Я думаю, что эпицентр этого землетрясения был прямо под основанием тюрьмы*). Это не так важно. Важно то, что отворились все темничные двери и узы у всех узников ослабели так, что они могли выйти на свободу.

Начальник тюрьмы, пробудившись и увидев, что двери темницы отворены подумал, что все узники уже убежали, извлек меч и хотел умертвить самого себя. В последний момент Павел успевает остановить эту трагедию, возгласив: «Все мы здесь, не делай себе никакого зла!»

Сам по себе факт такого намерения говорит о том, что начальник тюрьмы был по крайней мере порядочный и честный человек, для которого было страшнее смерти потерять свою честь. Хотя вполне вероятно, что его никто бы не осудил за это происшествие, поскольку такая серьезная причина, как землетрясение и повреждение тюремных построек, конечно, послужила бы причиной для его безоговорочного оправдания. Но в тот момент сатана, играя на его чувствах порядочности, толкал его к краю пропасти, на самом краю, которой, Апостол Павел успевает его остановить.

Здесь наступает развязка всей этой удивительной истории. Прежде всего освобождение получает сам начальник тюрьмы. Какой парадокс! Несколько часов назад он заковывает ноги своих узников в кандалы, а теперь он сам падает к ним в ноги со словами: «Государи мои!»

Какая замечательная победа! Спасена жизнь начальника тюрьмы, его репутация, но самое главное — ослабели и спали его собственные греховные узы, и он, вместе со всем своим домом, с готовностью принимает благовестие о Господе. Все они немедленно крестятся и радуются, что уверовали в Бога. Так было положено начало Филиппийской церкви.

Читая Послание к Филиппийцам, мы видим, что все оно пропитано особым духом любви и благодарности. Апостол Павел с какой-то особой откровенностью пишет о себе Филиппийцам. Подобно тому, как нежный и заботливый отец, находясь в разлуке, пишет письмо своему любимому семейству, так и Апостол Павел с необычайной сердечностью открывает Филиппийцам свое самое сокровенное и делает это просто и естественно, как своим детям. Он делится с ними своими радостями, печалями, наставлениями, рассказывает им о своих трудностях и пишет им обо всем просто и открыто, как бы зная наперед, что они обязательно поймут его так как надо и сделают даже больше, нежели он их просит.

В этом Послании Апостол Павел открывает им глубочайшие духовные истины, из которых мы можем сделать вывод, что Филиппийская церковь, несмотря на свою молодость, была уже на весьма высоком духовном уровне.

Особое место в этом Послании занимает послушание! «Итак, возлюбленные мои, как вы всегда были послушны, не только в присутсвии моем, но гораздо более ныне во время отсутсвия моего, со страхом и трепетом совершайте свое спасение, потому что Бог производит в вас и хотение и действие по Своему благоволению. Все делайте без ропота и сомнения, чтобы вам быть неукоризненными и чистыми, чадами Божиими непорочными среди строптивого и развращенного рода, в котором вы сияете, как светила в мире…» Фил. 2:12-15.

Совершенно очевидно, что все пережитое Апостолом Павлом в Филиппах, дало ему основание впоследствии написать им такое глубокое и содержательное Послание. Хорошо помня, с кем он был там, Павел пишет это Послание от своего имени и от имени Тимофея, желая поднять авторитет молодого Тимофея как служителя в глазах Филиппийской церкви. Он пишет это Послание уже как к большой, хорошо организованной и здоровой церкви, с епископами и диаконами.

Он пишет, что всегда благодарит Бога при всяком воспоминании о них. (*Какое замечательное свидетельство! Какой добрый пример всем нам оставили Филиппийцы! Всегда ли окружающие нас люди, хотя бы раз в жизни встретившись с нами, благодарят Бога при всяком о нас воспоминании?*)

Павел пишет это Послание, находясь в узах. Он знает, что Филиппийцам будут особенно понятны его слова, потому что и Филиппийская церковь родилась, когда Апостол Павел был в узах, и он называет это подвигом. Он пишет это, как бы напоминая им о пережитом некогда в Филиппах. «Таким же подвигом, какой вы видели во мне и ныне слышите о мне… И не страшитесь ни в чем противников».

Этими словами он убеждает их воспринимать его нынешние узы без ропота и сомнения, и более того, Павел пишет, что его узы для многих братьев послужили даже ободрением, а это привело к большему успеху благовествования.

Он напоминает им, что, как и тогда в Филиппах, его узы послужили к их благословению, так и его нынешние узы также не без воли Божией. «Потому что вам дано ради Христа не только веровать в Него, но и страдать за Него», – пишет он Филиппийцам.

Вопрос: «Пожелал бы Бог использовать Павла и Силу, если бы Он не был вполне уверен в их полном послушании? Пожелал бы Бог производить в них «хотение и действие по Своему изволению», если бы Он не был вполне уверен, что любые обстоятельства Апостол

Павел и Сила примут без ропота и сомнения?» Конечно, нет. Таким образом, мы видим, что и в новозаветном времени послушание осталось важнейшим условием для осуществления Божьих планов.

Проводя параллель с нашей жизнью, можно с уверенностью сказать, если кто-либо серьезно хочет посвятить свою жизнь Богу и достичь успехов в служении, особое внимание он должен обратить именно на это замечательное качество. Когда Господь видит, что наш навык к послушанию достигает уже достаточно высокого и надежного уровня, который Он может назвать верностью так, что мы уже даем Господу возможность исполнять через нас Свои планы, когда закалка нашего характера позволяет нам делать все без ропота и сомнения, тогда Господь начинает производить в нас хотения и действия по Своему изволению.

Видя наше послушание и верность, Господь знает, все, что Он через нас намеревается исполнить, будет сделано в точности. Это есть высшая стадия служения Богу, когда мы позволяем Ему действовать через нас. <u>Когда мы позволяем Богу производить в нас хотение и действие и исполняем это без ропота и сомнения.</u>

Таких людей нельзя обидеть или оскорбить, они действительно мертвы для греха, они никогда не будут искать своего, но только воли Божией, и готовы ради дела Божьего пойти на любые лишения. Это – настоящие воины в армии Иисуса Христа.

Выше мы читали, через что прошел Иисус Христос, прежде чем Он был вознесен Богом на такую высоту. Поэтому Павел пишет такие слова:

«Ибо в вас должны быть те же чувствования, какие и во Христе Иисусе: Он, будучи образом Божиим, не

ПОСЛУШАНИЕ

почитал хищением быть равным Богу; но уничижил Себя Самого, приняв образ раба, сделавшись подобным человекам и по виду став как человек;

Смирил Себя, быв послушным даже до смерти, и смерти крестной. Посему и Бог превознес Его и дал Ему имя выше всякого имени, дабы пред именем Иисуса преклонилось всякое колено небесных, земных и преисподних» Фил. 2:5-10.

Посмотрите, какую чудесную духовную формулу открывает нам здесь Апостол Павел: – «Иисус Христос, от образа Божия уничижает Себя до образа раба и, через послушание, вновь достигает самого высшего имени во Вселенной!»

Это трудно себе представить. Принял образ раба! Божий Сын, Творец и Повелитель Вселенной, добровольно становится самым бесправным и униженным человеком на земле, но смирив Себя, через терпение и послушание все побеждает. Какой замечательный пример для всех поколений!

Опускаясь до образа раба, Иисус Христос показал людям, что нынешнее положение человека в обществе ничего не значит в глазах Бога, ибо у Него нет лицеприятия. Опускаясь до образа раба, Иисус Христос показал, что для спасения души нам совсем не обязательно быть царем, вельможей, священником, сильным, богатым и знатным. Совсем не обязательно уметь верой переставлять горы, покорять народы, изгонять бесов, совершать чудеса и знамения и т.п. Но нам совершенно необходимо, пусть даже ценой страданий, унижений, потерь, научиться быть послушными Богу.

Опускаясь до образа раба, Иисус Христос показал нам, что даже если какой-то человек здесь унижен и бесправен как раб, это еще ни о чем не говорит, ибо в вечности он может быть превознесен Богом на огромную высоту и иметь славнейшее имя во Вселенной. Опускаясь до образа раба, Иисус Христос показал нам, как можно любому человеку через послушание, даже будучи здесь в рабском положении, все победить и прославить Бога.

О, бездна богатства премудрости и ведения! Как неисследимо велики пути Твои, Боже! Воистину и самый неопытный пойдет по ним и не заблудится!

Итак, из прочитанного мы можем сделать вывод, что послушание – это не прихоть Вседержителя выдуманная, чтобы усложнить нашу жизнь, но это Его непреложный закон, установленный для всей вселенной, и положен он Богом задолго до нашего рождения. В этом смысле каждый человек становится кузнецом своего счастья и своим послушанием Богу заполняет свой личный оффидевит в жизнь вечную.

Павел пишет Римлянам: «Неужели вы не знаете, что, кому вы отдаете себя в рабы для послушания, того вы и рабы, кому повинуетесь, или рабы греха к смерти, или послушания к праведности?

Благодарение Богу, что вы, бывши прежде рабами греха, от сердца стали послушны тому образу учения, которому предали себя... ныне, когда вы освободились от греха и стали рабами Богу, плод ваш есть святость, а конец – жизнь вечная». Рим.6:16-22.

Таким образом, по окончании земной жизни ни у одного человека не будет сюрпризов, ибо Бог говорит об этом наперед и каждый человек знает, как он живет сегодня и кто он есть на самом деле, независимо от того, что знают о нем окружающие люди. Может, с виду кто-то как ангел, но Бог взвешивает души на весах правды.

ПОСЛУШАНИЕ

Сегодня Иисус Христос говорит людям: «Придите ко Мне, труждающиеся и обремененные, и Я успокою вас; возьмите иго Мое на себя и научитесь от Меня, ибо Я кроток и смирен сердцем, и найдете покой душам вашим; ибо иго Мое благо, и бремя Мое легко». Матф. 11:28-30.

Из слов Господа мы видим, что послушание Богу не есть невыполнимое и тяжкое бремя, но это благо и великое счастье знать, что вы в мире с Творцом и Создателем всей Вселенной.

Подводя итог, я хочу еще раз перечислить важнейшие места Писания, которыми Дух Святой свидетельствует о любви Господней и о послушании.

1) «Ибо так возлюбил Бог мир, что отдал Сына Своего Единородного, дабы всякий, верующий в него, не погиб, но имел жизнь вечную» Иоан.3:16.

2) Послушание – это непременное условие для благословения: «Умножу потомство твое, как звезды небесные; и дам потомству твоему все земли сии; благословятся в семени твоем все народы земные,

За то, что Авраам послушался гласа Моего и соблюдал, что Мною заповедано было соблюдать: повеления Мои, уставы Мои и законы Мои». Быт.26:4-5; Быт.22:18; Втор.28:1-13.

3) Послушание ценится в глазах Бога выше, нежели жертвоприношения: «И отвечал Самуил: неужели всесожжения и жертвы столько же приятны Господу, как послушание гласу Господа? Послушание лучше жертвы и повиновение лучше тука овнов». 1Царств 15:22.

4) Послушание, как верный индикатор, показывает наше духовное состояние: «..кому вы отдаете себя в рабы для послушания, того вы и рабы…» Рим.6:16.

«Кто имеет заповеди Мои и соблюдает их, тот любит Меня… Нелюбящий Меня не соблюдает слов Моих…» Иоан.14:21-24. «Кто говорит: «я познал Его», но заповедей Его не соблюдает, тот лжец… 1Иоан.2:4.

5) Послушание не приходит просто так, оно сознательно достигается через смирение и страдания… «Хотя Он и Сын, однако страданиями навык послушанию…» Евр. 5:8; «Смирил Себя, быв послушным даже до смерти…» Фил. 2:8.

6) Когда наше послушание приобретает высокий статус, Бог начинает действовать через нас с особой благодатью: «Потому что Бог производит в вас и хотение и действие по Своему благоволению. Все делайте без ропота и сомнения…» Фил. 2:13-14.

7) Послушание несет в себе далеко идущие перспективы, это есть непременное условие для всех живущих. Нарушение этого закона привело к катастрофе, исправить которую можно было только через исполнение этого закона, т.е. через послушание: «Посему, как преступлением одного всем человекам осуждение, так правдою одного всем человекам оправдание к жизни. Ибо, как непослушанием одного человека сделались многие грешными, так и послушанием одного сделаются праведными многие…» Рим.5:18-19.

8) Послушание является оружием христианина и важнейшим элементом духовной борьбы: «Оружия воинствования нашего не плотские, но сильные Богом на разрушение твердынь: ими ниспровергаем замыслы и всякое превозношение, восстающее против познания Божия, и пленяем всякое помышление в послушание Христу…» 2Кор.10:4-6.

9) Послушание детей родителям является непременным условием заповеди с обетованием: «Дети, будьте послушны родителям вашим во всем, ибо это благоугодно Господу» Кол.3:20; «Почитай отца твоего и мать», это – первая заповедь с обетованием: «Да будет тебе благо, и будешь долголетен на земле» Еф.6:2-3; Исход 20:12; Втор.5:16.

10) Послушание располагает и приобретает сердца человеческие: «И сердце его (Тита) весьма расположено к вам, при воспоминании о послушании всех вас, как вы приняли его со страхом и трепетом…» 2Кор.7:15.

11) Послушание формирует духовного человека и становится защитной зоной, предохраняющей нас от падений и духовных болезней: «…чтобы вы имели веру и упование на Бога. Послушанием истине чрез Духа очистивши души ваши к нелицемерному братолюбию…» 1Петр.1:21-22.

12) Послушание имеет славное будущее. Это мы видим на примере Господа Иисуса Христа. «Смирил Себя, быв послушным даже до смерти, и смерти крестной. Посему и Бог превознес Его и дал Ему имя выше всякого имени, дабы пред именем Иисуса преклонилось всякое колено небесных, земных и преисподних». Фил.2:8-10.

Да прославится Его святое имя через наше послушание.

Аминь

ВЛАДИМИР МЫСИН

КТО БОЛЬШЕ

> «И был же и спор между ними, кто из них должен почитаться большим»
> Луки 22:24.

ЧАСТЬ 1

Проблема, из-за которой возник спор между учениками Иисуса Христа, стара как этот мир. Она издревле была больным вопросом человечества. Этот вопрос, как ни один другой, принес неисчислимое количество бед, трагедий и страданий, горя и слез в летопись земли нашей многострадальной.

В любой стране, в любом обществе, где бы то ни было всегда находятся люди, которые страстно желают стать большими. Мы должны признать, что желание быть большим напрямую сопряженно со славой человеческой, которая, в свою очередь, неминуемо приводит к гордости. Это желание является сильнейшим возбудителем греха в арсенале диавола, ибо не только сама слава человеческая, но и желание достичь ее ослепляет человека, делая его послушным орудием в руках врага. Некогда диавол, обольстившись своей красотой и совершенством, именно через гордость лишился своего высочайшего положения на небе и был свергнут в пучину ада преисподней.

Первопричиной падения, как говорит Писание, стала необычайная красота бывшего херувима. (Ис.14:11-15; Иез.28:12-17) Красота стала причиной зарождения гордости. Гордость, в свою очередь, привела его к желанию стать большим и херувим возмечтал поставить свой престол выше всех звезд Божиих, чтобы стать подобным Всевышнему. Это желание привело его к беззаконию, а беззаконие привело сатану ко греху и он был низвергнут в глубины ада преисподней.

В порочных звеньях падения сатаны губительное желание стать большим сыграло первостепенную роль. Поэтому, неудивительно, что яд гордости и тщеславия, некогда погубивший славнейшего херувима вселенной, продолжает действовать среди сынов и дочерей человеческих.

Первые признаки будущей гордости и тщеславия, которые развиваются в первую очередь из непослушания и эгоизма, мы можем разглядеть еще в детском возрасте, хотя часто принимаем это за обычный детский каприз. Родители в многодетных семьях с удивлением замечают, что порою их дети растут поразительно разными. Одни дети спокойные, покладистые, уступчивые, а другие бывают их полной противоположностью. Это первые ласточки будущих проблем.

Оглядываясь на историю человечества, мы находим в ней печальные примеры, как много зла принесли на землю люди, возжелавшие стать большими, идя на поводу у своей гордыни. На страницах Библии (2-я Царств) записана трагическая история о падении красавца Авессалома, сына знаменитого Израильского царя Давида, которого Давид любил больше своей жизни.

Когда увлеченный жаждой власти, Авессалом захватил власть в Иерусалиме, его родной отец вынужден был бегством спасать свою жизнь. Что же руководило желаниями Авессалома? Любой ценой он хотел стать большим! Он уже не мог более ждать, когда царство перейдет к нему естественным путем, но ослепленный тщеславием и гордыней, решился даже убить своего отца.

Здесь же я хочу обратить внимание на человека, игравшего при дворце Давида весьма значительную роль. Это царский советник Ахитофел, имевший беспрекословный авторитет и высочайшую мудрость. Слава о мудрости Ахитофела распространилась по всем пределам Израиля и советы Ахитофела, как свидетельствует Библия, оценивались так, как если бы кто спрашивал совета у Бога. «Советы же Ахитофела, которые он давал, в то время считались, как если бы кто спрашивал наставления у Бога. Таков был всякий совет Ахитофела». 2-я Цар. 16:23.

Когда совершился дворцовый переворот и власть в Иерусалиме захватил мятежный Авессалом, то Давид более всего опасался не Авессалома, а советов Ахитофела, который оказался в числе организаторов этого заговора.

Почему такой мудрый человек как Ахитофел вдруг присоединился к заговорщикам? Он ведь прекрасно понимал, чем ему грозит участие в таком заговоре и тем не менее он решился стать одним из лидеров этого переворота. Можно предположить, что он был не вполне доволен Давидом, который имел привычку постоянно спрашивать советы у Господа, и, наверное, не так часто у Ахитофела. Может он надеялся, что с приходом к власти Авессалома, он, с учетом своей роли в перевороте, мудрости и авторитета, займет более достойную позицию при дворце царя и станет фактическим правителем Иудеи, умело подсказывая Авессалому как управлять царством. Может была еще какая причина, но факт остается фактом, Ахитофел стал правой рукой Авессалома и уверенно направлял все действия заговорщиков.

Когда Давид узнал, что Ахитофел находится в одном стане с мятежниками, он немедленно стал просить Бога, чтобы Он разрушил совет Ахитофела, ибо Давид хорошо знал цену его советов. «И сказал Давид: Господи! Разрушь совет Ахитофела» 2-я Цар. 15:31.

Развязка этой истории весьма трагична. Авессалом, собрав военный совет из начальников и старейшин, спросил совета у Ахитофела – что нам делать? Ахитофел дал ему верный совет, который непременно погубил бы царя Давида. Но Богу было угодно через Хусию разрушить лучший совет Ахитофела и действия заговорщиков были направлены в неверное русло. Это спасло Давида и он, после непродолжительной войны и гибели Авессалома, возвращается в Иерусалим.

Но что же случилось с Ахитофелом? Он кончает свою жизнь самоубийством.

У Ахитофела была высочайшая мудрость и беспрекословный авторитет, но сердце Ахитофела было заражено гордостью и тщеславием. Он не смог пережить унижения, что его совету предпочли совет другого человека. Это привело его к решению покончить жизнь самоубийством. «И увидел Ахитофел, что не исполнен совет его, и оседлал осла, и собрался, и пошел в дом свой, в город свой, и сделал завещание дому своему, и удавился, и умер, и был погребен в гробе отца своего». 2-я Цар. 17:23.

Два примера из Библии показали нам представителей двух противоположных миров. В первом примере мы увидели представителя духовного мира, во втором – представителя земли. У обоих была высочайшая мудрость, но увы, тщеславие и гордость погубили обоих.

В 26-й главе 2-й Книги Паралипоменон записана интересная история о Иудейском царе Озии, в которой есть нечто поучительное, на что я также хочу обратить наше внимание.

Господь весьма благословил Озию и даровал ему довольно длительное время успешно управлять Иудейским царством. С помощью Божией Озия смирил своих врагов, расширил и укрепил границы Иудеи, построил новые города, укрепил столицу Иудейского царства город Иерусалим, построил оросительные системы, башни и водоемы в пустынях и многое другое. Во время царствования Озии в стране необычайно расцвело земледелие, скотоводство и благосостояние всей нации было на высоком уровне. У Озии была хорошо обученная и прекрасно экипированная армия, для которой он лично изобретал различные военные машины и приспособления, размещая их в специальных башнях и на углах укрепленных мест. Это были уже своеобразные прототипы современной артиллерии, которые метали на врагов большие камни и стрелы.

Если бы это случилось сегодня, то на современном языке об Озии писали бы так: «При президенте Озии развитие экономики в стране достигло высочайшего уровня за последние пятьдесят лет». Газеты и журналы пестрели бы сенсационными репортажами о новом экономическом чуде и превозносили бы президента и кабинет правительства за их замечательные достижения в менежменте страны. Организация Объединенных Наций направляла бы к Озии делегации из отстающих стран перенимать их передовой опыт и, может быть, присудили бы ему Нобелевскую Премию за его заслуги перед человечеством. Ученые экономисты написали бы кучу книг и диссертаций, расписывая во всех деталях каждый шаг развития отраслей промышленности и сельского хозяйства страны, с жаром доказывая преимущества его методов управления и т.д. и т.п.

Но Озии для достижения такого успеха необходимо было только одно, – но это определяло все. Пока у Озии был страх Божий и он делал угодное в очах Божиих, прибегая к Богу за руководством и советом, у него все было хорошо. Благопроцветание его царства было обеспеченно. «И делал Озия угодное в очах Господних точно так, как делал Амасия, отец его; и прибегал он Богу во дни Захарии, поучавшего страху Божию; и в те дни, когда он прибегал к Господу, споспешествовал ему Бог» 2Пар.26:4-5.

В этих стихах мы встретили также имя человека, благодаря усилиям которого во многом определялось благополучие всей страны, ибо он направлял пути царя Озии на верные направления и был для него настоящим духовным отцом и наставником.

О личности Захарии достоверных сведений не сохранилось. По-видимому, он был ближайшим советником царя и священником, потому что поучал царя страху Божию. Несомненно, что он имел высокий авторитет в глазах царя и всего народа, поскольку Озии не зазорно было советоваться с Захарием и следовать его советам. Возможно, Захария был сподвижником пророка Исаии (Ис.8:2).

Таким образом, после пятидесяти лет царствования у Озии все было просто великолепно. Он находился во главе мощного, экономически процветающего и стабильного государства, слава о котором пронеслась далеко по пределам земли и Озия с довольством смотрел на достигнутое, видя в нем гарантию завтрашнего дня и безоблачное будущее.

Но вот в 16-м стихе мы читаем, что неожиданно благоденствию Озии пришел бесславный конец: «Но когда он сделался силен, возгордилось сердце его на погибель его, и он сделался преступником пред Господом...»

Опять мы встречаем здесь ту же самую причину, которая погубила уже очень многих. Погубила она и великого царя Озию. Та же самая схема падения: «Когда Озия сделался силен – возгордилось сердце – он решился на беззаконие – и сделался преступником пред Господом». Это стало причиной его падения.

Мы видим, что ни экономическая стабильность, ни военная мощь, ни накопленный опыт, ни слава и богатство не спасли царя Озию. Как только возгордилось его сердце – пришла его погибель. <u>Это непреложный духовный закон.</u>

В притчах мудреца Соломона есть серьезное предупреждение всем гордецам: «Погибели предшествует гордость, и падению надменность» Пр.16:19-18.

«Придет гордость, придет и посрамление; но со смиренными – мудрость» Пр.11:2.

Апостолы Иаков и Петр пишут: «Бог гордым противится, а смиренным дает благодать» Иак.4:6. и 1Пет.5:5.

Из печального примера кончины Иудейского царя Озии мы еще раз убеждаемся в том, что Слово Божие истинно и непреложно. Подобных печальных примеров в истории земли очень много, поскольку эта проблема давно инфицировала все слои нашего общества и продолжает воспалять сердца человеческие своим неугасимым пламенем.

Мы находим проявления этой проблемы и в среде учеников Иисуса Христа. В двадцатой главе Евангелия от Матфея записана история, как однажды к Иисусу Христу вместе со своими сыновьями подошла мать Иакова и Иоанна и стала ходатайствовать за них, пытаясь зарезервировать им лучшие места в Царстве Божием. Хотела она всего ничего, а только чтобы ее сыновья сидели там рядом с Иисусом Христом, один по правую сторону, а другой по левую.

Вначале Господь мягко пытался остудить их горячие головы, говоря: «Не знаете, чего вы просите...», но это не помогло, желание быть большими ослепило их и они всерьез настроились довести дело до победного конца. Тогда Иисусу пришлось отрезвить их словами, что это находится не в Его власти и только Отец Небесный будет решать этот вопрос.

Остальные десять учеников, услышавши об этом, были глубоко возмущены таким вероломным поступком матери и сыновей Зеведеевых, но, по всей видимости, такие же мысли волновали их всех. Это мы видим из того, как немного позже, уже находясь на Пасхальной вечере, между учениками опять завязался старый спор именно о том, кто из них должен почитаться большим. Тогда Иисусу пришлось повторить слова, которые Он говорил им всего за несколько дней перед этим, когда к Нему подошли мать и сыновья Зеведеевы. Он повторяет им величайшую истину, которая впоследствии ляжет в основу общения всех христиан, истину, которая будет изумлять мир своей непобедимостью, жертвенностью и любовью. На этот раз Господь преподал им урок, который они запомнили на всю жизнь.

Давайте мысленно перенесемся через толщу столетий, вместе с учениками Иисуса Христа зайдем в горницу и понаблюдаем, что происходило там в ту памятную ночь, когда ученики со своим Учителем собрались в ней для проведения пасхальной вечери.

Придя в горницу и расположившись в ней поудобней, ученики вдруг столкнулись с фактом, что никто не предложил им омовения ног. Они и ранее сталкивались с такой проблемой и Христос обычно не придавал этому большого значения, но на таком значительном событии, как Пасхальная вечеря, этот обычай должен быть непременно исполнен. Этого требовал закон.

Обычно омовение ног предлагал хозяин дома или это делали его слуги, но здесь Господь и ученики были предоставлены самим себе. Таким образом, мы можем предположить, что горница, в которой совершалась вечеря, находилась в стороне от основного хозяйского дома и хозяин также был занят проведением пасхального ужина на своей половине.

Тот факт, что Господь послал Петра и Иоанна пойти и приготовить им пасху заранее, также подтверждает нашу догадку, что Христу и ученикам надо было самим позаботиться о всем остальном, кроме горницы. Мы можем предположить еще, что хозяин этого дома был не особенно богат, чтобы позволить себе содержать слуг или были другие причины, но факт остается фактом, омовения ног им никто не предложил и ученики должны были решить проблему: кто будет омывать им ноги?

Поскольку на Востоке обычно этим делом занимались слуги, то в сердцах учеников большим вопросом стало искушение: а кто из них меньший? Никто из них не хотел с этим соглашаться, потому что из этого следовало, что именно тому, кто в конце концов признает себя меньшим и надлежало делать эту унизительную процедуру.

Как бы то ни было, но зайдя в горницу, они, не глядя друг на друга, упорно ждали, что кто-то из них все-таки должен будет встать и сделать это. Но кто? В горнице воцарилось тягостное молчание и только время от времени кто-либо из учеников изподлобья бросал косой взгляд на своих товарищей и опять отводил его в сторону. Каждый считал себя большим. Попробуем на мгновение представить себе течение их мыслей.

Иуда Искариот был единственный Иудей среди учеников Иисуса Христа. Все остальные были Галилеяне. Кроме этого, он был еще и казначей, поэтому он мог думать так: «Ну неужели эти Галилеяне совсем потеряли совесть? Неужели они думают, что я, Иудей, сейчас начну омывать ноги Галилеянам? Кроме того, я не просто ученик, но и казначей!»

Как известно, что Иудеи, живущие в Иудее, считали себя более чистыми по сравнению с Галилейскими Иудеями и вот почему. В Галилейских городах и селениях проживало много язычников и правоверные Иудеи, по этой причине, считали всех Галилеян нечистыми. Кроме того, Иуда, уже решивший предать Учителя, по-видимому, не сильно был расположен и ко всем присутствующим, а тем более омывать им ноги.

Петр и Андрей наверное думали, что поскольку Христос призвал их раньше всех других учеников, то они по праву заслуживают статуса первых учеников и что-что, а омывать ноги тем, кто пришли в ученики позже, им просто не к лицу.

Следом за Петром и Андреем Христос призвал сыновей Зеведеевых – Иакова и Иоанна; видимо и они, в свою очередь, также претендовали на первые места. Так и остальные ученики, каждый по своему, находили для себя достаточно веских причин для более высокой позиции. Может быть многие косились на Иоанна, резонно полагая, что именно ему, как самому молодому, было бы к лицу послужить своим старшим товарищам. Как бы то ни было, никто не хотел уступать. Между учениками явно назревал конфликт и, по-видимому, только присутствие Учителя сдерживало переполнявшее их сердца негодование.

В этот момент Господь встал со Своего места и молча вышел из горницы. Разгоряченные своими мыслями ученики не придали этому значения, мало ли по какой причине Учитель вышел за двери. Но как только дверь за Ним закрылась, чувства, переполнявшие учеников, выплеснулись наружу и в горнице загорелся их давний спор – кто их них больше? (Лук. 22:24.)

На этот раз спор принял уже более резкие формы, ибо кому-то надо было идти на конкретное унижение, омыть всем ноги, а это означало: что отныне и навсегда, этот человек будет считаться в их обществе на позиции низшего. Сознание этого факта побуждало каждого из них быть твердым как камень.

Таким образом, начало Пасхальной вечери не предвещало ничего хорошего и диавол был уже очень близок к успеху в своем намерении отравить атмосферу любви и единства на последнем общении Господа со Своими учениками. Со своего векового опыта диавол хорошо знал, как трудно потушить загоревшийся огонь тщеславия и гордости в сердцах человеческих и уже потирал руки от радости, видя, как Апостолы, забыв обо всем, опять подняли горячий спор: кто из них больше?

Возмущение и негодование возрастали с каждым мгновением. В горнице слышались разгоряченные голоса, сверкали возмущенные глаза, у каждого находились веские доводы к оправданию и вдруг, в самый разгар спора открывается дверь и... все присутствующие остолбенели. В горнице воцарилась мертвая тишина. Ученики ожидали увидеть все, что угодно, но только не это. Они видят в дверном проеме входящего Господа. Но что это? О ужас! Они видят Его без верхней одежды, препоясанного полотенцем и держащего в Своих руках чашу с водой для омовения ног.

Ни слова не говоря, Он подходит к ближайшему ученику и присевши на склоненные колена, Господь спокойно омыл его ноги. Затем Он перешел к следующему и так далее, одному за другим Господь омывал им ноги, тщательно вытирая их перекинутым через плечо полотенцем.

Слова, еще мгновение назад изливавшиеся бурным потоком, застыли в устах Апостолов. Огонь стыда и раскаяния, заливавший краской поникшие и смущенные лица учеников, беспощадным пламенем выжигал в их сердцах бурно колосившуюся ядовитую поросль гордости и тщеславия, которую диавол так старательно выращивал, намереваясь погубить благовестие Евангелия в самом зародыше.

Какими ничтожными и жалкими вдруг показались им все их доводы, претензии, обиды, притязания, амбиции... Так, в полной тишине, Господь подошел и к Петру. Когда Господь, склонившись, прикоснулся к его ногам, сердце Петра не выдержало и он, уклоняя ноги от умывальной чаши, первым нарушил молчание, сказав глухим голосом: «Господи! Тебе ли умывать мои ноги?...» (Иоан. 13:6.)

Невозможно описать словами то, что пережили Апостолы за те короткие минуты, которые показались им вечностью, в течении которых Учитель преподавал им Свой последний урок на земле.

Но этого времени было достаточно, чтобы раскаяние навсегда очистило их души от этого порока и сделало их способными к восприятию последней заповеди Господа, которую Он заповедывал им в этот вечер. Со слезами на глазах они слушали своего Господа и семена Божественной истины ложились уже на добрую и очищенную почву.

Евангелист Иоанн, по всей видимости, особенно сильно был впечатлен этим событием, поэтому он так подробно описал последнюю вечерю Господа с учениками, посвятив этому целых пять глав. Я уверен, что именно в тот вечер Иоанн стал Апостолом любви, впитав в себя бесценные слова завещания, услышанные от Господа, ибо Господь действительно говорил Своим ученикам в этот вечер не что иное, как завещание. Завещание обычно делается перед смертью, а это были последние слова нашего Господа к ученикам, перед Его страданиями. Они записаны в Евангелии от Иоанна с 13-й и до 18-й главах. Апостолы запомнили этот урок на всю жизнь...

Прочитывая Евангелия мы видим, что эта проблема давно уже подтачивала сердца учеников Господа. Диавол старательно обрабатывал самолюбие Апостолов, планируя посеять раздор и поссорить их между собой, зная, какую разрушительную силу скрывают в себе гордость и тщеславие.

В 9-й главе Евангелия от Марка мы читаем как Христос, вскоре после возвращения с горы Преображения, пошел с учениками в Галилейский город Капернаум. В это время тучи над головой нашего Господа уже стали сгущаться и Ему приходилось совершать путешествия с большими предосторожностями.

Все ученики Иисуса Христа, кроме Иуды Искариота, были Галилеяне и поэтому Христос решил идти в Капернаум отдельно от них, справедливо полагая, поскольку Его учеников там прекрасно знали, то приход Господа в Галилею был бы обнаружен раньше времени. Путешествуя таким образом, они благополучно прибыли в Капернаум.

Но пока ученики, отдельно от Господа, шли к Капернауму, в их головы впервые пришла мысль: кто же из них больше? Несомненно, что такой щепетильный вопрос нельзя было решить за одну минуту и, по-видимому, всю дорогу они только и делали, что спорили об этом. Мы находим подтверждение этому в том, что когда, по приходу в Капернаум, Христос вдруг задал им вопрос:

«О чем дорогою вы рассуждали между собою?» (Мар.9:33) (Лук.9:46)

Этот вопрос поверг учеников в молчание. Отвечать было нечего. Или надо было признаваться, что всю дорогу они спорили между собою кто из них больше, или молчать. Если ученики рассуждали бы еще о чем-либо другом, они с радостью сказали бы это Господу, но увы, отвечать было нечего и они молчали.

Понимая всю серьезность зародившейся проблемы, Христос дает им наставление, подтверждая его наглядным примером. Он берет ребенка и, поставив его перед ними, говорит величайшую истину Евангелия: «...ибо кто из вас меньше всех, тот будет велик» Лук.9:48.

К сожалению, эта проблема оказалась весьма живучей и Христу приходилось при каждом удобном случае напоминать ученикам, что смысл Его учения заключается не в том, чтобы достичь превосходства над другими людьми, но действительно великим будет тот, кто сумеет через унижение и смирение победить все обстоятельства жизни. На многочисленных примерах из жизни Господь не уставал учить их этой истине, терпеливо ожидая, что Его усилия принесут свои плоды.

Однажды обиженные и разгневанные Апостолы загорелись желанием отомстить своим обидчикам за досадное унижение, когда жители одного Самарянского селения прогнали их прочь, не пожелав принять у себя Господа. Не привыкнув еще переносить унижения, они всерьез вознамерились спалить их селение огнем с неба, чтобы впредь никому повадно не было так обижать учеников и Учителя.

Но Христос, смотря на их разгоряченные лица и возмущенные глаза, молча качал головой, скорбя в глубине сердца о том, как трудно семена Его учения прививаются в огрубелых плотских сердцах человеков: «Не знаете, какого вы духа», – сказал Он наконец и запретил им даже думать об этом, говоря: «Ибо Сын Человеческий пришел не губить души человеческие, а спасать» Лук.9:51-56.

Сидя в доме у одного из начальников фарисейских и увидев, как приглашенные гости первыми старались занять самые почетные места, Господь привел им притчу о том, что всякий возвышающий сам себя унижен будет, а унижающий себя возвысится. (Лук.14:7-11)

Множество исцеленных людей слышали от Господа одни и те же слова: Не говорите об этом никому. Мат.8:2-4; Мат.9:27-30; Мар.7:32-36;Лук.8:41.

Однажды ученики задали Ему вопрос, кто будет большим в Царстве Небесном? Христос, опять подозвав ребенка, говорит им, если кто умалится, как это дитя, тот и будет большим в Царстве Небесном (Мат.18:1-4).

Выше мы уже читали о матери и сыновьях Зеведеевых и о великой победе Христа на Тайной Вечере. Сопоставляя эти и многие другие места Писания, мы видим, что Господь неуклонно учит нас всех одной особенной Евангельской истине: Итак, кто хочет быть большим, научись быть слугою. Отсюда, по-видимому, идут корни того, что в наших церквах братьев, посвящающих себя труду на ниве Господней, называют служителями.

Пророк Исаия, за много столетий до рождения Мессии, пророчески предсказывает в чем будет проявляться сила Божия, когда Сын Божий посетит нашу землю. «Нет в Нем ни вида, ни величия; и мы видели Его, и не было в Нем вида, который привлекал бы нас к Нему... Он был презрен и умален пред людьми, муж скорбей и изведавший болезни, и мы отвращали от Него лицо свое; Он был презираем, и мы ни во что ставили Его...» Ис. 53гл.

В Деянии Апостолов мы читаем о Христе: «В уничижении Его суд Его совершился,...» Д.А.8:33.

В Послании к Коринфянам: «Ибо, хотя Он и распят в немощи, но жив силой Божией; и мы также, хотя немощны в Нем, но будем живы с Ним силою Божиею в вас» 2Кор.13:4.

После Тайной Вечери Апостолы хорошо усвоили эту истину и нигде, ни в одном послании, мы не находим уже даже намека на их прежние амбиции. Вопрос – кто больше? навсегда остался в прошлом и не волновал более сердца Апостолов. В их посланиях мы находим теперь множество замечательных наставлений, научающих всех последователей Христовых, что сила Божия проявляется не в гордом величии земных царей, не в пышности помпезных богослужений, не в грубой силе солдатских штыков, а в немощи, в сокрушенном и умаленном сердце отображается Господь и совершает то, что Ему угодно.

Среди множества Библейских примеров я хочу еще остановить ваше внимание на одном случае из жизни Апостола Павла. Описание этого события мы находим в 16-й главе Книги Деяния Апостолов.

Павел и Сила по влечению Духа Святого впервые попадают в Македонский город Филиппы. Начало их труда было довольно скромным. На протяжении многих дней проповеди Евангелия в этом городе всего несколько человек обратились к Богу и на этом пока все остановилось.

Вдруг случается совершенно непредвиденное и они попадают в темницу. Будучи вполне уверенными в том, что без воли Божией с ними ничего не может случиться, Павел и Сила, не теряя присутствия духа, продолжают борьбу. Они молятся и прославляют Бога. В эту же ночь пришло чудесное избавление, благодаря которому в языческом городе Филиппы родилась замечательная церковь, впоследствии принесшая много радости и поддержки в служении Апостола Павла.

Размышляя над этой историей, я хочу обратить внимание на такую деталь. Апостол Павел имел Римское гражданство. Это давало ему большое преимущество перед другими Апостолами, если бы он, путешествуя по языческим странам с проповедью Евангелия, захотел этим воспользоваться.

Но мы видим, что Апостол Павел предпочел быть скромным и простым благовестником. Он старается работать своими руками и даже не намекает окружающим, что он является Римским гражданином. Однажды только, будучи в Иерусалиме, за несколько секунд до начала бичевания, он сказал об этом Римскому сотнику и потребовал суда кесаря, благодаря чему он и попадает впоследствии в Рим.

Вся Македония была подвластной Риму провинцией и у Апостола Павла могло быть искушение по прибытию в Филиппы придти прямо к городским властям и с важностью представиться: – в ваш город прибыл гражданин Рима. Несомненно, в таком случае городские власти отнеслись бы к нему с особым вниманием. Возможно его, как важную персону, приглашали бы в богатые и известные дома, устраивали в его честь приемы, познакомили бы Павла с достопримечательностями города и окрестностей, рассказали бы о планах развития города, посадили бы его вместе с самыми известными гражданами, возможно, что они сами выслушали его свидетельство о Господе, и представили бы ему возможность говорить к народу на городской площади, поставили бы отряд воинов охранять дорогого гостя и, может быть, кто-то и покаялся бы от его проповеди и т.д.

Но у Апостола Павла, в таком случае, стала бы вызревать мысль: Да..., а все-таки хорошо, что я и христианин и Римский гражданин. Мне все двери открыты. Иди куда хочешь, везде тебе почет и уважение. Проповедуй себе на здоровье.

Далее, это сравнение могло бы быть еще более контрастным и стали бы появляться мысли о том, что для проповеди не обязательно иметь много силы Божией, если есть Римское гражданство и т.п. Таким образом, диавол постепенно уводит мысли человеческие от Христа, обесценивая Христа и христианство, прежде всего, в глазах самого человека, а затем ему нетрудно окончательно разрушить веру в Господа в таком сердце.

Зададим вопрос: что могло произойти на вечере, если бы Христос поступил там как-нибудь иначе? Представим себе, что Христос, вернувшись в горницу и застав учеников, занятых тем же старым спором (кто больше), взял бы и отругал их как следует или даже побил их палкой, как обычно учителя тех времен били своих учеников за непослушание. Затем заставил бы кого-нибудь из учеников омыть всем ноги и т.д.

Скажите, в таком случае была бы там одержана победа? Да. Но победил бы диавол. А в сердцах учеников этот вопрос так и оставался бы больной занозой до конца их жизни и, в дальнейшем, обязательно послужил бы причиной для их разделения. Каждый Апостол наверняка постарался бы собрать свою церковь, где именно он был бы и старшим и большим.

Но что было бы с делом Божиим? Как долго смогла бы устоять такая церковь, если пасторы и служители продолжали бы заниматься в ней выяснением вопроса, кто больше?

Апостол Павел пишет в Послании к Римлянам: «Ибо живущие по плоти о плотском помышляют, а живущие по духу – о духовном... Посему живущие по плоти Богу угодить не могут» Рим.8:5-8.

Плотскими ли помышлениями руководствовался Христос, омывая ноги ученикам? Нет. Через Свое унижение, Он открыл путь силе Божией, которая выжгла буйную поросль тщеславия и гордости в плотских помышлениях учеников.

Духовные ли помышления были у Апостолов в этот момент? Нет. Это были сугубо плотские желания, о которых мы прочитали выше, что этим никак нельзя угодить Богу.

Угодил ли Богу Христос, когда Он, унизившись, омывал ноги ученикам? Конечно угодил. Ибо через Его унижение Бог одержал там великую победу.

Апостол Павел хорошо усвоил эту истину, он пишет Коринфской церкви: «Если должно мне хвалиться, то буду хвалиться немощью моею» 2Кор. 11:30.

Павел постоянно подчеркивает в своих посланиях эту ключевую мысль и строго держится этого золотого правила, зная, что здесь заключается успех его служения и непременное условие для проявления силы Божией. Далее, он опять подчеркивает: «Собою же не похвалюсь, разве только немощами моими» 2Кор. 12:5.

В девятом стихе этой главы Павел пишет, что однажды Господь открыл ему это: «Но Господь сказал мне: «довольно для тебя благодати Моей, ибо сила Моя совершается в немощи» 2Кор.12:9.

Он свидетельствует Коринфянам о чудесных потоках благодати и мира, которые посылает Господь тем, кто соблюдает себя согласно этой заповеди, что благодаря этому откровению ему открылись неиссякаемые источники небесных благословений и силы Божией, освободившие его от многих забот и переживаний. «Посему я благодушествую в немощах, в обидах, в нуждах, в гонениях, в притеснениях за Христа, ибо, когда я немощен, тогда силен» 2Кор.12:10.

Павел пишет об удивительном духовном законе, который приводит в изумление всех, кто соприкасается с благодатью Божией, получаемой через этот закон, ибо как только человек в смирении и немощи во всем готов дать первенство Господу, то Сам Христос делается нашей премудростью от Бога, и праведностью, и освящением, и искуплением.

«Но Бог избрал немудрое мира, чтобы посрамить мудрых, и немощное мира избрал Бог, чтобы посрамить сильное; и незнатное мира и уничиженное и ничего не значащее избрал Бог, чтобы упразднить значащее, – для того, чтобы никакая плоть не хвалилась пред Богом. От Него и вы во Христе Иисусе, Который сделался для вас премудростью от Бога, праведностью и освящением и искуплением, чтоб было, как написано: хвалящийся хвались Господом» 1Кор. 1:25-31.

Поэтому для Господа и успеха служения совершенно безразлично богатый ты или бедный, сильный ты по плоти или слабый, знатный ты или простой, раб ты или вельможа. Всеобъемлющая благодать Господа покрывает всех и в немощи человеческой посрамляет мудрецов века сего, посрамляет значущее и великое мира сего, чтобы никакая плоть не хвалилась пред Богом.

Часть 2

Мир, в котором мы живем, утверждается физической силой и страхом. Чем больше силы, тем больше страха! Основание мирового порядка, держащего народы в повиновении – это страх наказания.

Поэтому образ мира сего – это физическая сила, поражающая тело. Чем больше силы, тем лучше! Чем больше мускулы, тем лучше! Чем больше армия, тем лучше! Чем больше оружия, тем лучше! Чем страшнее оружие, тем лучше! Современные военные эксперты говорят, в мире сегодня заготовленно столько оружия, что его хватит уничтожить все живое на земле несколько десятков раз подряд.

С оттенком иронии Билли Грэмм в своей проповеди однажды отметил, что нынешние мировые политики похожи на группу мальчишек, которые собрались в одной комнате и стоя по колено в бензине спорят друг с другом, у кого в кармане больше спичек. В этих словах горькая правда.

Но Господь наш не претендует на земные царства и нашим земным владыкам нечего опасаться за свои хрупкие троны, ибо Он Сам сказал, что «царство Мое не от мира сего». Павел пишет: «Царство Божие не пища и питие, но праведность и мир и радость во Святом Духе. Кто сим служит Христу, тот угоден Богу...» Рим. 14:17. Поэтому и методы борьбы у Господа совершенно не те, которыми завоевывают царства великие мира сего, но сила благовестия проявляется в немощи.

Мир и радость во Святом Духе нельзя дать людям через солдатский полк, завоевавший город. Мир и радость во Святом Духе нельзя дать через дубинки «ОМОНА» и полицейские патрули, ни через атомный гриб, ни через взрывы террористов...

По этой причине воинов Иисуса Христа невозможно победить земными средствами, ибо они не претендуют ни на что земное. Их не интересуют богатства человека, ибо они одинакого любят и вельможу и нищего. Их не интересует слава и почести человеческие, ибо их царство не от мира сего. Их невозможно поработить, ибо они чувствуют себя свободными даже в крепчайших застенках. Их невозможно устрашить, ибо их любовь побеждает любой страх. Их невозможно обидеть, ибо они не ищут своего. Их невозможно унизить, ибо любое унижение они принимают с радостью. Их невозможно соблазнить грехом, ибо они мертвы для греха. Они не боятся убивающих тело, ибо любят своих врагов, зная, что ведут брань не против плоти и крови, но спасают от вечной погибели бессмертные души человеческие.

Так научил их Господь и Учитель, показавший им пример Своей жизни, как в немощи, силою Божией совершаются великие победы. Ибо Сам Господь, придя на землю, приняв образ раба, встал на самую низшую ступень шкалы человеческой иерархии.

Но далее, будучи в образе самого бесправного человека на земле, Господь через смирение, через терпение, через унижение, через послушание, через веру и молитву открывал для Себя каналы Небесных Источников и побеждал не Своим божественным естеством, но получаемой через эти источники силой Божией.

Когда утомленные от дневных походов ученики ложились спать, Господь часто уходил на гору и ночи напролет проводил в молитвах не потому, что у Него была бессонница, а потому, что Он очень нуждался в подкреплении свыше. Господь указал нам путь не сладкозвучными теоретическими умозаключениями и трактатами, но Он Сам встал на этот путь и прошел его от начала и до конца.

И теперь во веки вечные ни один человек не может упрекнуть Бога, что в своей земной жизни он не родился сильным, богатым, красивым, умным, талантливым, удачливым и потому он не смог достичь спасения. Нет, Провидение Всевышнего приготовило людям такой путь, на котором и самый неопытный пойдет и не заблудится.

В нашей современной жизни мало что изменилось, но напротив, благодаря стремительному взлету технического прогресса и цивилизации, культ гордости стал еще более многообразным и привлекательным. Фантастические возможности современной рекламы чрезвычайно расширили диапазон пропаганды и влияния этой древнейшей проблемы на человека.

Хочу обратить внимание на такую особенность наших дней. Сегодня демонов открыто рекламируют миру. Их показывают в кино, в мультфильмах, в журналах, множество детских игрушек являются точной копией демонов, разнообразные маски, костюмы уже готовые продаются в магазинах, есть детские журнальчики для раскрашивания и т.п. Многие известные персонажи современных популярных телепередач, сериалов имеют откровенную демоническую подоплеку и направление.

В связи с этим, сегодня очень наглядно вырисовываются контуры древнейшей демонической традиции культа силы, которая напрямую связана с гордостью. Глядя на их бесчисленные образы, наводнившие мир, обратите внимание как все они выглядят внушительно и грозно. Один больше другого, один страшнее другого, накачанные до уродливости мышцы, свирепые лица, нет даже и признака добра или сострадания, они безжалости, не колеблясь убивают и крушат все вокруг, побеждает тот, у кого больше силы, у кого страшнее оружие, больше хитрости и коварства, кто более изобретателен на зло и т.д.

В конце многих современных фильмов добрые герои побеждают зло. Это создает иллюзию, что мы просмотрели хороший фильм и добро победило.

Но добро победило теми же методами, что и злые персонажи. Добрые победили злых или еще большей силой или более совершенным оружием и это вполне устраивает диавола. Сама идея, что сила побеждается большей силой, что зло можно остановить, но только еще большим злом, полностью соответствует его мировоззрению. Таким образом, эта идея вместе с образами положительных героев постепенно укореняется в сознании людей. – «Да, зло можно побеждать и нужно! Только для этого его надобно в ответ стукнуть по макушке сильнее, чем оно тебя бьет, и все будет хорошо!»

Эта диавольская ловушка стара как этот мир. Сегодня, благодаря усилиям рекламы, она зацвела пышным цветом, обретая новые краски и образы, но суть ее остается прежней, поскольку в ее основе лежат сила, гордость и тщеславие, корни которых уходят в мглу тысячелетий и достигают глубин преисподнего ада, места обитания демонов.

Учение Господне открывает нам, что как бы ни был силен человек физически, он никогда не сможет победить ею зло в сердце человека. Диаволу хочется, чтобы христиане боролись с ним его же методами, посредством силы. Это его стихия и он знает, как только человек начинает бороться с ним своей силой, человек обречен на поражение, ибо в таком случае мы лишаемся поддержки Господа и диавол легко одерживает верх.

Сегодня эта традиция обрела необычайную популярность среди молодежи. Повальное увлечение молодыми людьми занятиями в многочисленных спорт-клубах активно пропагандируется рекламой как здоровый образ жизни, как эталон молодости и здоровья.

Придя в такой клуб, (большинство из них работают круглосуточно) вы увидите там настоящий рай для вашего тела. Всевозможные снаряды и приспособления для физических упражнений, сауны, бассейны, тренированные специалисты, музыка все направлено, чтобы создать максимум удобств и удовольствий, чтобы вы, придя в клуб усталые, вышли из него помолодевшие и жизнерадостные.

Практически любому молодому человеку не чуждо желание иметь развитые мышцы, красивую фигуру, хорошее телосложение. Это желание в известной мере естественно и понятно. Когда оно не переходит разумных пределов, необходимых для здоровья – это похвальная забота, особенно если подкрепляется еще и здоровым образом жизни, отказом от никотина, алкоголя, наркотиков и т.п.

Но когда, под влиянием рекламы или других факторов, у молодого человека загорается желание удивлять окружающих своими мускулами, своим накачанным телом и рельефной фигурой, и он решает добиться этого во чтобы то ни стало, всеми доступными средствами. Такой человек может незаметно переступить запрещенную черту и попасть под влияние демонических традиций, цель которых привести человека к гордости.

Видя, что усилия, направленные на разжигание в сердцах молодежи желания стать большим за счет накачанных мускулов, попадают на добрую почву, диавол предлагает им свою помощь в достижении этой цели. Зачем вам тратить долгие годы жизни на усиленные тренировки, развивая мускулы естественными методами, когда можно достичь вожделенных результатов более кратким путем. Для этого надо просто регулярно принимать специальные коктейли, порошки, жидкости, насыщенные протеином, стероидами и прочими компонентами, которые обеспечат вам быстрый рост мышц в рекордно короткие сроки и без особых усилий.

Через употребление таких препаратов в организме человека происходят нарушения гормональных процессов, которые дают импульс усиленному росту клеток и быстрому увеличению мышечной массы. Но последствия, к которым приводят эти препараты, далеко не все изучены и имеется уже довольно много тревожных сигналов, предупреждающие, это далеко не безобидные порошочки, но нечто более далеко идущее.

По этому поводу у нас состоялся разговор с Андреем М. Ему чуть больше тридцати лет, у него прекрасная семья, жена, двое детей. На протяжении долгого времени он регулярно посещал спорт клуб. Пару лет назад Андрей решил испробовать предлагаемые рецепты для увеличения мускулатуры и закупил полный набор рекомендуемых порошков.

Буквально через неделю он заметил: что-то неладное стало происходить в его сознании. Особенно это выразилось в изменении восприятия окружающей среды. Невидимые грани между хорошим и плохим перестали быть резкими, он стал более безразличен ко многим проявлениям в своей жизни с одной стороны, но с другой стороны он стал замечать повышенную возбудимость из-за сущих пустяков. Андрей это выразил такими словами: «Я почувствовал, что я дурею и со мной что-то происходит не то». Слава Богу, что Андрей, будучи уже взрослым человеком, нашел в себе силы отказаться от этих порошков и его внутренний мир восстановился.

У нас есть свидетельства родителей, чьи дети превратились в маленьких домашних «демонов» после того, как стали употреблять эти препараты.

«Наш шестнадцатилетний сын стал неузнаваемым, мы совершенно потеряли контроль над ним, он стал вспыльчивым, раздражительным, он может запалиться и устроить скандал из-за любой ерунды, в порывах злости он начинает бить стены дома кулаками, от удара его ноги в двери осталась дырка. Он перестал понимать нас, за послушание мы уже забыли и у нас такое чувство, как-будто он специально все делает наоборот, на зло своим родителям и домашним. Иногда мы даже видим, как на его глазах появляются слезы от досады, что его не понимают. Мы видим, что с ним что-то происходит, но не в состоянии понять причину этой перемены. У него стали очень плохие глаза, он смотрит на нас не так, как раньше. Это какой-то чужой и неузнаваемый взгляд, как-будто мы все в чем-то виноваты пред ним. Мы чувствуем, что теряем сына, но ничего не можем сделать...

Сейчас мы вспоминаем, что началось это вскоре после того, как наш сын стал увлекаться в школе тяжелой атлетикой и посещать 24-х часовой спорт клуб. Он обклеил все стены своей комнаты плакатами с портретами накачанных до неузнаваемости людей, с гордостью демонстрирующие свои мускулы, заставил всю полку в столе какими-то баночками и порошками и все свободное время таскает свои железяки.

Его перестала интересовать церковь, на молодежные общения он идет с большей неохотой и стал жить в каком-то другом мире, от которого страдает и он сам и вся наша семья...» Родители другого молодого человека почти слово в слово повторили эту историю.

По этому вопросу я проконсультировался у биолога и он мне ответил следующее. Во-первых, принимая внутрь стимуляторы роста, мы насыщаем ими весь организм. Это приводит к усиленному росту мышц, которые получают нагрузку, но поскольку доставка гормонов роста к мышцам осуществляется через кровь, то следовательно, ими пропитываются все органы человека. Поэтому бесконтрольный рост массы может получить любой орган вашего тела, включая головной мозг. Последствия этого могут быть совершенно непредсказуемыми и они практически не изучены серьезными медицинскими институтами. Эти порошки поступают в продажу чаще всего под маркой «пищевых добавок» и, таким образом, к этим препаратам не применяются требования, которые необходимы для допуска к производству лекарственных препаратов.

Смотря на эту проблему с христианской точки зрения, мы можем предположить следущее. Поскольку эти разработки направлены на развитие прямопротивоположных принципов учению Господа, то логично будет сказать, что средства, ускоряющие рост мышц и подпитывающие человеческую гордыню, находятся под пристальным вниманием демонически сил. Совершенно очевидно, что идея создания таких препаратов ни в коем случае не может быть евангельской идеей, поскольку полностью противоречит чему нас учит Евангелие. Об этом же говорят и свидетельства очевидцев.

Несомненно, что в арсенале диавола имеется много способов отвращать души от Господа и одним из них является возбуждение в человеке гордости и тщеславия через желание стать большим, накачивая свои мускулы.

В Евангелии от Матфея записана великая Нагорная Проповедь Иисуса Христа, в которой мы находим неисчерпаемый кладезь мудрости и истины. Я хочу процитировать из нее стих, научающий, как нам стать великими в Царстве Небесном: «Итак, кто нарушит одну из заповедей сих малейших и научит так людей, тот малейшим наречется в Царстве Небесном; а кто сотворит и научит, <u>тот великим</u> наречется в Царстве Небесном» Мат.5:19.

Находясь на тайной вечере, Господь сказал Своим ученикам одну простую истину, как легко и безошибочно определить, любит ли кто из нас Господа. «Если любите Меня, соблюдите Мои заповеди» Иоан.14:15.

«...кто любит Меня, тот соблюдет слово Мое; и Отец Мой возлюбит его, и Мы придем к нему и обитель у него сотворим. Не любящий Меня не соблюдает слов Моих...» Иоан.14:23-24.

Здесь мы находим в Писании руководство как стать великим в Царстве Небесном. Если человек искренно любит Господа, он соблюдает Его слово, тогда Отец Небесный пребывает с ним вместе со Своим Сыном. Такой человек не может скрывать счастье этого общения, учит этому людей и это делает его великим в Царстве Небесном.

Поэтому неудивительно, что диавол старается любой ценой зародить в человеке гордость. По любой причине. Кто-то гордится своей силой и красивыми мускулами, кто-то своей красотой, кто-то роскошным автомобилем, кто-то своим образованием и культурой, кто-то деньгами, кто-то своим родословием с примесью «голубой крови», кто-то местом жительства, кто-то своей работой и связями и т.д.

Этот список можно продолжать до бесконечности, диаволу все равно по какой причине, главное, чтобы человек возгордился. В таком случае Бог становится в оппозицию к этому человеку, потому что Бог гордым противится, и диаволу тогда легко довести такого человека до падения.

Через пророка Исаию Бог открывает людям важнейшую истину: «Я живу на высоте небес и во святилище, и также с сокрушенными и смиренными духом, чтобы оживлять дух смиренных и оживлять сердца сокрушенных» Ис.57:15.

С помощью Господа сегодня мы смогли более пристально посмотреть на одно из древних ухищрений диавола, погубившее множество великих мужей земли. Господь предупреждает нас об этой реальной опасности. «Чтобы не сделал нам ущерба сатана; ибо нам не безъизвестны его умыслы» «Кор.2:11.

Да сохранит нас Господь от гордости, которая рано или поздно приводит человека к падению. Заканчивая эту тему я предаю вас, дорогой читатель, благодати Божией, молясь, чтобы прочитанное легло в добрую почву вашего сердца и принесло обильный плод в жизнь вечную.

В заключении прочитайте замечательный стих из Послания Павла к Филиппийцам, в котором он суммирует эту величайшую истину Евангелия: «Ничего не делайте по любопрению или по тщеславию, но по смиренномудрию почитайте один другого высшим себя» Фил.2:3.

ВЛАДИМИР МЫСИН

НЕ ДАВАЙТЕ МЕСТА ДИАВОЛУ

Оглядываясь на историю человечества, мы видим, что от самой древности и доныне на нашей многострадальной земле нескончаемой чередой идут войны. Не успевала окончиться одна война, как начиналась другая и так до бесконечности. Статистика говорит, что в мировом масштабе за несколько последних тысячелетий было не так уж много лет, когда вся земля пребывала в полном мире.

Одна из причин этого факта в том, что от дней Адама и до настоящего времени Вселенная находится в состоянии войны. Таким образом, отголоски противостояния в духовных сферах находят прямое отражение в событиях происходящих на земле, побуждая людей враждовать между собой.

В настоящее время, по всем признакам, эта война вышла на финишную прямую и приближается к своему окончанию. Из печальной истории земли мы знаем, что именно в своей завершающей стадии войны бывают наиболее жестокими. Это вполне понятно, поскольку сторона, которая проигрывает сражение, не ждет ничего хорошего от победителей, понимая, что скоро всех их ожидает впереди или верная гибель или рабская жизнь. Поэтому они сражаются особенно ожесточенно, с отчаянием людей, которым уже нечего терять.

Слово Божие называет нам много верных признаков, по которым мы определяем, что приблизилось избавление всей вселенной. Колоссальное количество исполнившихся пророчеств убедительно свидетельствуют нам, что время близко. Возрождение Израильского государства в окружении своих исконных врагов не оставляет ни малейшего сомнения в том, что Господь в сие время совершает то, что Он предсказал через Своих пророков много столетий назад. Несомненно, что жители двадцать первого века будут свидетелями небывалых мировых событий. Первые ласточки уже полетели.

Поэтому, зная, что его время уже очень коротко, диавол прилагает все силы, чтобы если не переломить, то, хотя бы, задержать развитие событий. Многие места Писания однозначно предупреждают об этом, как о неизбежном, и призывают нас быть готовыми к неожиданным потрясениям, не считая их как нечто странное.

Мы читаем в Книге Откровения: «...Горе живущим на земле и на море, потому что к вам сошел диавол в сильной ярости, зная, что не много ему остается времени!» Откр. 12:12.

Еще одно место из Евангелия от Матфея: «Ибо тогда будет великая скорбь, какой не было от начала мира доныне, и не будет. И если бы не сократились те дни, то не спаслась бы никакая плоть; но ради избранных сократятся те дни» Мат.24:21-22.

Многие другие места Писания свидетельствуют, что на заключительной фазе борьба будет особенно жестокой. Как бы ни кичился человек своим сильным характером, своим образованием и культурой, своими принципами, диавол лишь смеется над этими усилиями. Совершенная мудрость диавола, помноженная на его вековой опыт, сокрушит любые усилия слабых земных существ и не даст человеку никаких шансов на победу в этой борьбе. Как мы прочитали выше слова Христа: если бы не помощь свыше, никто не смог бы спастись.

Апостол Павел приводит в своих Посланиях множество сравнений, связанных с военными действиями. Это неудивительно. Войны во времена Павла были обычным явлением и военная терминология была близкой и понятной для его читателей в любой стране. Поэтому, сохраняя понятную всем терминологию, Дух Святой через Апостолов открывает последователям Христовым законы духовной войны. Он учит нас побеждать и защищаться, сокрушать твердыни сатанинские и врачевать раны, пораженных диаволом, учит нас быть настоящими воинами Иисуса в духовной войне добра и зла, света и тьмы.

В нескольких словах хочу напомнить, что оружие в военных действиях бывает двух видов: наступательное и оборонительное. В арсенале любой армии есть наступательное оружие, которое воины используют для поражения неприятеля. Наряду с наступлением, много внимания уделяется и обороне. С этой целью изобретаются всевозможные методы защиты, которые также необходимы в военных действиях.

Нечто подобное происходит в войнах духовного мира. Мы встречаем там и оружие наступления и оружие защиты. Апостол Павел пишет о мече духовном, о готовности благовествовать, о добре побеждающем зло и т.п. – как об оружии наступления. Он также пишет об оружии защиты: шлем спасения, щит веры, броня праведности и последовательно перечисляет духовный оружейный арсенал, называя его «всеоружие Божие», а также указывает нам противника и сферу военных действий.

«Облекитесь во всеоружие Божие, чтобы вам можно было стать против козней диавольских; потому что наша брань не против крови и плоти, но против начальств, против властей, против мироправителей тьмы века сего, против духов злобы поднебесных» Еф. 6:11-12.

Сколько человеческой крови было пролито в этой борьбе напрасно, потому что люди, не понимая истинной причины проблем, боролись с плотью и кровью, пытаясь обуздать зло. К сожалению, истинные инициаторы злодеяний часто оставались в тени.

Поэтому, Апостол Павел пишет, что наша брань должна быть (*не путайте это с земными начальствами и властью*) против начальств, против властей, против мироправителей тьмы века сего, против духов злобы поднебесных. Из этих слов мы видим, что у диавола есть хорошо организованная структура, со своим порядком, начальствами и властями, со своей иерархией власти. Это мощная духовная армия с огромным опытом, настроенная губить людей.

Поскольку ни один военноначальник не будет начинать войну, не укрепив предварительно средства защиты и обороны, следует и нам позаботиться об укреплении своей защиты, чтобы мы могли, облекшись во всеоружие Божие, устоять против козней диавольских. Это позволит сохранить наши наиболее уязвимые места от поражения раскаленными стрелами искушений и приобрести навыки доброго воина Иисуса Христа

Важнейшая сфера человеческого естества – это сфера мыслей, имеющая огромное влияние на жизнь каждого человека. Желая быть добрым воином Иисуса, нам непременно следует научиться защищать сферу мышления.

* * *

ВЛАДИМИР МЫСИН

ПОМЫСЛИТЕ О ПРЕТЕРПЕВШЕМ

Что такое мысль? (*Американцы называют ее идеей.*) Мы не можем увидеть ее физическими очами или потрогать руками. Откуда она приходит и куда уходит? Как и каким образом вдруг наступает озарение? Почему до определенного времени человек ЭТОГО не знал, но в какой-то момент вдруг сразу все становится ясно? Порою, наше сознание озаряет неожиданная мысль, но если мы не смогли или поленились сразу ее записать, она теряется и потом, как бы мы не старались вспомнить, не всегда получается воспроизвести ее в памяти. В американских колледжах студентов учат перед сном оставлять на тумбочке, около кровати, чистый лист бумаги и карандаш, чтобы записывать все интересные мысли, могущие придти к вам в течение ночи.

В способности мыслить, прежде чем совершить физическое действие, мы видим разительную грань между человеком и другими живыми существами. Сотворенный по образу и подобию своего Создателя, человек имеет уникальную особенность, живя во плоти, иметь душевную сущность и в то же время иметь доступ в невидимый духовный мир, прямая связь с которым осуществляется через мысли. Они как солнечные зайчики, легко и свободно пронизывают вселенную в любом направлении.

Скорость мысли – это самая быстрая скорость Вселенной. Для нее не существует расстояний. Солнце от Земли находится на расстоянии сто пятьдесят миллионов километров. Свет проходит эту дистанцию за семь минут, а мысль переносится туда за одно мгновение. Есть во

Вселенной галактики, до которых свет летит миллионы лет, но мысль достигает их также за одно мгновение.

Ограниченная рамками времени, душа находится сегодня в рамках телесной материальности. Поэтому, до тех пор, пока живо тело, мысли не имеют возможности перемещать её в пространстве Вселенной, как это делают духовные существа. Кроме того, рожденная на земле душа человеческая еще не знает высших сфер бытия, поскольку, скованные материальной скорлупой плоти, мы только начинаем постигать истинную суть Вселенной и ее законов.

В этом мы видим мудрый промысел Безначального, позаботившегося о том, чтобы родившаяся душа, чувствуя эту зависимость, через молитвы, через душевное стремление и любовь к Создателю, своими мыслями протаптывала себе дорожку, направленную к Богу, в невидимом и неведомом духовном мире, о котором нам пока так мало известно.

К сожалению, мы часто видим, как неопытные, не познавшие истину души, направляя свои мысли и желания на блестящую мишуру временных наслаждений, подобно мотылькам, сгорают в греховном огне, не в состоянии преодолеть силу материального притяжения плотских удовольствий и сладости запретных плодов греха.

Наши мысли являются убедительнейшим доказательством, что естеству человеческому, сотворенному по образу и подобию Божию, присуща духовная сущность, которая не умирает со смертью тела, но переходит в духовный мир, лежащий вне времени, о котором говорит Слово Божие: «Не видел того глаз, не слышало ухо и не приходило то на сердце человеку...» 1Кор.2:9.

Это та сфера, куда уходят наши молитвы и воздыхания неизреченные. Когда наш дух, душа и тело, сосредоточенные в молитве, обращаются к Богу, мысли мгновенно пронизывают вселенную и достигают неприступного света обителей Божиих. Это путь, на котором самый неопытный пойдет и не заблудится.

Где-то в глубине молекулярных структур тела, по-видимому, уже на энергетическом уровне, происходит разделение души и духа. Нет никакого сомнения в том, что это две разные субстанции бытия. Об этом пишет Павел в Послании к Евреям. «Ибо слово Божие живо и действенно и острее всякого меча обоюдоострого: оно проникает до разделения души и духа, составов и мозгов, и судит помышления и намерения сердечные, и нет твари, сокровенной от Него, но все обнажено и открыто пред очами Его: Ему дадим отчет» Евр.4:12-13.

Собранные в одно целое в границах нашей плоти, дух, душа и тело представляют собою уникальную систему, объединяющую в себе три уровня бытия. Посредством тела (*пока оно живо*) мы имеем доступ в наш видимый материальный мир. Но тело не может жить само по себе. Дух жизни, посылаемый Богом из духовного мира, оживляет тело. От слияния тела и духа жизни рождается душа, как новая личность во вселенной. *(Этот процесс описан в первой главе Книги Бытие).*

Со смертью тела, дух жизни возвращается к Богу (Еккл.12:7), тело, распадаясь, превращается в прах, а освобожденная от плотских оков душа, уже как отдельная личность, переходит из временного материального мира в вечный духовный мир, о котором Апостол Павел пишет: «Видимое – временно, а невидимое – вечно». Эту троичность каждый человек хорошо ощущает внутри себя перед тем, как принять какое-то серьезное решение.

Например: Некурящему молодому человеку впервые приходит мысль попробовать закурить сигарету. Сразу же, на уровне мысли, он слышит два голоса, два противоположных мнения. Один голос склоняет его закурить, а другой пытается удержать.

Первый голос говорит ему: «Да ладно, попробуй, не умрешь, можно и не курить потом, а просто попробовать...»

Другой голос не соглашается: «Не надо, не делай, если узнают родители – будет стыдно, они расстроятся, мама плакать будет...»

Первый голос: «Да ладно, чё там, один раз попробуй, чтоб знать и все..»

Второй опять увещевает: «Нет, нехорошо, ведь и в церкви говорят, что это грех, да и для здоровья вредно...»

Первый голос не сдается: «Да мужик ты или тряпка? Вон сколько девочек курят и ничего, живые, а в кино видел? Там все настоящие мужчины курить умеют...»

И паренек в раздумье: брать сигарету или не брать, попробовать закурить или не стоит..., и так до тех пор, пока <u>некто третий</u> принимает решение и присоединяется к какому-либо мнению. Что интересно: в этом выборе нет середины. Или человек соглашается с первым голосом, или со вторым.

Как только делается выбор, мысль из духовной сферы перемещается в сферу душевную и становится полноправной хозяйкой души. Теперь уже весь потенциал человека, его интеллект, образование, знания, физические возможности, все подчинено той мысли или идее, с которой он согласился, а физическое тело, получив команду от нашего «Я», исполняет задуманное в видимом мире.

Таким образом, мы видим, что наше тело – это только исполнитель уже <u>решенного</u> на духовном уровне дела или намерения. Подобно, как человек, взяв ключи зажигания, садится в автомобиль, заводит двигатель и автомобиль становится послушным орудием в руках человека, сидящего за рулем. Так душа, по своему желанию, направляет движения тела и оно повинуется ее приказам. Поэтому, именно душа будет отвечать за все, что мы делали, живя в теле, доброе или худое. 2Кор.5:10.

В Послании к Римлянам Павел рисует картину извечного противостояния двух непримиримых врагов, борьбу света и тьмы, добра и зла за обладание душою человека. «Ибо, когда язычники, не имеющие закона, по природе законное делают, то, не имея закона, они сами себе закон: Они показывают, что дело закона у них написано в сердцах, о чем свидетельствуют совесть их и мысли их, то обвиняющие, то оправдывающие одна другую» Рим. 2:14-15.

С одной стороны мы видим здесь совесть, как неподкупный представитель Божеского естества человека, которая дается нам Богом вместе с духом жизни. Поэтому, совесть, до конца жизни, вопреки всем греховным деяниям, продолжает неустанно обличать и увещевать человека, являя собою «стандарт праведности и благоразумия».

С другой стороны мы находим, что в нашу сферу мышления приходят мысли, которые явно противоречат точке зрения совести. Они то оправдывают, то обвиняют одна другую. По этой причине человек порою испытывает немалые затруднения перед тем, как сделать свой выбор. Какое принять решение? С какой мыслью согласиться? Как только какой-либо мысли удается склонить человеческое «Я» на свою сторону, эта мысль и воплощается на земле.

Пророк Иезекииль пишет о недобрых мыслях: «В тот день придут тебе на сердце мысли, и ты задумаешь злое предприятие...» Иез.38:10. Писание говорит здесь открытым текстом, что злые намерения – это следствие мыслей, пришедших на сердце. Как только они овладевают сердцем, человек грабит, ворует, убивает, клевещет, разрушает, обижает и таким образом, умножается зло на земле.

В Послании к Евреям мы читаем о добрых мыслях: «Вложу законы Мои в мысли их и напишу их на сердцах их...» Евр.8:10. Чтение Слова Божия является замечательным источником правильных мыслей, потому что Бог говорит с человеком через чтение Библии. Человек с такими мыслями утешает, милосердствует, созидает, проповедует о добром и т.д.

Поэтому, борьба за сферу мышления человека идет очень напряженная и кто выигрывает эту борьбу, тот и обладает всем человеком.

Апостол Павел пишет: «Не давайте места диаволу» Еф.4:27. Как это понять? Может диавол подходил к кому-либо из вас, когда вы грелись на солнышке и просил вас подвинуться, чтобы присесть рядышком? Не думаю.

В другом месте Иоанн пишет: «Испытывайте духов, от Бога ли они?» 1Иоан.4:1. Опять вопрос. А как часто мы с вами встречаемся с духами? Когда вы последний раз испытывали духа, от Бога ли он или нет? И вообще, хоть раз в своей жизни приходилось ли вам испытывать духа? Может кто-то и видел подобное, но согласитесь, что такое, если и случается, то очень и очень редко, когда кому-то встречался какой-то дух и, более того, кто-то еще решился его испытать.

Поэтому, в первую очередь нам следует испытывать мысли. Откуда пришла к нам та или иная мысль? От Бога ли эта мысль или это духи злобы поднебесной, замаскировавшись каким-либо благим намерением, пытаются через наше тело воплотить свои планы в видимый материальный мир.

В невидимых духовных сферах, идет гроссмейстерская борьба за наши мысли и если человек не сумеет вовремя определить откуда к нему пришла мысль, он может стать орудием в руках диавола, думая при этом, что он делает благое дело. В этом смысле права известная пословица: «Благими намерениями дорога в ад устлана».

Иисус Христос, предвидя это, говорил ученикам: «Наступает время, когда всякий, убивающий вас, будет думать, что он тем служит Богу» Иоан.16:2. Такие люди не знают пощады. За Бога, для Бога и ради Бога они сделают что угодно. Вспомните еврейские погромы, армяно-турецкий геноцид, крестовые походы, людские жертвы в них исчисляются миллионами. Сколько христиан было убито, сожжено на кострах, растерзано зверями и озверелыми «ревнителями истины», которые не ведали, что Бога с ними уже давно не было, что они стали послушным орудием в руках диавола, исполняя его «благие намерения».

В книге Второзаконие мы находим прямое предупреждение от Бога: «Берегись, чтобы не вошла в сердце твое беззаконная мысль...» Втор.15:9.

В Деяних Апостолов Петр говорит открытым текстом откуда приходят к нам губительные мысли: «Но Петр сказал: Анания! Для чего ты допустил сатане вложить в сердце твое мысль солгать Духу Святому...» Д.А.5:3.

Однажды Петр, отозвав Иисуса в сторону, стал прекословить Ему, не понимая истинного смысла своего «благого намерения», но Христос сказал ему: «Отойди от Меня, сатана» Марк.8:33. Из этих мест Писания мы видим, что положение человека не дает автоматической святости, но человек имеет власть допустить негодную мысль в сердце (душу) или отвергнуть ее.

Как-то ученикам Иисуса пришла в голову тщеславная мысль: «А кто из них больше?» Лук.9:46. Марк.9:33-34. Они не сумели вовремя разглядеть в ней врага и эта мысль принесла немало огорчений и ненужных споров в среду учеников, возбуждая их честолюбие и гордость. Только на Тайной Вечере Господь сумел полностью освободить их от этой ядовитой мысли. Лук. 22:24. (*Подробно об этом событии читайте в главе: «Кто больше?».*)

Когда допотопный мир дошел, как мы говорим, «до ручки», Богу пришлось применить высшую меру наказания. В шестой главе Книги Бытие мы находим картину, показывающую нам состояние допотопного мира. Главное, на что я хочу обратить внимание, это состояние их мысленной сферы. «И увидел Господь, что велико развращение человеков на земле, и что все мысли (*духовная сфера*) и помышления сердца (*душевная сфера*) их были зло во всякое время. И раскаялся Господь, что создал человека на земле, и восскорбел в сердце Своем». Быт.6:5-6.

Подумать только, до какого состояния надо было опуститься всему человечеству, чтобы Бог, Который Сам Себя называет любовью, Который любит прощать и миловать, чтобы такой Бог «раскаялся и восскорбел в сердце Своем, что создал человека». Нетрудно представить, что жизнь допотопных людей была сущим адом, потому что диавол полностью контролировал и мысли и помышления сердца, которые «были зло во всякое время».

Всем знакомо такое выражение: навязчивые мысли. Думаю, что любой человек может вспомнить, как, порою, в голове назойливо крутится какая-то мысль, а то и целый рой мыслей, так, что невозможно их отогнать. Словно кто-то тихо нашептывает нам на сердце различные диалоги, споры, варианты ситуаций, событий...

Встретившись с непониманием несправедливостью, обманом, огорченный человек может лишиться сна и покоя, терзаемый своими горькими мыслями. Обиженный, но убежденный в своей правоте, человек, порою, до самого рассвета спорит, убеждает, доказывает в своих мыслях тем, кто сделал эту несправедливость, как они неправы, это нечестно, несправедливо, это неправильно, так делать нельзя и невозможно остановить потоки мыслей огорченной души.

На этом фоне, если сфера нашего мышления остается бесконтрольной, то сатана, используя обстоятельства огорченного духа, может разжигать ее своими мыслями до бесконечности. Мысленные диалоги часами могут терзать человека, лишая его радостей жизни, нагнетая в душе атмосферу уныния, тревоги, возмущения, беспокойства, от представляемых конфликтных случаев, сопровождаемые мысленными картинами предполагаемых участников, их словами, поступками и т.п.

Казалось бы, ну что тут особенного, ведь это же только мысли... Но какое влияние они оказывают на наше тело, как они взаимосвязанны. Мысленные картины, разгораясь в воображении, жгут человека изнутри уже физическим огнем. Поднимается уровень андреалина, учащается сердцебиение, изменяется дыхание, повышается давление, напрягаются нервы, исчезает сон... Один Бог знает сколько инфарктов, инсультов, приступов гипертонии, диабета и прочих бед происходят по этой причине.

Представим ситуацию. Утром отец поручил детям выполнить какую-то работу и уехал. Вечером, по дороге домой, он вспоминает о своем поручении. Зная, что дети бывают порою непослушны, в его воображении начинают появляться картины, как приехав домой, он видит, что его поручение не выполнено, дети занимаются не тем, чем надо, отец начинает с ними разговаривать, укорять за непослушание, мать пытается их защитить, он продолжает их стыдить, дети начинают ему перечить, он мысленно берет ремень и наказывает упрямых деток, они заплакали, стали просить прощения, папа ставит их в угол и т.д.

Так, увлеченный мысленным развитием негативного варианта предстоящей встречи, отец заранее получает большую порцию негативных эмоций, еще не зная, выполнено его поручение или нет. Наконец, приехав домой, он видит, что оказывается все его переживания были напрасны, все, что он поручил детям, они сделали, в доме полный порядок и ему нет повода для беспокойства. Но внутренний мир отца уже нарушен картинами его воображения, которые он, не бодрствуя, допустил диаволу «раскрутить» в своих мыслях. Поэтому отец зашел в дом уже «заведенный» и достаточно было пустячной причины, как он «сорвался», зазвучали обидные слова, оскорбления и т.п.

Это цель духов злобы поднебесной, которые через мысленную сферу стараются «запалить» человека, нарисовав в его воображении негативную картину какой-либо ситуации, затем полученные негативные эмоции выливаются в наш физический мир. Поддавшись на такую мысленную провокацию, человек с пол-оборота заводится и скандалит из-за сущих пустяков. Как часто выясняется впоследствии, особой причины для конфликта не было, но кто-то, как закипающий чайник, уже готов был выплеснуть из себя потоки обидных слов, упреков, обвинений и подобное может происходить в различных жизненных ситуациях.

Апостол Иаков, говоря о языке, последовательно объясняет, как действует диавольский механизм воспаления и приводит точную схему его воплощения. «И язык – огонь, прикраса неправды. Язык в таком положении находится между членами нашими, что оскверняет все тело и воспаляет круг жизни, будучи сам воспаляем от геены» Иак.3:6.

Вот откуда тянутся к нам ниточки, возбуждающие наши отрицательные эмоции, гнев, крик, злоречие и т.п. А каким образом язык воспаляется от нее? Он что, такой длинный, что достает до геены? Нет, это геена через мысли воспаляет языки. А нам кажется порою: ну, чего это вдруг так разгорячился отец, ведь ничего особенного не было, чтобы так шуметь, кричать, ругаться, досадовать, а он дал по шее и виноватым и тем, кто просто под руку попался, излил потоки гневных слов и... «воспалил круг жизни вокруг себя», передав полученный внутренний огонь геены окружающим его людям.

Это состояние описывает псалмопевец Давид: «Воспламенилось сердце мое во мне, в мыслях моих возгорелся огонь; я стал говорить языком моим...» Пс.38:4. Здесь Давид «возгорелся» от Духа Божия и его переживания вылились в пламенную молитву. Но если чей-то язык воспламеняется от геены, которая, как кузница зла, стремится воспалять наш мир, то горе всем окружающим. Человек чувствует впоследствии, как его собственная душа, осквернившись этим пламенем, покрывается осадком горечи и опустошения.

В Евангелии от Марка Господь подробно объяснил ученикам, чем может оскверниться человек. «Неужели вы не разумеете, что ничто, извне входящее в человека, не может осквернить его? Потому что не в сердце его входит, а в чрево, и выходит вон, чем очищается всякая пища. Исходящее из человека оскверняет человека; ибо извнутрь, из сердца человеческого, исходят злые помыслы, прелюбодеяния, любодеяния, убийства, кражи, лихоимства, злоба, коварство, непотребство, завистливое око, богохульство, гордость, безумство. Все это зло извнутрь исходит, и оскверняет человека» Мар.7:18-23.

Христос прямо указывает на источник этих проблем. Они не рождаются в материальном мире, но исходят из сердца человеческого. Мы читали выше, каким путем и как воспаляется язык, который может быть связующим звеном между гееной и нашим миром. Поэтому, неудивительно, что возгоревшись от геены, человек оскверняется, когда допускает негодным мыслям использовать себя как орудие зла.

«Кому ты говорил эти слова, и чей дух исходит из тебя?» Иов.26:4. Этот вопрос задал многострадальный Иов, на себе почувствовавший обжигающее дыхание чуждого духа, когда его друзья вместо утешения стали обличать Иова в несуществующих грехах, усугубляя его страдания.

Поэтому, Слово Божие напоминает, как важно воспитывать в себе соответствующий образ мышления. В Послании к Колоссянам Павел пишет: «О горнем помышляйте, а не о земном» Кол.3:2.

В первом Псалме Давида есть слова: «Блажен муж, который о законе Его размышляет день и ночь!» Пс.1:1-3.

В Евангелии от Луки записаны слова Ангела, которые Он говорил священнику Захарии о предстоящем рождении Иоанна Крестителя: «И предъидет пред Ним (пред Господом) в духе и силе Илии, чтобы возвратить сердца отцов детям, и непокоривым образ мыслей праведников, дабы представить Господу народ приготовленный» Лук.1:17.

В Послании к Римлянам мы читаем: «И не сообразуйтесь с веком сим, но преобразуйтесь обновлением ума вашего...» Рим.12:2.

По сути, каждое место Писания, приведенное выше, заслуживает отдельного толкования, но моя цель в этой главе показать, какое серьезное внимание Слово Божие уделяет сфере мышления, ибо, если христианин не сумеет надежно защитить свои мысли от воздействия врага, то он до конца своей жизни будет «хромать на оба колена» и никогда не сможет стать сильным воином Иисуса.

Наверное, не было еще войны, в которой кто-либо не попал бы в плен. Плен – это весьма обычное явление при военных действиях. Обычно пленные становились рабами победителей. Так было всегда.

Нечто подобное происходит и в войне света и тьмы. Павел пишет об этом Коринфской церкви. «Ибо мы, ходя во плоти, не по плоти воинствуем; оружия воинствования нашего не плотские, но сильные Богом на разрушение твердынь: ими ниспровергаем замыслы и всякое превозношение, восстающее против познания Божия, и пленяем всякое помышление в послушание Христу» 2Кор.10:3-5.

Вот цель воинов духовной войны – пленять всякое помышление в послушание. Диавол стремится пленить помышления человеческие в послушание себе, а воины Иисуса Христа пленяют всякое помышление в послушание Христу.

Многие места Писания свидетельствуют, что ведение Божие проникает в глубины человеческой души и духа, что Бог видит и знает не только наши слова и поступки, но даже мысли и намерения сердечные открыты пред очами Всевышнего. В Послании к Римлянам мы читаем: «Испытующий же сердца знает, какая мысль у Духа...» Рим.8:27.

В Евангелии от Луки, ученики, увидев воскресшего Господа, испугались и подумали (*ничего не сказали, а только подумали*), что видят духа, но Господь, видя течение их мыслей, сказал: «...для чего такие мысли входят в сердца ваши?» Лук.24:38.

Еще одно место в первой Книге Паралипоменон. Царь Давид, передавая царство свое юному Соломону, в числе прочих наставлений сказал: «Ибо Господь испытует все сердца и знает все движения мыслей» 1Пар.28:9.

В Псалмах Давида: «Господь знает мысли человеческие...» Пс.93:11.

Друзья мои, не оставляйте свои мысли без присмотра, не давайте им блуждать непонятно где, но зная, что враг наших душ диавол, не покладая рук, трудится, чтобы овладеть нашими мыслями, старайтесь заполнять свою мысленную сферу помышлениями о добром, о вечном, за все благодарите Бога. Некто удачно сравнил: «Праздный ум – это мастерская диавола». Это правда. Ищите любую возможность трудиться для Господа, даже если это будут ваши тихие молитвы о нуждах святых.

Порою, мы устаем и изнемогаем физически. Это естественно и каждый человек знает как укрепить свое тело. Мы выезжаем на природу, паримся в баньке, делаем массаж, готовим калорийную пищу и, таким образом, вновь набираемся сил. Есть множество способов как восстанавливать физические силы, когда они истощились.

Но что нам делать, если изнемогает и ослабевает душа? Такое тоже случается в жизни людей и последствия этого могут быть очень печальными. Когда изнемогает душа, то медицине трудно помочь такому человеку. Делая вскрытие покончившего жизнь самоубийством, врачи часто констатируют, что физически этот человек был абсолютно здоров. Его сердце, легкие, печень и другие органы были в идеальном состоянии, но человек настолько изнемог в душе, что не выдержав преждевременно уходит из жизни.

Слово Божие дает всем изнемогающим людям замечательный рецепт: «Помыслите о Претерпевшем такое над Собою поругание от грешников, чтобы вам не изнемочь и не ослабеть душами вашими» Евр.12:3.

Этими словами Дух Святой дает нам ключ к победе. Иисус Христос освящает все, где Он присутствует. Духи зла, встретившись с Иисусом, всегда бежали от Него прочь. Присутствие Иисуса Христа в мыслях освящает нашу духовную сущность, очищает помыслы и является духовным стерилизатором, который нейтрализует все отрицательное в наших мыслях. Если мысли направлены к Иисусу Христу, к размышлению о Его страданиях, о Его подвиге спасения, к размышлению о горнем, то духам злобы поднебесным нет доступа к такой душе. Это является залогом тому, чтобы мы, совершая свое земное поприще, могли быть добрыми воинами Иисуса, не ослабевая и не изнемогая нашими душами на пути в небеса.

В этом смысле неоценимую помощь нам оказывают молитвы. Здесь становится понятным добрый совет Павла Фессалоникийцам: «Непрестанно молитесь» 1Фес.5:17. Слова молитвы, направленные к невидимому Богу, заполняют мысленную сферу и концентрируют наши мысли на небесных высотах, откуда приходит помощь. Даже если эти молитвы произносятся в глубине души, тихие и незаметные для окружающих, они поддерживают присутствие Божие в мыслях и укрепляют душу.

Подобное место записано в Послании к Ефесянам: «Всякою молитвою и прошением молитесь во всякое время духом, и старайтесь о сем самом со всяким постоянством и молением о всех святых» Еф.6:18.

В этой главе Павел призывает нас облечься во «всеоружие Божие», указывает врага и дает практическое руководство, как нам «укрепляться Господом и могуществом силы Его» Еф.6:10-18.

Как мы видим из прочитанного стиха, Павел не забывает напомнить ученикам из Ефеса о защите сферы мышления и учит их «молиться духом во всякое время и со всяким постоянством». Павел призывает их молиться не только о самих себе, но о всех святых и о нем лично. Это значительно расширяет диапазон и цели молитвы и способствует духовному росту того, кто молится об этом, потому что черствое сердце не будет заботиться о нуждах святых и о деле Божием.

Мне лично большой поддержкой служат духовные псалмы, мелодии христианских песен, которые я стараюсь напевать при всяком удобном случае: «Знаешь ли ручей», «Мы у берега земного», «Взойдем на Голгофу», «Снега белей»... Эти и сотни других замечательных псалмов были и будут ободрением, назиданием и утешением миллионам спасенных душ на пути к небу, когда человека одолевают злые или беспокойные мысли.

Когда вы устаете молиться, пойте псалмы, гимны и мелодии, цитируйте стихотворения, места Писания, рассказы, размышляйте о хорошей проповеди, мысленно рассказывайте Господу обо всем, что вас беспокоит и радует, беседуйте о Господе с окружающими, делайте все, что помогает вам направлять свои мысли к Претерпевшему. Это наша надежная защита от раскаленных стрел лукавого.

Подводя итог прочитанному, мы видим, что мысли – это не игра нашего воображения, но это сильнейшее духовное оружие. Они, как лакмусовая бумажка, безошибочно показывают истинную сущность человека. «Потому что, каковы мысли в душе его, таков и он...» Пр.23:7.

У пророка Исаии мы читаем: «А честный и мыслит о честном, и твердо стоит во всем, что честно» Ис.32:8.

В Послании к Коринфянам есть знаменитая глава любви, в которой написано: «Любовь не мыслит зла...» 1Кор.13:5.

В Послании к Евреям Апостол Павел приводит в пример известных мужей веры, которые сумели победить все жизненные трудности (*не избежать их, а победить*) благодаря тому, что свои мысли они направляли к вечным обителям неба, к небесному отечеству и они стремились к нему всем сердцем. Ради этого отечества они были на земле как странники и пришельцы, посему и Бог, видя их стремление к лучшему, не постыдил их надежды. Какой чудный пример всем верующим.

«Все сии умерли в вере, не получивши обетований, а только издали видели онные, и радовались, и говорили о себе, что они странники и пришельцы на земле; ибо те, которые так говорят, показывают, что они ищут отечества. И если бы они в мыслях имели то отечество, из которого вышли, то имели бы время возвратиться; но они стремились к лучшему, то есть к небесному; посему и Бог не стыдится их, называя Себя их Богом; ибо Он приготовил им город» Евр.11:13-16.

В мышлении проявляется безошибочная разница плотского и духовного человека. Человек может иметь «вид благочестия», но мысли показывают кто он есть на самом деле. «Ибо живущие по плоти о плотском помышляют, а живущие по духу – о духовном. Помышления плотские суть смерть, а помышления духовные – жизнь и мир, потому что плотские помышления суть вражда против Бога» Рим.8:5-7.

Зададим вопрос. О чем были мои помышления в прошедшем вчерашнем дне? А в позавчерашнем? Много ли было в них места мыслям о Претерпевшем? Какие темы чаще всего пленяют мои помышления? Какие темы обсуждаем мы, сидя на вечеринках с друзьями и родственниками? Эти темы, естественно, вытекают их наших помышлений, не так ли? Наши мысли – это наш верный духовный градусник. О чем я помышляю – тот я и есть. Ибо живущие по плоти о плотском помышляют, а живущие по духу – о духовном.

В притче о сеятеле упоминается категория людей, которые с радостью приняли Слово Божие, но оно упало на каменистую почву житейских забот, которые вскоре заглушили добрые ростки Слова. У этих людей было очень мало времени и желания мыслить о Претерпевшем и диавол пленил их помышления заботами житейскими.

В войне света и тьмы нет середины: или человек становится рабом Всевышнего и наследует жизнь вечную, или он становится рабом диавола и наследует вечную погибель.

Просмотрим свою жизнь. С каждым днем все короче и короче остается путь до той черты, за которой для каждого человека наступит пора подведения итогов: что мы делали, живя в теле, доброе или худое?

Может быть, сегодня кому-то не достает времени и желания мыслить о Претерпевшем. Возможно, что в наши дни не модно говорить о Нем в кругу ваших друзей. Не обманывайтесь, друзья мои, для каждого человека обязательно настанет день, когда он должен будет посмотреть в глаза Претерпевшему и дать Ему отчет о прожитой жизни, и тогда вы поймете, что не было более важного вопроса в вашей прошедшей жизни, чем вопрос спасения

Мой дорогой друг, если вы еще не примирились с Богом, то ваша вечная участь балансирует на краю пропасти и в любой день может случиться непоправимое. Господь говорит всем людям со страниц вечной Библии: «Какая польза человеку, если он приобретет весь мир, а душе своей повредит?» Мат.16:26. Это действительно так.

Друг, может быть пол-мира лежит сейчас у ваших ног, но в вечных обителях неба, это не принесет вам пользы, если вы придете туда, не примирившись с Богом. Отдайте свое сердце Претерпевшему ради вас такое поругание от грешников, чтобы спасти вас от вечного ада. Сделайте это сегодня и мир Божий, который превыше всего, что есть в этом мире, наполнит вас неизреченной радостью спасения.

«Не заботьтесь ни о чем, но всегда в молитве и прошении с благодарением открывайте свои желания пред Богом, – и мир Божий, который превыше всякого ума, соблюдет сердца ваши и помышления ваши во Христе Иисусе. Наконец, братья мои, что только истинно, что честно, что справедливо, что чисто, что любезно, что достославно, что только добродетель и похвала, о том помышляйте» Фил.4:6-8.

«Испытай меня, Боже, и узнай сердце мое; испытай меня, и узнай помышления мои, и зри, не на опасном ли я пути, и направь меня на путь вечный» Пс.138. 23-24.

ВЛАДИМИР МЫСИН

БЛАГО–ТВОРИТЬ ИЛИ «ОСТРОВ СОКРОВИЩ»

> «О, человек! Сказано тебе, что – добро, и чего требует от тебя Господь: действовать справедливо, любить дела милосердия и смиренномудренно ходить пред Богом твоим»
>
> Мих. 6:8.

> «Итак, кто разумеет делать добро и не делает, тому грех»
>
> Иак.4:17.

Само по себе на нашей матушке – земле ничего не бывает. Для всего есть своя причина. Причинно-следственные законы природы, в среде которых мы живем по воле Провидения, равнозначно проявляются и в материальной и в духовной сферах. Например: клевета, лжесвидетельство, зависть, насилие, несправедливость, коварство и т.п. становятся причиной зарождения нового зла на земле. И, напротив, есть обстоятельства, которые становятся причиной зарождения нового добра.

В этой главе мы поговорим о добрых делах. Добрые дела и злые дела – это явления, которые имеют колоссальное влияние на жизнь человечества и мало найдется в нашем подлунном мире что-нибудь подобное. Мы можем сравнить их с добрыми и злыми словами, но это уже отдельная тема.

Фактически, сделать доброе дело нетрудно и даже приятно. Любой человек может сделать доброе дело. Если захочет. В первую очередь, человек стремится сделать что-то доброе для себя, для своей семьи, для родных и близких. Это естественно и понятно. Большинство нормальных людей на земле делают добрые дела в ответ на добрые дела других. Это тоже естественно и понятно. Так живут хорошие соседи, так создаются и поддерживаются хорошие взаимоотношения и добрая атмосфера в рабочих коллективах, в местах учебы и т.п.

На протяжении веков философы создали множество учений, написали бесчисленное количество книг и трактатов, пытаясь найти верную схему отношений с себе подобными. В Послании к Римлянам Апостол Павел описывает взаимоотношения граждан и государственных служащих, существовавшие во времена Римской империи. В этих взаимоотношениях важную роль занимают добрые дела. «Ибо начальствующие страшны не для добрых дел, но для злых. Хочешь ли не бояться власти? Делай добро, и получишь похвалу от нее; ибо начальник есть Божий слуга, тебе на добро. Если же делаешь зло, бойся, ибо он не напрасно носит меч: он Божий слуга, отмститель в наказание делающему злое» Рим.13:3-4.

За два прошедших тысячелетия этот принцип не претерпел существенных изменений, но продолжает существовать как фундаментальный принцип государственности и в наши дни. Этот принцип лежит в основе заповеди: «Люби ближнего твоего и ненавидь врага твоего...» На этом стоят закон и пророчества.

Две тысячи лет назад эту истину сформулировал Христос, сконцентрировав гигантскую информацию многочисленных философий, законов и пророчеств в одну гениальную фразу, сказанную Им в Нагорной Проповеди, самой великой проповеди, которая когда-либо говорилась на земле: «Итак во всем, как хотите, чтобы с вами поступали люди, так поступайте и вы с ними; ибо в этом закон и пророки» Матф.7:12. Сделанное доброе дело вызывает за собою реакцию ответных добрых дел. Такая же реакция происходит и со стороны злых дел.

Но, обращая внимание на эту истину, Христос говорит, что в этом нет ничего особенного, это обычные земные отношения. «И если любите любящих вас, какая вам за то благодарность? Ибо и грешники любящих их любят. И если делаете добро тем, которые вам делают добро, какая вам за то благодарность? Ибо и грешники то же делают» Лук. 6:32-33.

Далее Христос открывает особое назначение добрых дел и призывает делать добрые дела людям даже тогда, когда они делают нам зло. Этими словами Господь открывает «новую эру» человеческих отношений. До этого все было предельно просто. За добро платили добром, а за зло платили злом. Философы и юристы всех времен утверждают: если убрать из государственных законов страх наказания, то человеческое общество распадется как бочка, с которой сняли обруч. Этому учил и Ветхозаветный Закон: «Око за око и зуб за зуб». Зло обуздывалось силой закона, основанной на страхе наказания.

На этом всепризнанном фоне слова Христа были полной противоположностью тому, во что люди верили и как они привыкли жить. Для ревнителей закона Моисеева и отеческих преданий это были, по меньшей мере, революционные идеи, потому что Иудеям очень трудно было поверить, что может быть еще что-то доброе, кроме закона Моисеева.

Христос говорит, что добрые дела должны быть нашим ответом на злые дела и это не признак человеческой слабости, это новая форма борьбы со злом. Это сильное оружие способно разрушать твердыни сатанинские в сердцах человеческих. Господь сравнивает Своих последователей со светильниками и говорит, что свет, который светит из этих светильников – это наши добрые дела. Добрые дела свидетельствуют окружающему миру о красоте Евангелия и проповедуют сильнее, чем словесная проповедь.

Эту задачу Христос ставит широко и глобально, говоря, что так мы должны светить всему миру, ибо добрые дела, как хорошие проповедники, побуждают людей прославлять Бога. «Вы – свет мира. Не может укрыться город, стоящий на верху горы. И зажегши свечу, не ставят ее под сосудом, но на подсвечнике, и светит всем в доме. Так да светит свет ваш пред людьми, чтобы они видели ваши добрые дела и прославляли Отца вашего Небесного» Матф.5:14-16.

Позже, Апостол Петр вторит Господу: «Возлюбленные! Прошу вас, как пришельцев и странников, удаляться от плотских похотей, восстающих на душу, и провождать добродетельную жизнь между язычниками, дабы они за то, за что злословят вас, как злодеев, увидя добрые дела ваши, прославили Бога в день посещения... Ибо такова есть воля Божия, чтобы мы, делая добро, заграждали уста невежеству безумных людей» 1Петр. 2:11-15.

Поэтому, становясь христианином, мы обязаны делать добрые дела. Если до обращения к Господу мы были вольны в своем выборе, как и всякий мирской человек, то после обращения добрые дела становятся нашей обязанностью. «Ибо мы – Его творение, созданы во Христе Иисусе на добрые дела, которые Бог предназначил нам исполнять» Еф. 2:10. Добрые дела всегда сопровождали тех, кто брал на себя ответственность называться именем Господа.

Одним из замечательных образцов добрых дел является благотворительность. Множество мест Писания свидетельствуют, Бог придает благотворительности большое значение и полагает для нее твердое основание в Своих обетованиях. В первую очередь, среди прочих положительных качеств, я особенно хочу отметить факт, что благотворительность становится причиной зарождения нового добра в сердцах человеческих.

Павел пишет Коринфской церкви: «При сем (скажу): Кто сеет скупо, тот скупо и пожнет; а кто сеет щедро, тот щедро и пожнет. Каждый уделяй по расположению сердца, не с огорчением и не с принуждением; ибо доброхотно дающего любит Бог. Бог же силен обогатить вас всякою благодатью, чтобы вы, всегда и во всем имея всякое довольство, были богаты на всякое доброе дело,... Так чтобы вы всем богаты были на всякую щедрость, которая чрез нас производит благодарение Богу. Ибо дело служения сего не только восполняет скудость святых, но и производит во многих обильные благодарения Богу...» 2Кор. 9:6-12.

Павел здесь прямо говорит, что благотворительность – это ни что иное, как служение и открывает важную духовную схему: те, кому Провидение Божие даровало обладать земными богатствами, через благотворительность приносят радость и благословение нуждающимся. Полученная помощь рождает в этих душах обильные благодарения Богу и, таким образом, имя нашего Господа прославляется среди бедных и нищих, среди вдов и сирот. В свою очередь, Бог изливает новые потоки благословений на благотворителей, согласно гаранту Своих обетований и это может продолжаться до бесконечности, подобно круговороту воды в природе, для обоюдной радости.

Соломон пишет: «Радость человеку – благотворительность его» Пр. 19:22. Очевидно, что Господу нужны люди, которые не чахнут над златом, как Кащей Бессмертный, но способны через благотворительность распространять благоухание Евангелия, наполняя сердца нуждающихся людей благодарностью Богу.

Тот, кто благотворит нуждающимся, никогда сам не будет нищим. «Дающий нищему не обеднеет; а кто закрывает глаза свои от него, на том много проклятий» Пр.28:27.

И еще одно место: «Благотворительная душа будет насыщена; и кто напояет других, тот и сам напоен будет» Пр.11:25.

В семьдесят первом псалме записана пророческая молитва Давида о Соломоне. Посмотрите, какое внимание уделяет Давид в этой молитве заботе о нищих и убогих, видя в этом залог благоденствия и благословения Соломона. Судя по всему, молитва и наставления Давида упали на добрую почву, потому что, спустя некоторое время, испытав на себе силу благословения через благотворительность, Соломон пишет: «Милосердый будет благословляем, потому что он дает бедному от хлеба своего» Пр.22:9.

Многострадальный Иов был великим и благословенным человеком Востока, о чем с гордостью засвидетельствовал Сам Господь. Нет сомнения в том, что одним из слагаемых его благословения было то, что он «отцем был для нищих» Иов. 29:16.

Многие мудрецы и философы пытались найти практическую точку опоры для ответа на вопрос: как действует заветный механизм, приводящий к счастью и процветанию? В Книге Притчей есть стих, который может пролить свет на загадочные факты в отношении благосостояния некоторых людей: «Иной сыплет щедро, и ему еще прибавляется; а другой сверх меры бережлив, и однако же беднеет» Пр. 11:24.

Евангелист Лука приводит слова Христа из Нагорной Проповеди, в которых нам открывается еще одна изумительная грань на алмазе благотворительности. «Но вам слушающим говорю: любите врагов ваших, благотворите ненавидящим вас, благословляйте проклинающих вас и молитесь за обижающих вас... Но вы любите врагов ваших, и благотворите, и взаймы давайте, не ожидая ничего; и будет вам награда великая, и будете сынами Всевышнего; ибо Он благ и к неблагодарным и злым. Итак будьте милосерды, как и Отец ваш милосерд» Лук.6:27-36. (Матф.5:43-48)

В этой заповеди Христос открывает человечеству образ Божий и дает программу жизни Своим последователям. Подумать только, какую надо иметь силу духа, чтобы в ответ на проявление чьей-то вражды – проявлять любовь; в ответ на слова ненависти – благотворить; в ответ на слова проклятий – говорить этому человеку слова благословения; в ответ на чью-то злобу и неблагодарность – вновь и вновь являть милосердие. Человеческими силами это делать невозможно. Только когда человек живет со Христом в сердце, он становится способным на такую борьбу.

Такой человек с кроткой улыбкой сможет отвечать своим обидчикам, потому что его невозможно обидеть, ибо он отвергнул себя и живет не для себя, а для Господа. Такого человека нельзя ничем «достать», ибо он отвергнул себя. Такой человек, превозмогая боль, сможет приготовить завтрак своему врагу, который накануне избил его. Такой человек сможет поделиться своим с тем, кто накануне проклинал его, говоря ему слова, полные ненависти и желчи. Такого человека Бог готов назвать Своим сыном, ибо это делает Он Сам. Это вершина христианства, это путь к тому, чтобы мы стали сынами Всевышнего. Одна из ступеней к этой вершине называется благотворительность.

Древнейшая заповедь Божия гласит, чтобы люди чтили Бога, и Писание открывает нам несколько путей, как можно это делать.

Книга Псалмов: «Кто приносит в жертву хвалу, тот чтит Меня, и кто наблюдает за путем своим, тому явлю Я спасение Божие» Пс. 49:23.

Книга Притчей: «Чти Господа от имения твоего и от начатков всех прибытков твоих;...» Пр. 3:9.

Еще один путь, как можно чтить Бога, это благотворительность. «Кто теснит бедного, тот хулит Творца его; чтущий же Его благотворит нуждающемуся» Пр. 14:31.

Итак, мы видим, что кроме громких слов хвалы, кроме приношений в храм своих материальных начатков, мы должны учиться благотворить нуждающимся, ибо через это мы также чтим Бога.

Большое внимание уделяли благотворительности Апостолы. Когда Павел и Варнава встретились в Иерусалиме с Апостолами Иаковом, Кифой и Иоанном, которые почитались столпами Иерусалимской церкви, они благословили их на служение язычникам и дали им в напутствие одну единственную заповедь: чтобы Павел и Варнава не забывали благотворить нищим. «...только чтобы мы помнили нищих, что и старался я исполнять в точности» Гал.2:9-10.

Благотворительность очень близко стоит к особому обществу земли. Это общество называется нищие. Здесь возникает много вопросов: кто такие нищие? Почему Бог говорит, что на нашей земле всегда будут нищие? Бывают ли нищими птицы или животные? Почему ни одно живое существо на земле не считается нищим, хотя ничего не имеет?

Собственно нищие – это не только те, которые нуждаются материально. Христос говорит о нищих духом и называет их блаженными. (Матф. 5 гл.) Эти люди, всегда жаждут получать духовные знания. Они ищут и стремятся к ним через молитвы, через чтение Слова, через слушание, через беседы, через созерцание природы и т.д. Они всегда жаждут говорить о Боге, Который для них есть источник всех духовных благ и любят Его больше своей жизни. Они всякий день стремятся к духовным истинам, часто даже не замечая, как они уже богаты духовно.

О таких людях мы читаем во втором Послании к Коринфянам: «Нас огорчают, а мы всегда радуемся; мы нищи, но многих обогащаем; мы ничего не имеем, но всем обладаем» 2Кор. 6:10.

Есть люди, нищие душевно, вся забота которых отыскать еще одну крошку, упавшую со стола жизни. Круг их жизненных интересов ограничен забором двора или стенами квартиры. Есть люди, нищие образованием и знаниями, нищие мудростью, нищие здоровьем, нищие любовью, нищие друзьями и родственниками и т.д. и т. п.

Много ходит на этой земле нищих людей, хотя многие из них, может быть, хорошо одеты и управляют дорогими автомобилями. Это не самый верный признак богатства, как пишет Апостол Павел: «Только бы нам и одетым не оказаться нагими» 2Кор. 5:3. Истинно богаты те, кто может обогащать других истинным богатством и для этого совсем не обязательно иметь миллионы в банке.

Сам вопрос: почему есть на земле нищие – это непростой вопрос и многие места Писания дают повод глубоко задуматься над фактом существования нищих. В Книге Царств написано: «Господь умерщвляет и оживляет, низводит в преисподнюю и возводит. Господь делает нищим и обогащает, унижает и возвышает» 1Цар.2:6-7.

Еще одно место: «Ибо нищие всегда будут среди земли твоей; поэтому я и повелеваю тебе: отверзай руку твою брату твоему, бедному твоему и нищему твоему на земле твоей» Втор.15:11.

Мудрый Соломон пишет: «Кто ругается над нищим, тот хулит Творца его;...» Пр.17:5.

Потрясающий стих мы находим в Книге Притчей: «Благотворящий бедному дает взаймы Господу; и Он воздаст ему за благодеяние его» Пр.19:17.

Во все времена, во всех народах, для знатных и богатых людей было большим позором просить взаймы. Некоторые гордецы предпочитали уйти из жизни, чем пойти на такое унижение. Но здесь мы читаем, что Создатель Вселенной, Который сотворил эту землю и все, что наполняет ее, в руке Которого все дышащее, Который владычествует над царствами человеческими, Царь царей, Господь господствующих, владычество Которого – владычество вечное и царство Его – в роды и роды, говорит людям: тот, кто благотворит нуждающемуся – дает взаймы Богу. Просто невероятно! Господь записывает на Свой счет не только оскорбления в сторону нищих, но также и благодеяния. Бог не просто одобряет благотворительные поступки, но заверяет: тот, кто благотворит бедному, не останется в убытке, ибо Я беру долги бедняков на Свой счет и воздам за благодеяния.

Давид пишет: «Блажен, кто помышляет о бедном! В день бедствия избавит его Господь. Господь сохранит его, и сбережет ему жизнь; блажен будет он на земле. И Ты не отдашь его на волю врагов его. Господь укрепит его на одре болезни его. Ты изменишь все ложе в болезни его» Пс.40:2-4.

Подобных мест в Писании много и нет сомнений в том, что Господь прекрасно знает о нищих. Он повелевает заботиться о них, решительно становится на их защиту, записывает на Свой счет их долги и даже оскорбления нищих Он воспринимает, как Свое личное оскорбление.

Не пренебрегайте нищих. Может быть, они обнищали по воле Провидения, чтобы мы, оказывая им милосердие, могли обогатиться их нищетой, собирая через это нетленное сокровище в небесах.

Бедные и нищие – это особый мир, в котором действуют свои законы и течение жизни. Присмотревшись внимательнее, мы увидим, что этот мир имеет также и свои положительные стороны. Немало известных мудрецов, пророков и философов сознательно отказывались от мирских благ и уходили на уровень скромной жизни, довольствуясь самым простым и немногим, презирая роскошь и плотские удовольствия. Диоген, Сократ, Гераклит, Иоанн Креститель, Лев Толстой и многие, многие другие, оставившие яркие следы в истории человечества люди, добровольно проводили свою жизнь в предельной простоте и скромности. Сводя к минимуму свою зависимость от житейских забот, философы обретали свободу и время творить, мыслить и писать свои труды. Апостолы и служители церкви обретали свободу и время нести благовестие миру.

Путь нищеты избрал и Христос, исполняя на земле Свою миссию. Он обнищал ради нас, оставил славу небес и пришел к нам, приняв образ раба, чтобы мы все обогатились Его нищетой. И кто знает, но быть нищим, это, может быть, особая привилегия человека и особая миссия по воле Всевышнего.

По замыслу Божию, левиты освобождались от забот о хлебе насущном и должны были служить Богу, не помышляя о богатстве. Им надлежало полностью отдаваться служению, питаясь и восполняя свои ежедневные нужды от приношений в храм.

Интересно, есть ли в настоящее время на земле хоть одна церковь, при которой был бы жилой комплекс на сотню квартир для освобожденных служителей, хористов, музыкантов, регентов, которые, подобно Ветхозаветным левитам, постоянно пребывали бы в упражнениях и учениях, готовясь к служению. Я, лично, не слышал ничего подобного, хотя многие американские церкви сегодня вполне могли бы позволить себе такую роскошь.

Павел пишет Тимофею: «Великое приобретение – быть благочестивым и довольным. Ибо мы ничего не принесли в мир; явно, что ничего не можем и вынести из него. Имея пропитание и одежду, будем довольны тем. А желающие обогащаться впадают в искушение и в сеть и во многие безрассудные и вредные похоти, которые погружают людей в бедствие и в пагубу; ибо корень всех зол есть сребролюбие, которому предавшись, некоторые уклонились от веры и сами себя подвергли многим скорбям» 1Тим.6:6-10.

Призрак богатства всегда был сильным оружием в руках сатаны. Следом за богатством идет слава человеческая и они очень близки друг к другу. Богатство и слава человеческая склонили перед диаволом много сильных колен и погубили много великих людей земли. Не случайно диавол, искушая Христа в пустыне, вопрос богатства и славы человеческой приберег на конец, как свой самый сильный аргумент, ибо он хорошо знал губительную силу богатства и славы человеческой.

«Не бойся, когда богатеет человек, когда слава дома его умножается: Ибо умирая не возьмет ничего; не пойдет за ним слава его» Пс. 48:17-18 – пишет псалмопевец Давид.

Трагизм нашей земной жизни в том, что как бы ни был человек здесь богат, он ничего не сможет взять с собою, если не знает путей, как ему собрать там свой капитал. Бог говорит людям, что такой путь есть. Христос говорил об этом пути богатому юноше. Христос говорил это ученикам, указывая им на бедную вдову у сокровищницы храма. Этот путь называется благотворительность.

Проблема богатства еще в том, что оно имеет свойство привязывать к себе сердца человеческие, как сказал Христос: «...где сокровище ваше, там и сердце ваше будет». Когда в середине шестидесятых годов в СССР начали выпускать горбатые Запорожцы, их продавали прямо в хозмагах, как хозяйственную утварь. В то время в Туркменистане проживало много верующих, работающих на добыче нефти.

В одном маленьком поселке нефтянников наш молодой брат, в числе первых, приобрел себе Запорожец. Радости его не было предела и он готов был дни и ночи любоваться на свою заветную игрушку. Неожиданно среди верующих поселка прошла волна слухов о том, что скоро будет пришествие Христа и его мать, активный член церкви, стала увещевать его: «Толик, ведь скоро Христос придет, а ты себе покупаешь такие дорогие вещи. Вчера я сама слышала, как по радио из Америки об этом сказали. Они, там в Америке, все знают». Эта новость повергла брата в печаль: «Эх, не повезло мне с этим пришествием, не успею я на Запорожце покататься...»

Сегодня мы знаем, что брат Толик досыта накатался на своем «коньке-горбунке», успел он еще и покаяться. Но тогда его сердце огорчилось до глубины души, потому что крепко-накрепко привязалось к своему горбатому идолу.

Христос не зря говорит: «Где сокровище ваше, там и сердце ваше будет». Собирающий сокровище на небесах с нетерпением ждет перехода, чтобы быть там, где его сокровище, а собирающий сокровище на земле каждый день скрупулезно меряет температуру и борется с каждым прыщиком, ибо сразу становится нищим за чертой вечности.

Апостол Павел пишет Тимофею: «Богатых в настоящем веке увещевай, чтоб они не высоко думали о себе и уповали не на богатство неверное, но на Бога живого, дающего нам все обильно для наслаждения; чтобы они благодетельствовали, богатели добрыми делами, были щедры и общительны, собирая себе сокровище, доброе основание для будущего, чтобы достигнуть вечной жизни» 1Тим. 6:17-19.

Вопрос богатых и бедных – это один из трудных вопросов, ведущий ко множеству других. Почему Бог не уровняет всех жителей земли, чтобы не было ни богатых, ни бедных? Это излюбленная тема социалистов и коммунистов.

Великая Россия однажды попала под это обольщение и Бог допустил ей пройти этим путем втечении семидесяти лет. Сегодня мы знаем результат. Только Богу известна истинная картина, сколько горя, слез и страданий пережил наш народ втечении этого времени и долго еще у всех цивилизованных наций, услышав слова: коммунизм, социализм и т.п, будут дыбом вставать волосы.

Собственно, во всех развитых странах, как бы богаты они ни были, сколько бы они ни тратили средств на социальные нужды, как бы они ни старались поднять уровень жизни людей, у них всегда были и есть бедные и нищие. По-видимому, общий духовный климат земли, находящейся под проклятием, не позволяет всем людям жить одинаково.

Следует отметить, что далеко не каждый человек в состоянии выдержать испытание богатством и благополучием. Богатства материальные, шаг за шагом, приводят человека к океану нескончаемых забот, связанных с тем, чтобы уследить за своим богатством и приумножить. Этот процесс нескончаемый и легко может заполнить собою всю жизнь человека, поэтому многие служители Божии не связывали себя заботами о богатстве, чтобы все свое время посвящать служению. Христос выразил это словами: «Никто не может служить двум господам: ибо или одного будет ненавидеть, а другого любить; или одному станет усердствовать, а о другом нерадеть. Не можете служить Богу и мамоне (богатству)» Матф.6:24.

Практически, все пророки и мужи веры (за исключением некоторых: Иов, Авраам, Иосиф, Давид, Соломон) жили довольно скромно в материальном плане. Апостол Павел пишет о них: «Те, которых весь мир не был достоин, скитались по пустыням и горам, по пещерам и ущельям земли» Евр.11:38.

Три Евангелиста записали на страницах Евангелия одну и ту же историю. Некто, Матфей пишет, что это был юноша, подошел к Иисусу и спросил: – Что можно было бы сделать доброго, чтобы иметь жизнь вечную? Иисус назвал ему несколько основных заповедей. К своей похвале, юноша ответил, что он соблюдает эти заповеди от своей юности. Наверное, так это и было, потому что Господь ничего не сказал юноше отрицательного о его свидетельстве.

Но далее, Христос сказал слова, которые напоминают всем, как важно иметь навык благотворительности. «Иисус сказал ему: если хочешь быть совершенным, пойди, продай имение твое и раздай нищим; и будешь иметь сокровище на небесах; и приходи и следуй за Мною» Матф.19:16-22.

Практически, Христос говорил этому юноше, чтобы он стал нищим. На время. До того момента, когда юноша перейдет в небеса и там он снова станет богатым, но уже сокровищем небесным. Из этого эпизода мы видим, что вопрос небесного сокровища и благотворительности имеет, между собой, прямую связь. В этот вопрос тесно вплетены бедные и нищие, сироты и вдовы. Депозит на наш небесный банковский счет мы делаем через протянутые руки тех, кто нуждается. Таким образом, нищие и нуждающиеся подобны работникам небесного банка, все, что мы положили в их руки, автоматически зачисляется на наш небесный счет.

Я хочу обратить внимание на это трудновыполнимое и, казалось бы, нереальное повеление Христа: «Пойди и продай имение...». По-человеческому рассуждению, сделать это было очень трудно и наверняка Его слова повергли в шок всех окружающих. Такого повеления мы не встречаем ни в Псалмах, ни в пророчествах Старого Завета, не видим, чтобы делал это кто-либо из патриархов. Этому не учили в храме и синагогах...

Но, далее, в Книге Деяния Апостолов, мы видим, что члены Иерусалимской церкви делали именно то, что говорил Христос богатому юноше. «У множества же уверовавших было одно сердце и одна душа; и никто ничего из имения своего не называл своим, но все у них было общее. Апостолы же с великою силою свидетельствовали о воскресении Господа Иисуса Христа; и великая благодать была на всех их. Не было между ними никого нуждающегося; ибо все, которые владели землями или домами, продавая их, приносили цену проданного и полагали к ногам Апостолов; и каждому давалось, в чем кто имел нужду» Д.А.4:32-35.

Что за странное желание Дух Святой вкладывал в сердца этих людей? Мы не встречаем более ни в Посланиях Апостолов, ни в Евангелиях, чтобы кто-либо еще продавали свои дома и земли в других местах. Во многих областях Рима уже распространялось Евангелие, обращались ко Христу новые души, образовались новые церкви... Все было как и в Иерусалиме, за исключением этого факта.

Когда Павел приходил в Иерусалим побеседовать с Апостолами, они благословили его благовествовать язычникам и не поручали ему ничего подобного. Все христиане жили на своих местах, никто ничего не продавал и многие служили Апостолу Павлу и другим братьям своим имением. (Д.А.16:14-15) Церкви даже делали специальные сборы для материальной поддержки верующих в Иерусалиме. Видимо, средства от продажи имений, со временем, иссякли и они стали нуждаться.

До наших дней люди продолжают жить в своих домах и все остается так на протяжении веков. Как тогда нам объяснить факт, что именно члены Иерусалимской церкви поступали таким загадочным образом? Может быть, они были самыми духовными? Может потому, что пресвитерами там были сами Апостолы и они заставляли их делать это, пользуясь своим авторитетом? Нет, на примере Анании и Сапфиры мы видим, что все это делали добровольно. (Д.А.5:4) Никто ничего ни у кого не вымогал.

Я думаю, что разгадка этого феномена состоит в следующем. Вначале Иисус Христос и далее Дух Святой, предвидя скорые гонения и разрушение Иерусалима Римскими войсками, знали, что имения, которыми обладали уверовавшие, так или иначе, скоро превратятся в ничто. Жители Иудеи частью будут истреблены, а оставшиеся в живых будут проданы в рабство. Начнет сбываться страшное пожелание Иерусалимлян: «Кровь Его на нас и на детях наших...».

Но для верующих Иерусалимской церкви гонения стали благословением. Когда они начались, им поневоле пришлось бежать из Иудеи и, таким образом, они избежали смерти и рабства от нашествия Римского войска, ибо уже жили далеко от обреченного на разрушение и смерть Иерусалима.

Поэтому, Дух Святой располагал сердца членов Иерусалимской церкви продавать свои имения, чтобы, имея полную свободу от житейских забот, они могли постоянно находиться в общении с Апостолами, научаясь у них Слову Божию. А когда вихри гонений, как искры от потревоженного костра, разбросали их по пределам обширной Римской империи, во всех тех местах быстро загорелись факелы новых церквей, ибо они были к тому времени научены Слову и исполнены благодати Божией.

Суммируя эту информацию, мы приходим к выводу, что верующие Иерусалимской церкви не поступали безрассудно, как может показаться при поверхностном чтении, но, по вдохновению Духа Святого, они делали это ко благу и успеху благовестия Евангелия. Кроме того, их небесный банк наполнился нетленными сокровищами. Удивительны пути Господни, все на них служит ко благу Его детей.

В Евангелии от Луки записана история о Закхее, которого взыскал Господь. Закхей с готовностью пригласил Господа в свой дом и с радостью принял Его в свое сердце. Мы читаем замечательное свидетельство Закхея: «Господи! Половину имения моего я отдам нищим и, если кого чем обидел, воздам вчетверо».

Христу пришлось прямо сказать богатому юноше:
– Пойди, продай имение... (*Господь знал, что его имение скоро превратится в ничто*) Закхей же сам выразил Господу это желание. Какая большая разница между этими людьми. Богатый юноша отошел от Христа нищим и у него, по-видимому, никогда не будет сокровища на небесах, а Закхей, встретившись со Христом, как драгоценное сокровище воспринял весть о спасении и тут же сделал большой вклад в свой небесный банк, приняв судьбоносное решение: половину имения моего я раздам нищим и кого чем обидел, воздам вчетверо.

После этого Христос сказал Закхею слова, которые я желал бы услышать каждому человеку на земле. «Ныне пришло спасение дому сему».

Хотя, кто знает, очень может быть, что ищущая спасения душа богатого юноши привела его позже в Иерусалимскую церковь. Я, лично, очень хотел бы встретить этого юношу в небесах спасенным и по-настоящему богатым. Господь наш многомилостив и искренние искания истины не остаются без ответа. Буду очень рад этому.

Из прочитанного мы можем сделать вывод, что благотворительность – это далеко не мелочь в глазах Бога и, что особенно интересно: благотворительность приносит больше пользы тому, кто ее делает, чем тот, кто ее получает.

Здесь напрашивается вопрос: неужели на небе будут богатыми только те, кто имели богатство здесь и сумели перевести его в небо через благотворительность? А как же бедные и нищие? Они так и будут бедными и нищими и в вечности? Им ведь нечем благотворить, потому что они ничего не имеют. Но это не так.

Во-первых, хочу сказать, что как это ни странно звучит, но труднее всего собрать сокровище на небесах богатым земными богатствами. Им надо жертвовать много. Даже закон десятины исполнить им бывает очень непросто.

Бедному и нищему сделать это легче, ибо они жертвуют от скудости своей и поэтому, их крохи приобретают особую ценность в глазах Бога. Бедный, заработав доллар, легко может отдать десять центов, а если богатый заработал миллион, отдать сто тысяч долларов уже гораздо труднее. Это серьезная сумма, несмотря на все инфляции и девальвации.

Поэтому, кто живет сегодня, перебиваясь с копейки на копейку, может оказаться в вечности очень богатым, ибо у Господа не такие весы, какими мы оцениваем здесь на земле. Он показал это в эпизоде у сокровищницы храма. По-видимому, этот эпизод имеет большое назидательное значение, ибо Богу было угодно, чтобы его отобразили два Евангелиста – Марк и Лука.

«И сел Иисус против сокровищницы, и смотрел, как народ кладет деньги в сокровищницу. Многие богатые клали много. Пришедши же, одна бедная вдова положила две лепты, что составляет кодрант. Подозвав учеников Своих, Иисус сказал им: истинно говорю вам, что эта бедная вдова положила больше всех, клавших в сокровищницу; ибо все клали от избытка своего, а она от скудости своей положила все, что имела, все пропитание свое» Марк.12:41-44.

Сидя у сокровищницы и видя, как богатые приносят в нее богатые дары, у учеников, по-видимому, мелькали мысли, это точно будущие миллионеры в Царствии Небесном. И, наверное, у кого-то из них в усмешке покривились губы, видя, как к сокровищнице подошла нищая вдова и положила в нее две лепты, которые, в сравнении с дарами богачей, казались горсткой мусора. Тогда Христос открывает ученикам истинную шкалу ценностей в Царстве Небесном: – «Она положила больше всех».

В конце лета 2004г. наши дети Вика, Сергей и его жена Олеся, возвращаясь из миссионерской поездки, пару дней провели в Москве, ожидая вылета в Сакраменто. В конце дня, по дороге в гостиницу, они проходили через подземный переход, которыми так изобилует столица России. Переход соединялся со станцией метро и в этот вечерний час пик там было большое столпотворение. Множество людей возвращались с работы двигаясь сплошным потоком навстречу друг другу, уличные торговцы предлагали свои немудренные товары, разложив их вдоль стен туннеля, и даже группа уличных музыкантов играли на гитарах, положив перед собой шляпу для подаяния.

Спустившись вниз, они увидели стоящую у стены перехода, тихую, сгорбленную, бедно одетую старушку с маленьким букетиком цветов. Цветы ее были в таком плачевном состоянии, что их вряд ли кто согласился бы взять даже даром, не то, чтобы купить. Вид этой старушки невольно привлек внимание нашей молодежи и, подойдя к ней, Сергей поинтересовался сколько стоит ее букетик. Старушка назвала цену – пятнадцать рублей. Он отсчитал ей эту сумму, взял цветы и затем протянул ей этот букетик со словами: «Бабушка, мы вам дарим эти цветочки. Идите домой, хватит вам уже стоять здесь».

Такой развязки старушка, конечно, не ожидала. От волнения и радости она засуетилась, стала несвязано благодарить их и, положив цветы в свою потрепанную холщевую сумочку, засобиралась уходить. Но здесь ее ждал еще один «удар судьбы». Сережа протягивает ей пятьдесят рублей и говорит: «Бабушка, пойди купи себе чего-нибудь поесть». Оторопелая старушка всплеснула руками, глаза ее наполнились слезами и она пыталась даже поцеловать ему руку, не находя нужных слов, как выразить свою благодарность. Сережа погладил ее по плечу и, улыбаясь, сказал на прощанье: «Ты, бабушка, Бога благодари за все и Он не оставит тебя».

На этом они расстались и ребята не торопясь, пошли дальше по переходу, рассматривая по пути товары, лежащие вдоль стен туннеля. Несколько минут спустя они опять увидели эту старушку, идущую в том же направлении. Старушка их не видела и они из любопытства стали идти за ней чуть поодаль. Пройдя так около сотни метров, вдруг увидели, как их бабуля остановилась у большого квадратного столба в центре перехода, поставила на пол сумку и стала рыться в карманах. Затем, зажав в руке какую-то купюру, она подошла к нищему дедушке на деревянной ноге, который просил подаяния, стоя, опершись на стену перехода и на потертый покривившийся костыль. Перекрестившись, она подала ему денежку и потерялась в многоликой толчее вечернего часа.

Ее поступок поразил ребят до глубины души. Не было никаких сомнений в том, что старушка действительно нуждалась. По-хорошему, ей надо было бы сидеть сейчас в теплой квартире, жарить блинчики, нянчить внуков, поить их чаем с малиной и рассказывать им сказки на сон грядущий. Видно, что она не была нищенкой – профессионалом, но глубокая нужда заставляла ее идти на улицу и добывать себе хлеб насущный в прохладной, сырой темноте позднего московского лета.

И вот, в конце дня, Бог ей послал неожиданный подарок. Она получила шестьдесят пять рублей, за одну минуту. Конечно, это небольшая сумма, особенно для Москвы, и на следующий день, чтобы прокормиться, ей опять придется стоять в переходе. Для нее каждый рубль был совсем не лишний, чтобы можно было еще и раздавать. Но, что-то остановило ее около нищего дедушки и она от скудости своей, видимо, как никто из окружающих, понимая состояние этого горемыки, все-таки сочла нужным дать ему свою лепту.

Этот простой эпизод оставил глубокий след в сердцах наших детей, как пример сострадания к ближнему, как пример того, что порою, даже через тех, кто сами нуждаются, Господь оказывает помощь.

У поэтессы Риммы Лисянской есть строки:
Забвенья нету сладкого,
Лишь горькое в груди,
Защиты жди от слабого,
От сильного не жди.
 Такое время адово,
 На нынешней Руси,
 Проси не у богатого,
 У бедного проси...

В этих словах отражена горькая правда жизни. Мы нередко видим, что сильные и богатые оказываются еще слепыми и глухими к тем, кто нуждается, а помощь им оказывают такие же слабые, бедные, сострадательные люди, хорошо понимающие нужды себе подобных.

Может быть, кого-то из неимущих и нуждающихся порою посещают мысли: ну, что может сделать мой жалкий доллар или рубль на фоне пожертвований обеспеченных и богатых прихожан. Я хочу ободрить вас сегодня, мои дорогие: не унывайте. Ваше скромное пожертвование, может быть, действительно, не сделает большой погоды в церковной кассе, но в небесном банке это пожертвование, сделанное от скудости вашей и любви, будет иметь совсем другое исчисление. Поэтому, не смущайтесь, что вы не в состоянии дать больше, но будьте постоянны в малом и всегда помните, как высоко

Христос оценил мизерную жертву вдовы: «Она положила больше всех». Остальное Бог усмотрит, по Высшей справедливости.

В Евангелии есть одна интересная притча, из которой мы можем почерпнуть некоторые любопытные детали для иллюстрации нашей темы. Называется она «Притча о неверном управителе».

Эта притча часто вызывает споры и разногласия по причине того, что Христос здесь приводит в пример управителя, который обманул своего хозяина. На первый взгляд это, действительно, звучит несколько странно, что обманщика, в конце концов, еще и похвалили за догадливость.

Прочитаем несколько заключительных стихов: «И Я говорю вам: приобретайте себе друзей богатством неправедным, чтобы они, когда обнищаете, приняли вас в вечные обители. Верный в малом и во многом верен, а неверный в малом неверен и во многом. Итак, если вы в неправедном богатстве не были верны, кто поверит вам истинное? И если в чужом не были верны, кто даст вам ваше?» Лук.16:1-13.

Здесь возникает много вопросов. Кто эти друзья, которых можно приобресть неправедным богатством? Что значит «истинное богатство?» Что значит «чужое богатство и ваше богатство?» Почему Христос называет то, чем мы обладаем сегодня, богатством неправедным? И т. д.

Информация, спрессованная в содержании этой притчи, выходит за границы материального мира и открывает некоторые принципиальные различия между двумя нашими мирами. Мы узнаем в ней о важных законах Небесного Царства и их прямую связь с благотворительностью. Немного приоткрывая занавес грядущего века, Христос говорит, что там будет некое постоянное богатство, прежде, чем получить которое, мы проходим здесь испытание богатством временным.

БЛАГО – ТВОРИТЬ ИЛИ «ОСТРОВ СОКРОВИЩ»

Давид пишет: «Господня – земля и что наполняет ее, вселенная и все живущее в ней» Пс. 23:1. И еще одно место: «Ибо Мои все звери в лесу, и скот на тысяче гор. Знаю всех птиц на горах, и животные на полях предо Мною. Если бы Я взалкал, то не сказал бы тебе; ибо Моя вселенная и все, что наполняет ее» Пс. 49:10-12. Поэтому, все, что мы здесь имеем, взято от земли, которая принадлежит Богу и это есть временное, «неправедное богатство», ибо оно не наше. Все, включая самого человека, сотворено Богом и принадлежит Ему.

Таким образом, даже если человек прожил сто лет, все свои дни праведно трудился, никогда не крал и все-таки то, что он собрал за свою долгую жизнь, он собрал из того, что принадлежит Господу.

Подобно, как малый ребенок, играясь во дворе у родителей, строит себе днем неуклюжий шалашик, приносит в него из дома разную утварь и говорит: – Это мой дом, это все мое. Но вечером, когда малыш, вдоволь наигравшись, засыпает, ему уже ничего не нужно и мать все заносит обратно.

Так и в нашей жизни, мы попользуемся тем, что имеем и оставим это другим людям, а те, в свою очередь, оставят следующим и так век за веком идет нескончаемая череда поколений. Человек думает, что он богат, если Бог, по Своему провидению, дает ему благодать иметь здесь какое-то имущество, но быстро проходит время и человек опять становится нищим. Он уходит от этой земли, оставляя свое неверное богатство другим. Хорошо сказал об этом праведный Иов: «Наг я вышел из чрева матери моей, наг и возвращусь. Господь дал, Господь и взял; да будет имя Господне благословенно!» Иов 1:21.

Мы пришли в этот мир на все готовое. Все уже было сделано. Земля, воздух, вода, солнце, ископаемые, законы природы, все было приготовлено для жизни и предусмотрено до мельчайших деталей. Меня всегда возмущает, когда ученые, открывая какой-нибудь новый закон природы, поднимают об этом событии шум и гвалт на весь мир, делая себя какими-то великими.

Это напоминает мне курятник, в котором курица, снеся яйцо, делает страшный переполох, бегает по курятнику, машет крыльями и кудахчет на всю округу с таким шумом, как будто она снесла новую планету. Так, порою, и наши земные ученые кукарекают о своем открытии с такой гордостью и помпезностью, как-будто сами сотворили какой-то закон.

Но то, что они открыли, было на земле со времени сотворения, когда Бог установил законы Вселенной. Эти законы спокойно существовали, существуют и делают свое дело независимо от того, открывает их человек или нет. Только Богу известно, сколько еще окружают нас неоткрытых законов, которые исполняют то, что предназначил им Законодатель. Законы эти совершенно не интересует, откроет их кто-нибудь когда-нибудь или нет.

Мир, в котором мы живем – это мир времени, поэтому, он сам временный. Временно здесь все, что мы видим, временны мы сами, временно все, чем мы обладаем. Это «богатство неверное». На него нельзя положиться, оно рано или поздно подведет тех, кто на него надеются. Но мир, который ждет нас впереди, это вечный непреходящий мир, у которого не будет конца, поэтому и богатства того мира вечны. Христос называет их «истинное богатство».

В грядущем мире для нас много загадочного и неизвестного. Даже Апостол Павел, которому было дано много видений и откровений, говорит, что мы представляем его пока, как сквозь тусклое стекло, гадательно. Тем не менее, на страницах Писания мы находим лучики света, которые, пронизывая темную пелену материального бытия, освещают нам некоторые подробности грядущего мира. Один из лучиков мы находим в словах Христа, единственного Свидетеля, Который пришел из высшего Царства Божия на землю, чтобы показать нам дорогу в небо. Он говорит: «Приготовляйте себе сокровище неоскудевающее...» Лук. 12:33-34.

Вникнем в смысл этих слов. Это что-то интересное. Такого мы еще не слышали. Тот, Кто пришел оттуда, говорит, что сокровище, которое там будет – это особое сокровище. Оно истинное, постоянное и неоскудевающее.

Какая огромная разница с тем, что мы здесь имеем. Земное богатство изменчиво и непостоянно. Богатому человеку приходится постоянно заботиться о том, чтобы сохранить свое богатство, заботиться о том, чтобы его пополнять, ибо у земного богатства есть плохая привычка: оно постоянно оскудевает. Как говорит пословица: «Деньги – вода, так и текут сквозь пальцы».

Но небесное сокровище, как свидетельствует Христос, имеет совсем другие качества. Его нельзя украсть, оно неподвластно ржавчине, его не может подточить моль и, самое интересное, его нельзя растратить, ибо оно не оскудевает. Оно не протекает сквозь пальцы, но всегда остается на одном уровне.

Потрясающе! Наше небесное сокровище будет подобно маслу в кувшине у Сарептской вдовы. Сколько его не трать, оно не убывает. О, какое чудесное нас ожидает будущее в обителях неба. В каком интересном мире ожидает нас Бог. Как чудесно Бог позаботился о том, чтобы мы были там действительно богаты.

В этом смысле земля похожа на «Остров Сокровищ», который наполнен призрачными богатствами и доступен человеку только на малое время его земной жизни. Но этого времени достаточно, чтобы собрать истинное сокровище на небесах.

Духовно близорукие люди, завладев земным богатством, держатся его всеми силами, забывая, что оно временно и призрачно, забывая, что со смертью тела человек мгновенно обнищает, если он не собирал здесь сокровища для будущего века.

В развитых странах покойникам шьют особые костюмы для похорон. Внешне они ничем не отличаются от обычных костюмов и есть только одна особенность: – к этим костюмам не пришивают карманов. Карманы не нужны тем, кто покидает этот мир.

Но, кто с мудростью Божией, призрачные земные сокровища и время использовал, чтобы собрать сокровище нетленное на небесах, будет действительно там богатым на веки и веки вечные. Закон десятины, заповеданный Богом народу Израильскому, видимо, также имеет прямую связь с сокровищами будущего века.

В Послании к Филиппийцам Павел пишет об интересной закономерности, также связанной с благотворительностью. Мы можем назвать ее «Закон Превращения».

Этот закон гласит: помощь, оказанная делу благовестия, умножается в плоды к пользе тех, кто оказывал эту помощь. «Вы знаете, Филиппийцы, что в начале благовествования, когда я вышел из Македонии, ни одна церковь не оказала мне участия подаянием и принятием, кроме вас одних; вы и в Фессалонику и раз и два присылали мне на нужду. Говорю это не потому, чтобы я искал даяния; но ищу плода, умножающегося в пользу вашу» Филип.4:15-17.

Следовательно, жертвуя на дело благовестия, мы приобщаемся к плодам труда благовестников и имеем «плоды, умножающиеся в нашу пользу». В этой взаимосвязи существует определенная пропорция, которая известна только Богу. Мы знаем только, что эта пропорция наклонена в нашу пользу и все, что мы жертвуем на дело благовестия, не будет оставаться таким же, но будет умножаться.

Замечательная схема: Бог, как добрый спонсор, наполняет наши руки Своими земными благами, из этих благ мы жертвуем, поддерживая служение благовестия, и все, что мы пожертвовали, начинает приносить плоды, умножающиеся в нашу пользу.

Говоря о небесных сокровищах, следует отметить еще обетование наследства. Что такое наследство? Как правило, наследство не зарабатывается теми, кто его получает, но переходит даром от того, кто его завещает и обычно наследство получают дети или близкие родственники.

Подобное происходит и с небесным наследством. Бог не только прощает наши грехи, Бог не только спасает нас от мук ада и вечной погибели, Бог не только открывает нам врата Царства Небесного и дает нам жизнь вечную, но Бог так возлюбил род человеческий, что отдав Сына Своего Единородного, дарует нам через Него усыновление.

Таким образом, через Иисуса Христа мы имеем на небесах наследство. Я думаю, Христос имел ввиду наследство, называя его «вашим», в притче о неверном управителе. Иллюстрацией нашего усыновления является притча о блудном сыне.

Заметьте себе несколько ключевых мест Писания, говорящих нам о наследстве: «Но когда пришла полнота времени, Бог послал Сына Своего (Единородного), Который родился от жены, подчинился закону, чтобы искупить подзаконных, дабы нам получить усыновление. А как вы – сыны, то Бог послал в сердца ваши Духа Сына Своего, вопиющего: «Авва, Отче!» Посему ты уже не раб, но сын; а если сын, то и наследник Божий чрез (Иисуса) Христа» Гал. 4:4-7.

«Сей Самый Дух свидетельствует духу нашему, что мы – дети Божии. А если дети, то и наследники, наследники Божии, сонаследники же Христу, если только с Ним страдаем, чтобы с Ним и прославиться» Римл. 8:16-17.

«Благословен Бог и Отец Господа нашего Иисуса Христа, благословивший нас во Христе всяким духовным благословением в небесах,... <u>предопределив усыновить</u> нас Себе чрез Иисуса Христа, по благоволению воли Своей,... В Нем (Христе) мы и <u>соделались наследниками</u>, бывши предназначены к тому по определению Совершающего все по изволению воли Своей,... дабы вы познали, в чем состоит надежда призвания Его, и какое богатство <u>славного наследия Его для святых</u>» Еф. 1:1-18.

«Благословен Бог и Отец Господа нашего Иисуса Христа, по великой Своей милости возродивший нас воскресением Иисуса Христа из мертвых к упованию живому, к <u>наследству нетленному</u>, чистому, неувядаемому, хранящемуся на небесах для вас,...» 1Петр. 1:3-4.

Благотворительность является важным классом в Божьей школе духовного возрастания. Блажен тот, кто получает в этом классе хорошие оценки и одобрение Учителя, потому что через него нам открывается дверь в высший класс этой школы, который называется благочестие.

Благочестие – это высшая ступень духовного возраста и черта естества Божия, но его нельзя достичь, если мы не будем заботиться о вдовах и сиротах. Они чаще всего бывают нуждающимися, поэтому Бог заповедует уделять им особое внимание и заботу. Через благотворительных людей Бог являет Свою любовь нуждающимся людям, таким образом мы становимся соработниками Богу и достигаем благочестия.

Послание к Тимофею более всех Посланий содержит в себе наставления о благочестии. Здесь Павел пишет о благочестии, как об учении и проводит параллель между учением о благочестии и здравыми словами Господа нашего Иисуса Христа. (1Тим. 6:1-5) Он подчеркивает, что Господь и благочестие – это один благодатный Дух с неба и говорит, что оно имеет под собою платформу обетований Божиих для жизни настоящей и будущей. «Негодных же и бабьих басен отвращайся, а упражняй себя в благочестии; ибо телесное упражнение мало полезно, а благочестие на все полезно, имея обетование и для жизни настоящей и для будущей» 1Тим.4:7-8.

«Проклятие Господне на доме нечестивого, а жилище благочестивых Он благословляет» Пр.3:33. Соломон пишет, что Бог благословляет благочестивых людей в сем веке, а пришедший с неба Иисус Христос принес нам весть, что благочестие имеет обетование грядущей вечной жизни.

Эти места сочетаются с определением благочестия в Послании Иакова. Благочестивый человек особое внимание должен уделять своим словам: «Если кто из вас думает, что он благочестив, и не обуздывает своего языка, но обольщает свое сердце, у того пустое благочестие. Чистое и непорочное благочестие пред Богом Отцом есть то, чтобы призирать сирот и вдов в их скорбях и хранить себя неоскверненным от мира» Иак.1:26-27.

Мне могут возразить, что в нынешнем веке много есть разводов, много разбитых семей по причине наркотиков и алкоголя. Много ходит нищих и бездомных, вся забота которых выпросить себе копейки для очередной бутылки. Это, действительно, так и в первую очередь я имел ввиду истинных вдовиц и сирот.

Но мы, по возможности, должны стараться помогать и всем нуждающимся, применяя в добродетели рассудительность, ибо и те несчастные нуждаются в спасении. Есть множество фактов, когда безнадежные наркоманы и горькие пьяницы силой Евангелия становились новыми людьми.

В Книге пророка Исаии мы находим пророческую характеристику нашего Господа, где говорится о Его благочестии. «И произойдет отрасль от корня Иессеева, и ветвь произрастет от корня его; и почиет на Нем Дух Господень, дух премудрости и разума, дух совета и крепости, дух ведения и благочестия...» Ис.11:1-5.

Слова пророка Исаии ведут нас к Посланию к Тимофею, где мы находим стих, который можно назвать Евангелие в миниатюре, ибо в этом стихе угодно было Духу Святому вместить весь план Божий, предназначенный для Иисуса Христа. Этот план называется Тайна Благочестия: «И беспрекословно – великая благочестия тайна: Бог явился во плоти, оправдал Себя в Духе, показал Себя Ангелам, проповедан в народах, принят верою в мире, вознесся во славе» 1Тим.3:16.

Все предреченное пророком Исаией в точности исполнилось в земной жизни Иисуса Христа. Он мог открыто говорить окружающим: «Научитесь от Меня, ибо Я кроток и смирен сердцем». Как ни старался диавол уловить Иисуса, но он ничего не смог сделать и Господь наш остался неоскверненным от мира. Христос свидетельствует об этом незадолго до Своей смерти: «Ибо идет князь мира сего, и во Мне не имеет ничего» Иоан.14:30.

Обязанностью Иуды Искариота, который был казначеем, было благотворить нищим. Когда на Тайной Вечере, Иуда, услышав слова Христа: «Что делаешь – делай скорее», вышел из горницы, все, находящиеся в ней, подумали, что он пошел что-нибудь дать нищим.

Из этого факта мы делаем вывод, что благотворение нуждающимся было обычным делом в среде учеников Христа, поскольку это первое, что пришло в головы учеников и никто этому не удивился. (Иоан.12:1-8; Иоан.13:27-29.) Таким образом, мы видим, что Христос тщательно исполнял закон благочестия, помогая нищим и обездоленным, в кротости и смирении храня Себя неоскверненным от мира.

Приход Христа на землю Писание называет тайной Благочестия. Следовательно, мы должны увидеть в Его приходе мотивы, которые дали повод Павлу привести такое определение.

Я думаю, видя как осиротел человек, лишившись Отца Небесного, как обнищал человек, проданный диаволу в Едемском саду, как низко пал человек, покрытый проказой греха, как тяжко стенал человек под этим бременем. Тогда, любя Свое творение, Бог решил сойти на землю, чтобы спасти нас.

Истинное милосердие, естественно, ведет к благотворительности, которая является практическим проявлением милосердия и основой этому является любовь.

Поэтому, труд и жертвы милосердия – это жертвы любви. Так поступил Отец Небесный. Он так возлюбил нас, что отдал Сына Своего Единородного, чтобы спасти нас от вечной погибели. (Иоан.3:16) Возлюбив нас, Он умилосердился над нами, став Отцом милосердия и Богом всякого утешения. (2Кор.1:3)

Это есть прямое проявление «Закона Благочестия», согласно которому следует заботиться о сиротах и вдовах, о несчастных и нуждающихся.

Дух благочестия постоянно пребывал в Иисусе Христе во время Его земной жизни. Нищие духом обогащались у Него вечной истиной, нуждающиеся в здоровье получали исцеление, желающие благословения своим детям обретали его через возложенные руки Господа, грешники получали прощение, хромые начинали ходить, слепые прозревали, расслабленные укреплялись, горбатые выпрямлялись, прокаженные очищались...

Благочестие – это дар неба, поэтому мир никогда не сроднится с истинным благочестием, ибо дух этого мира и дух благочестия – это слуги разных хозяев. Павел предупреждает об этом Тимофея: «Да и все, желающие жить благочестиво во Христе Иисусе, будут гонимы» 2Тим.3:12.

Я знаю братьев, которые на практике придерживаются этого духовного правила. Начиная новое дело Божие, они внимательно наблюдают за ходом событий. Если какое-то время они не встречают противодействия, то начинают сомневаться: а на правильном ли мы пути? Что-то вокруг подозрительно тихо. Надо все проверить. Ибо враг обычно старается найти пути, чтобы помешать благочестивому делу.

Не следует удивляться тому, что мир не принимает то, что не его. Мир этот не принимал пророков Божиих, мир этот не принял Христа, мир этот не принимает тех, кто Христовы. Но благочестивых людей принимает Бог. Это намного важнее для каждого человека, решившего жить по закону благочестия.

Пророк Исаия пишет за несколько столетий до рождения Иисуса: «Праведник умирает, и никто не принимает этого к сердцу; и мужи благочестивые восхищаются от земли, и никто не помыслит, что праведник восхищается от зла» Ис.57:1-2. Исаия проводит здесь параллель между праведниками и благочестивыми. Это дети Божии и Бог забирает Свое от земли.

Апостол Петр пишет, со стороны Бога сделано все необходимое для того, чтобы люди жили благочестиво, возрастали в вере, в любви и указывает на золотые ступени возрастания, ведущие к совершенству.

Первой ступенью этой лестницы является благотворительность, которую Петр называет добродетелью, в середине – благочестие, и завершаются ступени этой лестницы высшей степенью духовных качеств – любовью.

«Как от Божественной силы Его даровано нам все потребное для жизни и благочестия, чрез познание Призвавшего нас славою и благостию... То вы, прилагая к сему все старание, покажите в вере вашей добродетель, в добродетели рассудительность, в рассудительности воздержание, в воздержании терпение, в терпении благочестие, в благочестии братолюбие, в братолюбии любовь. Если это в вас есть и умножается, то вы не останетесь без успеха и плода в познании Господа нашего Иисуса Христа». 2Петр. 3гл.

В кратких строках этой главы мы имеем верное свидетельство из Слова, что путь добрых дел указан нам Богом и имеет великое воздаяние.

Да укрепит Господь ослабевшие руки, чтобы мы делали добро, не унывая и не ослабевая, доколе еще день. Да благословит Господь каждого человека земли, чтобы мы отдали свою короткую жизнь на служение Тому, Кто сделал для нас несравненно больше, чем мы можем воздать Ему. Он дал нам все необходимое для жизни, благочестия, спасения и каждый человек, рано или поздно, даст отчет Отцу Небесному придя в вечность.

«Который воздаст каждому по делам его: тем, которые постоянством в добром деле ищут славы, чести и бессмертия, жизнь вечную;...» Римл. 2:6-7.

«Ибо явилась благодать Божия, спасительная для всех человеков, научающая нас, чтобы мы, отвергнувши нечестие и мирские похоти, целомудренно, праведно и благочестиво жили в нынешнем веке, ожидая блаженного упования и явления славы великого Бога и Спасителя нашего Иисуса Христа, Который дал Себя за нас, чтобы избавить нас от всякого беззакония и очистить Себе народ особенный, ревностный к добрым делам» Тит.2:11-14.

«Да будет совершен Божий человек, ко всякому доброму делу приготовлен» 2Тим. 3:17.

ВЛАДИМИР МЫСИН

ПОЛНОТА ВРЕМЕНИ

В этой главе мы поговорим о христианском празднике — Благовещенье. События происшедшие в день Благовещенья – это не просто встреча Ангела Гавриила с Марией, это начало Великой Тайны, о которой позже Ап. Павел пишет в Послании к Тимофею. «И беспрекословно — <u>великая благочестия тайна: Бог явился во плоти,</u>...» 1-е Тим.3:16.

Евангелист Лука, – единственный, кто подробно описывает избрание Марии, как будущей Матери Сына Божьего. Этот факт трудно переоценить, поэтому Благовещенье – это один из самых великих праздников христианства после Пасхи и Рождества, которые, в свою очередь, являются прямым следствием этого праздника.

Прочитаем эту историю, так как ее передал евангелист Лука. «В шестой же месяц послан был Ангел Гавриил от Бога в город Галилейский, называемый Назарет, к Деве, обручённой мужу, именем Иосифу, из дома Давидова; имя же Деве: Мария. Ангел, войдя к Ней, сказал: радуйся, Благодатная! Господь с Тобою; благословенна Ты между жёнами. Она же, увидев его, смутилась от слов его и размышляла, что бы это было за приветствие. И сказал Ей Ангел: не бойся, Мария, ибо Ты обрела благодать у Бога; и вот, зачнёшь во чреве, и родишь Сына, и наречёшь Ему имя: Иисус. Он будет велик и наречётся Сыном Всевышнего, и даст Ему Господь Бог престол Давида, отца Его; <u>и будет царствовать над домом Иакова вовеки, и Царству Его не будет конца.</u> *(Именно такого Мессию ожидал Израиль. Избавление от Римского порабощения;*

Мессия сделает Израиль великим, как в дни Давида и Соломона; будет мир и процветание; а весь народ будет царями и священниками, как было предсказано им в Книге Исход).
Мария же сказала Ангелу: как будет это, когда Я мужа не знаю? Ангел сказал Ей в ответ: Дух Святой найдёт на Тебя, и сила Всевышнего осенит Тебя; посему и рождаемое Святое наречётся Сыном Божиим» Лук1:26-35.

День Благовещенья – это исполнение Великой Тайны Благочестия, о которой Павел пишет Тимофею. 1Тим. 3:16. Ангел Гавриил является Деве Марии и говорит, что <u>Бог избрал ее быть Матерью Его Сына.</u>

Чтобы понять глубинную суть этого события, следует начинать от начала истории человечества. Хотя, наверное, только в вечности мы доподлинно узнаем все нюансы этого события, какие еще были планы у Бога, когда Он сотворил этот мир и подарил его человеку.
Тем не менее, на страницах Писания, мы имеем достаточно много информации, которая позволяет нам понять: почему, на определенных исторических этапах, Бог поступал именно таким образом.
«И сотворил Бог человека по образу Своему, по образу Божию сотворил его; мужчину и женщину сотворил их. И благословил их Бог, и сказал им Бог: плодитесь и размножайтесь, и наполняйте землю, и обладайте ею, и владычествуйте над рыбами морскими, и над птицами небесными, и над всяким животным, пресмыкающимся по земле» Быт.1:27-28. – Это было первое повеление Бога человеку. Все было сделано, все готово для благословенной жизни.

Равновесие Вселенной не могло быть односторонним. Поэтому во Вселенной был также Закон Греха и Смерти – «Возмездие за грех – смерть». Рим.6:23. Предвидя, что падение человека может случиться Бог, от сотворения мира, предусматривает решение этой проблемы через Мессию-Спасителя. «Зная, что не тленным серебром или золотом искуплены вы от суетной жизни, преданной вам от отцов, но драгоценною Кровию Христа, как непорочного и чистого Агнца, <u>предназначенного ещё прежде создания мира</u>, но явившегося в последние времена для вас» 1Петр.1:17-21.

«Так как <u>Он избрал нас в Нём прежде создания мира</u>, чтобы мы были святы и непорочны пред Ним в любви..., открыв нам тайну Своей воли по Своему благоволению, которое Он прежде положил в Нём, в устроении полноты времён, дабы всё небесное и земное соединить под главою Христом» Еф.1:3-10.
Таково было устройство мира и План Божий основанный на явлении в мир Мессии.

О Благовещеньи Павел пишет Галатам: «Но когда пришла <u>полнота времени</u>, Бог послал Сына Своего [Единородного], Который родился от жены, подчинился закону, чтобы искупить подзаконных, дабы нам получить усыновление» Гал.4:4-5.
В этих словах, в телеграфной форме, содержится фактический Божий План Спасения человечества.

Но Мессия-Спаситель не мог явиться на землю просто сошедши с неба. Это так не работает. Мессия, Который явится на землю, чтобы победить грех, разрушить смерть, разрушить Державу Смерти диавола и искупить человека, должен был явиться в реальной человеческой плоти, которая не была бы поражена метостазами греха Едемского сада. Иначе жертва была бы бесполезной.

Поэтому, рождение Мессии должно было быть от чистой человеческой девы и безгрешного мужа. Эту роль взял на Себя Отец Небесный в день Благовещенья. Именно так возвестил Ангел Гавриил Марии. «Ангел сказал Ей в ответ: Дух Святой найдёт на Тебя, и сила Всевышнего осенит Тебя; посему и рождаемое Святое наречётся Сыном Божиим» Лук.1гл.

Родиться от жены, как это мы видим теперь, было только пол-дела. Теперь Иисус должен был сохранить это Тело от греха на протяжении всей Своей жизни во плоти. Любой грех, любое нарушение Закона сводило на нет План Божий. Исполнив закон и сохранив Свою плоть человеческую от греха, Христос должен был дойти до Голгофы не имея в Своей плоти жала смерти, которое есть грех. Только такая жертва могла спасти Адама и его потомков.

Задача была абсолютно невыполнима дал любого человека. В этом заключалась одна из граней подвига Иисуса: – Пройти весь земной путь и сохранить Свое Тело, от жала греха, для жертвоприношения. Как мы знаем из Закона, что жертва должна была быть без пятна и пороков.

Поэтому, все время жизни на земле Христос ходил, как по лезвию бритвы. Какие только ухищрения ни организовывал враг душ человеческих, чтобы уловить Иисуса и подвести Его или к нарушению Закона или к невольному греху. Но все было тщетно. Христос прошел земной путь в полной чистоте и святости, исполненный любовью и добрыми делами. Теперь перед Христом стояла Голгофа, – кульминация Плана Божия и спасения человечества.

Для Иисуса, кроме всего остального, было очень важно, чтобы в Его жизни исполнилось все, что было возвещено пророками в Писании. <u>Один единственный грех</u> сводил на ноль весь План Божий и делал все пророчества о Мессии ложными. Если бы Иисус, не выдержав страшных страданий, призвал Ангелов и вознесся на небо не дойдя до Голгофы, то пророчество о Мессии также стали бы ложными. Поэтому, Иисус должен был идти до конца.

Последним шансом у диавола удержать Христа от Голгофы, это сделать все возможное, чтобы Иисус, не выдержав страшные нечеловеческие страдания, призвал на помощь Ангелов и вознесся от земли. Возможность такая была всегда. Иисус не просто так сказал Петру: «Или думаешь, что Я не могу теперь умолить Отца Моего, и Он представит Мне более, нежели двенадцать легионов Ангелов? как же сбудутся Писания, что так должно быть?» Матф.26:53-54.

Почему диаволу важно было не допустить Христа до Голгофы? Смерть безгрешного Иисуса на кресте Голгофы, за один раз поражала двух верных слуг диавола: грех и смерть. Именно они наполняли его Державу Смерти новыми обитателями. Поэтому, диавол обрушил на Иисуса самые страшные нечеловеческие мучения, которые только можно себе представить. Об этих страданиях пророчески пишет Исайя: «Как многие изумлялись, *смотря* на Тебя, — столько был обезображен паче всякого человека лик Его, и вид Его — паче сынов человеческих!» Ис. 52:14.

В этом плане, человеческая Плоть Иисуса была союзником диавола. Это была реальная человеческая плоть. Она чувствовала холод и тепло, голод и жажду, немощи и болезни, она чувствовала усталость и, самое главное, на что у диавола были особые надежды: – Его Плоть чувствовала боль.

Поскольку, Господь наш ни разу не согрешил и полностью исполнил Закон, Он не должен был умирать. Так гласит Закон Греха Вселенной: «Возмездие за грех – смерть». Рим.6:23. Подобное мы читаем о Законе данный людям через Моисея: «Но кто исполняет его, тот жив будет им» Гал.3:12.

По этой причине, смерть не имела права прикасаться к Иисусу. Безгрешное Тело Иисуса не принадлежало ей, как тела всех других людей земли на которых была печать жала смерти – грех. Так говорит Закон: «Жало же смерти — грех; а сила греха — закон» 1Кор.15:56.

Таким образом, приняв в свою страшную Державу Смерти Иисуса, у Которого в Теле не было жала смерти, Который полностью исполнил Закон, смерть нарушила Закон Греха Вселенной: – Возмездие за грех – смерть.

Это означает, что смерть, нарушив этот Закон, согрешила и теперь сама попадает под действие Закона Греха – «Возмездие за грех – смерть!» Как следствие этого, смерть, в конце веков, должна будет поразить саму себя. Поэтому в Пасхальных гимнах весь мир, на всех языках, поет слова, что Христос «смертию смерть попрал!»

Об этой победе Павел пишет Тимофею: «Спасшего нас и призвавшего званием святым, не по делам нашим, но по Своему изволению и благодати, данной нам во Христе Иисусе прежде вековых времён, открывшейся же ныне явлением Спасителя нашего Иисуса Христа, разрушившего смерть и явившего жизнь и нетление через благовестие» 2Тим.1:8-11.

Апостол Павел, заканчивая Послание к Коринфской церкви, дает пророческую картину финала земной истории. Он пишет, смерть будет истреблена, но самая последняя. (*Очень живучий враг*)
«Но Христос воскрес из мёртвых, первенец из умерших. Ибо, как смерть через человека, *так* через человека и воскресение мёртвых. Как в Адаме все умирают, так во Христе все оживут, каждый в своём порядке: первенец Христос, потом Христовы, в пришествие Его. А затем конец, когда Он предаст Царство Богу и Отцу, когда упразднит всякое начальство и всякую власть и силу. Ибо Ему

надлежит царствовать, доколе низложит всех врагов под ноги Свои. <u>Последний же враг истребится — смерть</u>, потому что всё покорил под ноги Его. Когда же сказано, что *Ему* всё покорено, то ясно, что кроме Того, Который покорил Ему всё. Когда же всё покорит Ему, тогда и Сам Сын покорится Покорившему всё Ему, да будет Бог всё во всём» 1Кор.15:20-28.

С помощью Божией, мы смогли увидеть основные вехи Плана Спасения человечества через Мессию-Спасителя. Этот план был уготован Богом от создания Мира, а Господь наш Иисус Христос, приняв человеческую плоть, исполнил его.

Вернемсяся к Благовещенью и постараемся понять очень важный нюанс: каким образом, не нарушая законов, Бог воплотил на землю Своего Сына, чтобы через Иисуса исполнился Его План Спасения. Этот факт, как мы читали в начале главы, есть великая тайна. «И беспрекословно — <u>великая благочестия тайна: Бог явился во плоти</u>» 1-е Тим.3:16.

Первое и очень важное. <u>Чтобы рожденный младенец был законнорожденный, он должен родиться от законных супругов</u>. Это неоспоримый факт. Бог, заключая Завет с Авраамом, обещал ему, что обетованный сын у него родится именно от его законной жены Сарры. Когда от рабыни рождается Исмаил, Бог говорит Аврааму, что он не будет его обетованным наследником. Связанный Заветом, Бог ждет пока омертвеет все человеческое у Авраама и Сарры, чтобы затем излить на них силу свыше для рождения <u>законного наследника, от законных супругов</u>.

Такую же проблему надо было решать и для рождения Мессии-Спасителя. Рождение Его должно быть законным! Вся Вселенная наблюдала за ходом этого события.

В этом событии не могло быть и тени беззакония, поэтому Бог начинает издалека. Как мы читали уже, что План Спасения был уготован Богом еще до сотворения мира.

Фактически, мы не можем сказать, что Бог, после падения Адама, совсем отстранился от человека. Видя, что допотопный мир, в своем разложении, дошел, как говорится, до ручки, Бог производит хирургическую операцию и через потоп обрубает метастазы греха человечества, а через праведного Ноя восстанавливает жизнь на земле. Но увы! Грех быстро все вернул на свои места.

Далее, Бог посылал на землю пророков типа Валаама, Мелхиседека, которые имели общение с Богом и наставляли окружающие народы еще до появления народа Израильского.

Для законного рождения в мир Мессии-Спасителя необходимы были особые условия. На земле, в то время, уже было множество народов, но все они были, в той или иной мере, под властью и влиянием диавола. Бог не стал вклиниваться во владения диавола, но, через Завет с Авраамом, начинает от него совершенно новый народ на земле. Далее Исаак, Иаков, Патриархи, Египет, Моисей, выход из Египта, и, наконец, у горы Синай, Бог заключает Завет с народом, который Бог называет Своим. У горы Синай, происходит <u>фактическое обручение Бога со Своим народом</u>.

А мог бы Бог пойти другим путем? Без Марии? Просто сотворить новое тело для Иисуса и все. Нет. Другого пути не было. На Голгофе должно было принесено в жертву настоящее человеческое тело. Без греха и порока. Ап. Павел пишет в Послании к Евреям: «Посему *Христос*, входя в мир, говорит: «жертвы и приношения Ты не восхотел, но тело уготовал Мне» Евр.10:5.

Таким образом, Благовещенье – это начало земного Тела Иисуса, которое <u>должно быть законнорожденым</u>. Поэтому Бог Отец объявляет Себя Супругом, а народ Израильский Женой. Когда <u>исполнилась полнота времени</u>, Бог избирает, из этого народа, деву Марию и от нее рождается <u>Законный Младенец, в Законном Теле.</u> Этот факт возвестил пророк Исайя еще за 600 лет до рождения Иисуса. Запомните это место.

«Не бойся, ибо не будешь постыжена; не смущайся, ибо не будешь в поругании: ты забудешь посрамление юности твоей и не будешь более вспоминать о бесславии вдовства твоего. Ибо (*внимание*) <u>твой Творец есть супруг твой; Господь Саваоф — имя Его;</u> и Искупитель твой — Святой Израилев: Богом всей земли назовётся Он. Ибо <u>как жену</u>, оставленную и скорбящую духом, призывает тебя Господь, и *как* жену юности, которая была отвержена, говорит Бог твой. На малое время Я оставил тебя, но с великою милостью восприму тебя» Ис.54:4-7.
Поэтому, история Израильского народа не заканчивается рассеянием. Она продолжается.

Далее, как мы читали выше, <u>Христос должен был сберечь это Тело от греха и приготовить его к жертве.</u> Об этом говорит нам Дух Святой через Ап. Павла: «По сей-то воле освящены мы единократным принесением тела Иисуса Христа... Ибо Он одним приношением навсегда сделал совершенными освящаемых» Евр.10:10-14.

Когда рождаются наши дети мы стараемся воспитывать их, дать образование, помогаем получить профессию, привести их к вере, молимся, чтобы их жизнь была долгой, счастливой и благословенной и т.п.
Но вот что Исайя пишет об Иисусе: «Ибо младенец родился нам — Сын дан нам... Ис.9:6. – <u>Родился кому? Дан кому?</u>

Еще одно, всем известное, место: «Ибо так возлюбил Бог мир, <u>что отдал Сына</u> Своего Единородного, дабы всякий, верующий в Него, не погиб, но имел жизнь вечную» Иоан.3:16. – Опять вопрос: – <u>Отдал Бог Сына кому?</u>
Факт в том, что Бог отдал Сына Своего людям, чтобы люди принесли в Его жертву. Какими словами можно объяснить и «уразуметь превосходящую разумение любовь Христову» Еф.3:19.

В день Благовещенья, Дух Божий сходит в Марию и происходит зачатие Сына Божьего. Как это называется? Всемогущий Бог породнился с родом человеческим узами супружества. Это уникальное событие, которого не было за всю историю человечества ни в какой другой религии.

От сочетания Небесного и Земного рождается Сын Человеческий. (*Великая благочестия тайна.*) Бог Отец, в лице Израильского народа, приготовил Свою земную Супругу-Израиля к исполению Его Плана Спасения. Таким образом, через этот народ, на землю <u>законно воплотится</u> Его Единородный Сын Иисус. Поэтому Иисус называет Себя – Сын Человеческий!

Начиная новый народ на земле, у Бога были особые планы к этому народу. По замыслу Божию от начала, – это должен был быть Народ – Священник, Народ – Миссионер, от которого должно было начаться возрождение всех народов земли. Это говорится не об одном колене, а о всем народе.

«Итак, если вы будете слушаться гласа Моего и соблюдать завет Мой, то будете Моим уделом из всех народов, ибо Моя вся земля, а вы будете у Меня царством священников и народом святым; вот слова, которые ты скажешь сынам Израилевым» Исход.19:5-6.
Эти слова Бог сказал народу Израильскому, когда Он повелел Моисею вывести народ из стана в сретенье

Господу у подножия горы Синай. В это время Бог дал народу Закон, который далее называют Закон Моисея.

В жизни, порою, попадаются ситуации, когда мы стоим на распутье не зная как поступить. Мы пытаемся найти правильное решение спрашивая советы у друзей, читаем книги, ищем в интернете, молимся, идём к пастору и т.д. Это типично для всех людей на земле.

Посмотрите, как Бог предлагал решать подобные проблемы Своему народу. «И уши твои будут слышать слово, говорящее позади тебя: «вот путь, идите по нему», если бы вы уклонились направо и если бы вы уклонились налево» Ис.30:21. Перспективы этого народа были просто потрясающими! Уму непостижимо, как близко Бог хотел быть к ним.

Но увы! Этот народ, как свидетельствуют пророки, часто отворачивался от Господа и поступали порою хуже, чем окружающие их языческие народы.
Бог с горечью взывает к Израилю: «Слушайте, небеса, и внимай, земля, потому что Господь говорит: Я воспитал и возвысил сыновей, а они возмутились против Меня. Вол знает владетеля своего, и осёл — ясли господина своего; а Израиль не знает *Меня*, народ Мой не разумеет. Увы, народ грешный, народ, обременённый беззакониями, племя злодеев, сыны погибельные! Оставили Господа, презрели Святого Израилева, — повернулись назад. Во что вас бить ещё, продолжающие своё упорство? Вся голова в язвах, и всё сердце исчахло. От подошвы ноги до темени головы нет у него здорового места: язвы, пятна, гноящиеся раны, неочищенные и необвязанные и не смягчённые елеем» Ис.1:2-6.

Подобных мест в Писании очень много. Невозможно описать словами, через какие переживания прошёл Бог Отец, пока Он привёл Свой народ ко Дню Благовещенья, в который Он сочетался с этим народом узами супружества. Удивительно, какой пример верности, любви и терпения, Бог Отец показал за все годы становления народа Израильского, начиная от Авраама и до Иисуса Христа.

Нас не должно смущать, что Бог называет Себя Супругом, а Израиль называет женой. <u>Все должно было быть законно, чтобы было законным рождение Иисуса.</u> Законнорожденные дети рождаются от законных супругов. Поэтому, Бог, открыто называет Себя Супругом Израиля и соединяется с ним супружескими узами через Марию. Как мы прочитали выше: «Ибо твой Творец есть супруг твой; Господь Саваоф — имя Его».

Таким образом, рожденный Младенец Иисус – <u>является Законным Сыном Божием и Законным Сыном Человеческим</u>. Иисус – Сын Человеческий – это звено которое связало Небо и Землю родственными узами. Иисус не рождается просто от Марии, <u>Иисус рождается от народа Израильского, которого Бог называет Своей женой</u>. Так Ап. Павел пишет в Послании к Евреям. «Ибо известно, что Господь наш воссиял из колена Иудина...» Евр.7:14.

Поэтому, Мария не просто чистая дева. <u>Мария – это олицетворение народа Израильского</u> и через этот народ в мир рождается Сын Божий. Поэтому, День Благовещенья – это не просто явление Ангела Гавриила Марии, – это, в лице Марии, День Сочетания Творца с избранной Супругой – народом Израильским.

В день Благовещенья, исполнилось предназначение народа Израильского. – Через этот народ в мир воплощается Мессия, через Которого Бог изливает благословение на все народы земли. (Быт.12:3)

P.S. В Иисусе, Писание открывает нам еще одну тайну – тайну Церкви. Иисусу Христу, Его невеста – Церковь, также досталась очень нелегким путем. Он оставляет славу Небес, рождается в человеческую плоть, принимает образ раба, проходит через насмешки, унижения, позор, непонимание, неприятие, страшные побои. В конце пути Он претерпевает еще более страшную смерть на кресте Голгофы. – Цена заплаченная Иисусом за невесту – Церковь весьма велика. «...как и Христос возлюбил Церковь и предал Себя за неё». Еф.5:25.
И уже совсем скоро на Небесах будет брак Иисуса Христа и Его Невесты.

Да благословит нас Господь в день Благовещенья особенно поминать, каким путем Бог возрождал падшее человечество, чтобы мы, как Его дети, получили место в Его славном Царстве на Небесах, получили, прощение, оправдание, усыновление, наследство и жили в чудесном новом граде Иерусалиме, который Бог приготовил всем любящим Его!
Ему слава во-веки.
Аминь.

ВЛАДИМИР МЫСИН

ЖЕРТВЫ ПРАВДЫ

Пс.4:6 «Принесите жертвы правды и уповайте на Господа.»

Читая Слово Божие, мы часто встречаем слово жертва. В Ветхом Завете мы находим большое количество разнообразных жертв, которые Господь заповедал приносить Израильскому народу. Первые жертвы Богу приносили еще Авель и Каин.

На протяжении истории человечества мы встречаем это практически у всех языческих народов, которые так же приносили разнообразные жертвы, каждый уже своим богам и идолам, нередко доходя в этом до изуверства, так что приносили в жертву даже своих детей.

С началом Новой Эры развития человечества, когда в лице Иисуса Христа, на Голгофском Кресте была принесена самая великая Жертва в истории Вселенной, потребность в прощении грехов через пролитие крови животных отпала. Поэтому христиане Нового Завета не приносят более жертв, связанные с пролитием крови.

Тем не менее, на нашу долю осталось еще не мало, так называемых Новозаветных жертв, которые Господь заповедал на страницах Писания. Нагорная Проповедь и многое из того, что было заповедано древним, имеет важное значение и в 21-м Веке.

Например:- Материальное служение. Многие совершают его как жертву доброохотную, порою от скудости своей, делясь последним, со своим ближним, ради Господа и дела служения.

Сегодня я хочу обратить ваше внимание на жертву, которая дошла до наших времен из Ветхого Завета, но которая имеет огромное значение в настоящее время.

Книга Псалмов 4:6 «Принесите жертвы правды и уповайте на Господа». Жертва Правды! – На это я предлагаю обратить наше внимание в наших рассуждениях.

Что такое Правда? Почему это понятие, известное еще с глубокой древности, насущно и сегодня?

А сколько есть правд на свете? Две, три...? Или правда одна? – А изменилась ли правда, за прошедшие годы? Может быть то, что было правдой тысячу лет назад, это уже неправда сегодня?

А в настоящее время. Может быть то, что правда в России, в Америке или в Африке уже не правда?

А так ли важна сегодня правда в век атома, компьютеров, в век покорения космоса, в век электроники, телевидения, радио, телефона, интернета, когда отовсюду поступает так много информации и просто невозможно что-то скрыть от людей?

Можно ли быть абсолютно правдивым, сегодня в этом мире и нужно ли?

Эти и многие другие вопросы будут возникать у нас, если мы углубленно и внимательно станем исследовать эту тему в свете Слова Божия.

Прежде всего, давайте остановимся на самом понятии Правда! Что же это собственно такое?

Правда – это наши поступки и дела, это образ действия в соответствии с нашими убеждениями.

Например: Не каждый может иметь веру, которая может переставлять горы или веру, которая может исцелять болезни. Такую веру имеет далеко не каждый. Возможно, кто-то и хотел бы исцелять от болезней, но, увы, не может. Хочет, но не может!

Правда – это совсем другое дело. Это нечто такое, что целиком и полностью зависит от человека! Мы можем делать правду и можем не делать! Любой человек может, если захочет.

Проблема только в том – если захочет! Поэтому нам всем очень и очень важно знать точку зрения Библии по этому вопросу. Что думает об этом Бог? Что Он ожидает от нас в этом плане? Насколько важен этот вопрос для нашей практической, повседневной жизни и для жизни будущего века?

Что бы наше исследование было более полным, давайте, начнем от самого начала и попытаемся узнать ее истоки. Где и когда родилась правда? Может быть, правда появилась на свет, вместе с Адамом и Евой в Эдемском саду? Или после Всемирного Потопа? Или позднее, с Законом Моисея?

Слово Божие нам говорит, что правда была еще до сотворения Мира. И более того, на ней основаны Законы Вселенной! «Я создал землю и сотворил на ней человека! Я – Мои руки распростерли небеса, и всему воинству их дал закон Я! Я воздвиг его в правде..» Ис. 45:12-13. Мы видим, как далеко тянутся ниточки закона Правды, на котором Господь основал всю Вселенную. Это уже серьезно. Это должно побудить нас к более глубокому исследованию этого закона.

Несомненно, что если это такое крепкое основание, на котором зиждется вся Вселенная, звезды, галактики и это на протяжении многих и многих тысячелетий, то хорошо бы и нам иметь такое же прочное основание, когда мы планируем, что-то строить. Не так ли? Блаженна та семья, та Церковь, город, государство, у которых законы, жизнь и быт строятся на этом основании.

Итак, мы видим, что Закон Правды был еще до сотворения Мира и более того, на нем положено основание Вселенной.

Из этого вытекает следующий вопрос: Как долго он будет действовать? До какого времени?

На страницах Писания достаточно много сказано о том, что для многих вещей Богом положена граница, т.е. они действуют до какого то предела. Например, мы читаем: Пророчества прекратятся, языки умолкнут, знания упразднятся, смерти уже не будет, не будет болезней, слез, горя, земля и все дела на ней сгорят, и т.д.

А как же Правда? Может быть Правда вместе с Землей и с остальными стихиями, так же сгорит? Это очень важный вопрос! Прочитаем 2Петра 3:13. «Впрочем, мы по обетованию Его, ожидаем нового неба и новой земли, на которых обитает Правда!»

И еще одно место: «Правда Твоя – правда вечная…» Пс. 118:142. Как говорится, комментарии излишни. Слово Божие ясно говорит, что Закон Правды, существующий сегодня в нашем видимом мире, это тот же Закон, который будет и на Новой Земле, куда стремится каждый христианин.

Сопоставляя все эти факты, мы можем с уверенностью сказать, правда, – это неотъемлимая часть Божественного Естества. Это свойство и образ действия Бога.

Здесь мы можем сделать следующий вывод: Если Правда – это Закон на котором основана вся Вселенная и видимая и невидимая, следовательно, исполняя и творя правду – мы укрепляем этот Закон и напротив: делая неправду – мы разрушаем этот Закон и делаемся противниками Богу.

В Писании мы находим много мест, открывающих именно эту сторону Божественной природы. В Книге Пророка Исаи дается пророческая характеристика Иисуса Христа. «И будет препоясанием чресл Его Правда, препоясанием бедр Его – Истина!» Ис.11:5. И еще «десница Твоя полна Правды!» Пс.47:11.

Множество мест Писания повествуют нам о Правде, о Истине, о праведных путях Божиих, о праведных судах Божиих, о том, что Бог творит только Правду и что в Нем нет даже тени неправды. Если, по каким-либо причинам, Бог не исполнял то, что Он говорил, это не была неправда с Его стороны, но отмена обещания.

Происходило это по двум причинам: Первое – это покаяние, обращение от преступных дел и Господь отменял наказание. (Иона и Ниневитяне)

И наоборот, по причине неверности тех, кому принадлежало то или иное обетование, тогда Господь отменял или медлил с исполнением обещанного. Но Бог всегда говорил об этом заранее.

Вопрос: Кто есть праведник? Чаще всего мы слышим в ответ, праведник это святой угодный Богу человек. Но я полагаю, основываясь на Слове Божием, мы имеем хорошее основание для такого определения: – Праведник – это правдивый! Это человек, который живет по правде!

Слово Божие говорит, что абсолютно безгрешных людей нет! Ибо все согрешили и лишены славы Божией. «Если говорим, что не имеем греха, – обманываем самих себя, и истины нет в нас… и если говорим, что мы не согрешили, то представляем Его лживым, и слова Его нет в нас». 1Иоана 1:8-10.

Притчи Соломона 24:16. «Праведник, семь раз упадет и встанет».

Эти и другие места Писания говорят нам, что слово Праведник, - не является синонимом слова безгрешный. Но вот понятие Праведник и Правда, имеют под собою подтверждение из Слова Божия. Там же в Притчах 12:5, мы находим характеристику праведника: «Помышление праведных, – правда!» Т.е. не только дела, но и помышления! А мысли, как мы знаем, всегда идут впереди дел.

«Уста праведника изрекают премудрость, и язык его произносит правду. Закон Бога в сердце у него…» Пс.36:30-31.

Еще одно место Книга Откровений 22:11. «Неправедный пусть еще делает неправду; нечистый пусть еще сквернится; праведный да творит Правду еще; и святый да освящается еще».

Имея столько информации о Правде, у нас уже не стоит вопрос о том, что бы убедиться, откуда Правда и что это: доброе или худое? (*Хотя по сути дела, мы коснулись только весьма малой части того, что в Библии говорится о Правде*.) Вопрос стоит в том: – делать ее или нет!

Поскольку, как мы уже говорили, что Правду делать может любой человек. Если захочет! В этом и есть главная проблема всех поколений: – Люди не хотят жить по Правде! Поэтому псалмопевец, несколько тысячелетий назад пишет, в том числе и нам, современным христианам, эти весьма важные, исполненные глубочайшего смысла и истины, слова: – «Принесите жертвы Правды и уповайте на Господа».

Иоан пишет: «весь мир лежит во зле». 1Ин.5:19. Проводя паралель между этой фразой и нашей темой, мы можем сказать: «Весь мир лежит во лжи». Это действительно так.

Ложь, неправда, пропитала буквально все слои нашего общества и эта проблема стара как этот мир. Это не проблема только нашего времени или какого то отдельного народа или племени. Это проблема всех веков, всех народов и всех поколений, потому что истоки ее идут от дней древних.

В Книге Пророка Исаи мы читаем, как Бог с горечью говорит через Пророка Своему народу и упрекает их не за недостаточное количество жертв и даров, но за беззаконие и неправду! «К чему Мне множество жертв ваших?» Вопрошает Господь! «Я пресыщен всесожжениями овнов и туком откормленного скота; и крови тельцов и агнцев и козлов не хочу! Не носите более даров тщетных. Не могу терпеть беззаконие и празднование».

А чего же Ты хочешь, Господи? – «Научитесь делать добро; ищите Правды!» Ис.1:10-21.

Такие же призывы мы находим и в других Книгах Библии. У Пророка Михея, в Псалмах Давида, в Притчах Соломона, в Ветхом и в Новом Завете, Бог неустанно напоминает, направляет и призывает нас к Правде и только к Правде. Этот Закон Вселенной, красной нитью проходит через всю Библию, от ее начала и до Книги Откровения.

Давайте подумаем над такой мыслью. Если это так очевидно, что Правда так важна в очах Господа, и Он придает этому такое большое значение, неустанно творит ее Сам и призывает к этому всех Своих последователей; если Правда так приятна душе Господа, так давайте будем творить ее все вместе! И никаких проблем! Всем будет хорошо!

Смогу же я, если захочу, весь день, с утра до вечера поступать по правде, делать и говорить только правду! Всего один день! Смогу? А два дня? А месяц? Год? А всю жизнь? Почему же надо правду приносить как жертву?

Ответ такой: НЕ ВЫГОДНО! Кем то так все устроено и перепутано в этом мире, что человеку, как в наши дни, так и в прошлых веках, не выгодно говорить правду!

Слишком часто перед человеком становится выбор: – Скажешь Правду, потеряешь, скажешь неправду – приобретешь, больше сэкономишь, легче заработаешь, меньше высчитают, будет больше возможностей, будешь удобней жить, продвижение по службе будет успешнее и т.д.

Слишком часто один и тот-же вопрос, одна и та-же проблема; скажешь правду, – будет меньше или вообще не будет и шепчет тихонько внутренний голосок человеку: – «Ну так что? Стоит ли ради какой-то правды столько терять? Столько жертвовать»?

И опять где-то в подсознании голосок: – «А может искривиться лучше, временно, сделать дело, а потом подровняться, как и все. Не убиваю же, не граблю. Бог милостив, простит еще разок».

И так всю жизнь, то там, то тут, то одна приманка, то другая… Так постепенно, для многих людей это становится привычным, день за днем, раз за разом, убивать Правду!

И вновь плачет Христос, как Он плакал когда-то о Иерусалиме, видя как дети Его, так легко размениваются на неправду, не желая пожертвовать даже малым, временным, ради Правды, ради достижения несравненно лучшего и вечного.

Я надеюсь, у вас не возникла мысль, что все прочитанное было о том, что сахар – сладкий. Ведь все мы и так знаем, что правда – это хорошо, а неправда – плохо. Но наблюдая за нашей современной жизнью, я думаю, мы замечаем, с какой легкостью люди сегодня идут на обман.

Я много раз видел это и в среде христиан, призванных подобно Ною, быть проповедниками Правды, осоляющими мир. До обидного легко, часто даже не задумываясь, говорит неправду наша молодежь, наши дети, и т.д.

Легко и просто делал неправду и я сам, считая неправду, по мнению бытующему в нашей среде, несущественным и легким грешком, что-то вроде недостаточка небольшого, так называемого, грехом не к смерти.

Но однажды, Господь дал мне желание, более пристально взглянуть на Закон Правды. С таким намерением, я стал тщательно исследовать этот Закон на страницах Писания и пришел к выводу: значение этого Закона для жизни христианина и любого человека на земле, слишком велико.

Так как цена этому может быть или жизнь вечная, или так же вечная, но погибель. Ибо участь всех лжецов, (*вместе с их отцом*) в озере огненном.

В одной песне в исполнении Жанны Бичевской, есть слова: «…странно ли что ты отвергнут правдою, коль всю жизнь неправдою дышал…»

И в самом деле, будет ли это странным, если человек, всю жизнь живший в неправде, будет отвергнут Вечною Правдою, перед лицом всей Вселенной, когда будет решаться судьба всех живущих?

Книга Откровения 21:8. «Боязливых же и неверных, и скверных и убийц, и любодеев и чародеев, и идолослужителей и <u>всех лжецов</u>, - участь в озере, горящем огнем и серою; это – смерть вторая».

В Книге Откровения, Иоанн, заканчивая описание показанного ему Нового Иерусалима, пишет и о тех, которые будут вне этого Города. «А вне, – псы и чародеи, и любодеи и убийцы, и идолослужители, и всякий <u>любящий и делающий неправду</u>!» Откр.22:15.

В наших Церквах мы строго наказываем прелюбодеев. Мы гордимся, что среди нас нет убийц, мы немедленно отлучим чародея или колдуна, но очень часто у нас цветут и процветают многочисленные любители делать неправду. Это такое же зло в очах Господа, и участь их будет вместе с остальными злодеями, весьма плачевной. Так говорит Слово Божие!

Заканчивая эту главу, приведу еще несколько мест из Слова Божия свидетельствующие нам о чрезвычайной важности Правды в жизни каждого христианина.

1 Иоан.3:10. «Дети Божии и дети диавола узнаются так: всякий, не делающий правды, не есть от Бога…».

1 Кор.6:9. «Или не знаете, что неправедные Царства Божия не наследуют…».

Пс. 95:13. «Он будет судить Вселенную по Правде и народы по истине Своей…».

2Тим. 2:19. «Да отступит от неправды всякий исповедывающий имя Господа…»

Часть 2

«Ибо Господь есть Бог Правды, блаженны все уповающие на Него!» Ис.3018.

В одной из своих проповедей, Виктор Гамм привел такую статистику: Какие-то ученые подсчитали, что среднестатистический человек, обманывает приблизительно двести раз в день! Не знаю насколько это правда, но даже если эта цифра преувеличена в десять раз и это уже не мало. Представьте, что каждый человек на земле, каждый день двадцать раз говорит неправду! И это каждый день и это день за днем!

У Американцев есть старая шутка – вопрос, она построена на игре слов. В английском языке слово «лоер» – означает юрист, адвокат, а слово «лаер» – означает лжец, обманщик. Вам задается вопрос: – Когда лоер (адвокат) говорит неправду? И правильный ответ такой: – Всякий раз, когда он открывает рот.

Как говорится, это было бы смешно, если бы не было так грустно. «Нет дыма, без огня» так говорится уже в Русской пословице.

Когда я стал тщательно исследовать эту тему и обращать особое внимание на места Писания говорящие нам о Правде, Истине, о Праведности, Правосудии, Честности, я был просто поражен обилием мест в Слове Божием, которые призывают, наставляют, увещевают и направляют нас к Правде! Как непримирим Господь ко всякой неправде, в любом ее виде. Откройте Библейскую Симфонию, слова Правда, Истина, Праведник встречаются там более тысячи раз!

Сегодня, практически любой человек может приобрести Библию. Для тех читателей, которые серьезно заинтересуются изучением вопроса Правды и лжи, я советую следующее:

Купите новую Библию и цветные карандаши для выделения особых мест. Затем, начиная с Книги Бытие и до Книги Откровения, перечитайте Библию еще раз с единственной целью, отметить места Писания, которые говорят о Правде, Истине, о Праведности, об отношении Бога к этому вопросу.

Подчеркните эти места, допустим, зеленым карандашом.

А места говорящие о лжи, неправде, клевете, лжесвидетельстве и т.п., подчеркните красным карандашом и вы будете весьма удивлены по окончанию своего исследования. Ваша новая Библия, после окончания этой работы, будет разукрашена как Рождественская елка!

Бог весьма и весьма ревнует о Правде. Нам станет абсолютно ясно, это действительно Божественное качество и отличительная черта любого человека, который претендует называть себя сыном или дочерью Бога. Дети всегда подражают своим родителям.

Апостол Иоан пишет в этом смысле важное определение! «Если вы знаете, что Он праведник, знайте и то, что всякий, делающий правду, рожден от Него» 1Иоан. 2:29.

«Дети! Да не обольщает вас никто. Кто делает правду, тот праведен, подобно как Он праведен» 1Иоан. 3:7. Весьма убедительная паралель между Господом, Правдой и Праведностью!

Далее, в десятом стихе этой главы, мы читаем просто шокирующее предупреждение: «Дети Божии и дети диавола узнаются так: всякий, не делающий Правды, не есть от Бога!»

К нашему большому сожалению, глядя на окружающий нас мир, читая газеты, наблюдая за новостями мы видим, что вопреки всем Божьим увещеваниям и Заповедям о Правде, – весь мир лежит во лжи!

В предыдущей главе мы коснулись вопроса происхождения Правды, откуда она, как долго живет и т. п. В этой главе, я хочу коснуться истоков лжи, которая пропитала сегодня все слои современного общества. Даже о христианах говорят так: – Они не обманывают, но и не говорят правды!

К сожалению, мы должны признать, что такое встречается довольно часто. Попробуйте узнать сегодня у кого-то то, что ему не выгодно или то, что ему не хотелось бы рассказать? Вам могут рассказать много и разного, но действительно правду узнать будет очень трудно.

Из Слова Божия мы знаем, что Господь Бог, есть Бог Правды. Так как Бог не имеет начала, то и Правда существовала еще до сотворения Мира. На Правде, как мы читали в предыдущей главе, основаны Законы Вселенной и сама Вселенная. Следовательно, какой-то период времени, и видимо достаточно большой, вся Вселенная была свободна от лжи. Лжи просто не было. Нигде.

Но вот настает трагический момент во Вселенной, когда в ней впервые родилась ложь. Ложь не могла родиться просто так, сама по себе, кто-то должен был ее сделать впервые. Слово Божие не указывает нам точной даты ее рождения, но называет ее отца, - это диавол.

Поставим вопрос под таким углом и спросим себя: - Если кто нибудь из нас, или любой человек на этой земле, говорит ложь, то чьи слова он говорит? Чей дух действует через этого человека? Дух Божий или дух диавола? Чьи мысли выражаются и чьи советы озвучиваются? Кто, с нашего попустительства, говорит нашим языком? Какая вода течет из нашего источника? Чью волю мы исполняем?

Друзья мои, это серьезно. Это имеет слишком большое значение и для жизни сегодняшнего дня и жизни будущего века.

Поэтому, нам следует быть на страже своей души. Яд лжи, прежде всего отравляет наши души, окружающих нас людей, разрушает дело Божие, делает нас противниками Богу и своими диаволу.

В Книге Пророка Исаи, Господь открыл людям План Спасения, предначертанный Богом от сотворения Мира.

«Ибо младенец родился нам; Сын дан нам; владычество на раменах Его, и нарекут имя Ему: Чудный, Советник, Бог крепкий, Отец вечности, Князь мира. Умножению владычества Его и мира нет предела на престоле Давида и в царстве его, что бы Ему утвердить его и укрепить его судом и Правдою отныне и до века. Ревность Господа Саваофа соделает это». Ис.9:6-7.

По сути дела каждая фраза из этих стихов заслуживает отдельной проповеди и толкования. Я обращаю наше внимание, на заключительные слова седьмого стиха: «…что бы Ему, утвердить, и укрепить его (*Царство Свое и Престол*) судом и Правдою отныне и до века».

Вот миссия Иисуса Христа! Он пришел что бы укрепить престол владычества и мира, престол Давида и царства его. Укрепить чем?

Вооруженными до зубов солдатами? Ракетами? Атомными бомбами? Танками и авианосцами? Тюрьмами и лагерями? Репрессиями? Страхом суда, пытками и смертной казнью? Нам это все знакомо. Печальная история Земли нашей многострадальной, изобилует примерами о том, как здесь укрепляются престолы, и как эти престолы стремятся устоять, и как они стремятся умножать свое владычество. Рано или поздно, все они терпят крах, потому что, укрепляются и утверждаются не на том основании.

О Христе мы читаем нечто совершенно иное, Он пришел укрепить Свой престол, Судом и Правдою! Заметьте, даже не легионами Ангелов, а Судом и Правдою.

В последней Книге Ветхого Завета пророком Малахией записаны слова: «А для вас, благоговеющие пред именем Моим, взойдет Солнце Правды и исцеление в лучах Его….» Мал.4:2.

Ныне, хотим мы этого или нет, мы находимся перед фактом: – Если мы творим Правду, и в словах, и в делах, мы помогаем Господу укреплять Его престол и становимся соработниками у Иисуса Христа. К чему Он призывает всех людей на земле.

И напротив. – Если мы допускаем лжи и неправде проявляться в нашей жизни, то хотим мы этого или нет, мы становимся противниками Богу и помогаем диаволу разрушать этот престол. Середины здесь нет!

Правда и ложь – это два непримиримых врага. Правда уничтожает ложь, подобно как солнечный свет растворяет тьму. Это главный, непримиримый и, по сути дела, это единственный враг лжи, против которого у лжи никогда не будет иммунитета.

В одной из своих песен Владимир Высоцкий поет о лжи, которая украла одежды у невинной и доверчивой правды и разрядившись в них, отправилась разгуливать по белу свету. А у всех на виду осталась голая правда. Но от этого правда стала, как бы еще сильнее…

Высоцкий подметил, что ложь всегда старается приспособиться и прижиться где угодно, как угодно и с кем угодно и часто маскируется в одежду правды, стремясь внешне походить на правду, пряча свое истинное лицо. Но когда открывается Правда, – ложь исчезает.

Правда и ложь, это дети разных родителей.

Ложь, никогда, я подчеркиваю никогда, не будет находиться с Правдой в одном месте. У них разные отцы. Они никогда не примирятся, не пойдут на компромисс, не заключат мирный договор. У них разные цели. Правда всегда останется Правдой, (*даже голая*) а ложь, ложью.

В одном старом христианском псалме, который мы поем в наших Церквах общим пением, есть очень глубокие слова. Называется он: «Луч последний за горами».
«Ширь земную покрывает неприятный мрак
К злому делу приступает старый хитрый враг
Но когда и к нам придет он, сеять плевел свой
Ты разрушь его работу Правдою святой…»

Да друзья мои, ничто так не разрушает работу врага душ человеческих, как Правда. Она обнаруживает его замыслы, открывает сокрытое во мраке, обезоруживает врага и обращает его в бегство.

В Правде сокрыта великая сила. Во первых, – созидать и утверждать добро. Во вторых, – разрушать зло и неправду.

И напротив, ложь, клевета, лжесвидетельство, имеют силу и стремление разрушать добро, справедливость, истину, помогают нашему врагу сеять плевелы и разрушать дело Божие.

В Книге многострадального Иова, записаны слова: «Пусть взвесят меня на весах Правды». Иов.31:6. Какие потрясающе смелые слова. Много ли найдется людей сегодня, которые подобно Иову, могли бы вот так, дерзновенно и искренне сказать Господу. Взвесь меня, Господи, сейчас, на весах Правды и порадуйся Господи за меня. Я выйду честным и чистым, как золото.

Многие имеют в своих домах весы и имеют обычай каждый день становиться на них и глядя в зеркало на свой профиль, удерживать норме свое тело, избавляя его от лишнего веса. Многие имеют обычай тщательно наблюдать за уровнем холестерола в крови, скурпулезно пересчитывать калории в пище и т.п.

Это в общем конечно неплохо, при условии, что это не переходит разумных пределов. Поскольку люди, порою, превращают свое тело буквально в идола и забывая обо всем остальном, заботятся только о физическом здоровье.

Конечно, это желательно, чтобы наше тело было здоровым. Поскольку, через физическое тело мы имеем возможность жить в этом мире.

Наряду с этим, так же хорошо, если бы мы установили в своих домах весы Правды и имели обычай каждый прожитый день взвешиваться на этих весах.

– Как прошел этот день? Допустил ли я лжи проявиться в моей жизни сегодня? Что говорил я сегодня и ком? И если я с кем либо, говорил о ком либо, то могу ли я те слова произнести опять, уже в присутствии того человека, о ком мы рассуждали? Если нет, то я не прав. Впредь не следует так поступать, а поставить себе за правило, говорить о любом человеке только то, что я мог бы сказать и в его присутствии. Это поможет нам держать себя в рамках порядочности, удержит наш язык от искушения приукрасить что-либо и сохранит нас от сплетней.

Скажет ли мне Господь, за этот прожитый день: «Добрый и верный раб. Ты укреплял сегодня Мой Престол, делая Правду, ради Правды».

Да благословит нас Господь быть верными Его святому делу и своему обещанию служить Ему доброй совестью, как говорили в старину: «Верой и Правдой!»

ЧАСТЬ 3

«Не скоро свершается суд над худыми делами; от этого не страшиться сердце сынов человеческих делать зло». Еккл.8:11.

«…как сильны слова Правды». Иов.6:25.

В двух предыдущих главах мы рассматривали довольно много мест в Библии, говорящих и призывающих нас к Правде. Это весьма незначительная часть того, что Бог говорит нам об этом чрезвычайно важном Законе Вселенной. О Законе Правды.

Как в духовном, так и в материальном мире, мы повсеместно наблюдаем некое противостояние, две противоположности. День и ночь, белое и черное, добро и зло, и т.д. Правда, в этом смысле, так же не является исключением и противоположностью правды есть ложь, с историей возникновения которой мы слегка коснулись в предыдущей главе.

Любой полководец, что бы найти наилучший путь к победе, стремиться лучше изучить врага.

Давайте посмотрим сегодня более пристально на противоположную сторону Правды, чтобы нам легче было искоренять это явление в своей жизни и в жизни окружающих нас людей. На что мы христиане и призваны.

Ложь имеет свои законы, имеет свойство расти и развиваться, как бы невидимой сетью опутывая свои жертвы. В этом смысле ложь можно сравнить с болезнью. Заразившись лживым духом, солгав однажды, человек погружается в нее глубже и глубже.

Далее, он уже просто вынужден лгать, так как когда открывается одна ложь, человек вынужден придумывать другую, чтобы покрыть предыдущую и так далее до бесконечности, пока не открывается Правда и освещает все сокрытое во мраке.

В предыдущей главе мы с вами коснулись истории рождения лжи и ее родителя. В этой главе мы рассмотрим ложь более детально, как явление, с которым мы не можем не считаться.

Ложь и неправду мы можем классифицировать на три основных вида.

Первый: Это обыкновенная, так называемая будничная, бытовая ложь, к которой все давно привыкли и без которой уже и не мыслят свою жизнь. Она встречается где угодно: в газетах, в журналах, в книгах, на радио, на телевидении, в рекламах, в разговорах и письмах, в деловых встречах и домашних беседах, и т.д. Врать умеют все. Политики, бизнесмены, адвокаты, корреспонденты, ученые, президенты, и т.д. и т.п. В общем, врут все кому не лень.

Люди настолько уже привыкли к ней, что почти не обращают на это внимание, а порой даже и потешаются. – «Ну знаю что брешет» – говорит, – «а красиво».

Павел в Послании к Тимофею, пишет о такого рода заблуждениях и предупреждает юного Тимофея. « Ибо будет время, когда здравого учения принимать не будут, но по своим прихотям будут избирать себе учителей, которые льстили бы слуху; И от истины отвратят слух и обратятся к басням». 2Тим. 4:3-4.

Есть даже, так называемая, «святая ложь». Имеется в виду, иногда врач сознательно не говорит больному правильный диагноз, что бы не погасить в нем надежду. Или мама, в ответ на вопрос ребенка о его происхождении, рассказывает ему сказочку о капусте и т.д.

Второй: Это более высокая ступень лжи, – клевета. Говоря клевету, человек сознательно говорит о ком то, заведомую и откровенную ложь, с целью создать у слушающих искаженное, ложное представление.

Здесь следует отметить одну важную деталь. Клевету рождают не в присутствии человека на кого клевещут, а как мы говорим, «за глазами», тайно. Затем уже рожденная клевета, через сплетни, слухи, расползается по свету. Но зарождается она тайно.

В Книге Откровения, мы находим еще одно имя диавола, – клеветник. Он же является, как мы читали ранее, отцом лжи.

«И низвержен был великий дракон, древний змий, называемый диаволом и сатаною, обольщающий всю вселенную, низвержен на землю, и ангелы его низвержены с ним. И услышал я громкий голос, говорящий на небе: ныне настало спасение и сила и царство Бога нашего и власть Христа Его, потому что низвержен клеветник братий наших, клеветавший на них пред Богом нашим день и ночь». Откр.12:9-10.

Клевета, это диавольские плевелы, которые растут, распространяются и приносят ядовитые плоды нацеленные на душу человеческую. Если их не уничтожать, они приводят к самым печальным последствиям.

Таким образом мы видим, что клевета, уже гораздо более мощное оружие сатаны, чем простая ложь. Судя по тому, сколько он уделяет ей времени, (*клевещет день и ночь*) этому оружию, сатана придает огромное значение.

Распространяется клевета, как уже упоминалось, через сплетни, слухи, новости, секреты и т.п., все они льют воду на одну мельницу. Таким образом, сплетники всех масштабов, очень нужны клеветникам, без их помощи клевете будет трудно распространятся.

Третий: Это самая высшая степень неправды, – лжесвидетельство!

Клевета, как уже упоминалось, делается за спиной, тайно, не в присутствии того, на кого клевещут, то лжесвидетельство, – это уже открытое подавление истины ложью. Как следствие, влекущее за собою неправильные, неверные решения и действия, приводящие порою к самым печальным результатам.

Например: негодный человек лжесвидетельствует на суде и, кому-то, совершенно невиновному, присуждают десять лет тюрьмы. Или смертную казнь.

Вспомните как усердно первосвященники, обвиняя Иисуса Христа перед синедрионом, искали лжесвидетелей, что бы придать процессу суда над Иисусом Христом, законный вид. Фактически, они давно лукаво обговорили этот вопрос между собой и уже знали приговор, который будет вынесен. Дело было только за лжесвидетелями, что бы придать процессу убиения, законный вид. Это типичный пример лжесвидетельства.

Еще один пример лжесвидетельства записан в тридцать девятой главе Книги Бытия. Иосифа, на годы сажают в тюрьму, из-за лжесвидетельства отвергнутой жены Потифара – царедворца.

Это страшно, когда человек идет на открытое подавление истины ложью. Господь весьма и весьма категоричен в этом плане. В Послании к Римлянам записано очень серьезное предупреждение всем лжесвидетелям. «Ибо открывается гнев Божий с неба на всякое нечестие и неправду человеков, подавляющих истину неправдою». Рим.1:18.

Далее, до конца первой главы, Ап. Павел описывает состояние глубоко падших людей, и показывает в какую бездну греха, пороков и беззаконий, ввергла их злая сила, служителями которой они стали.

Здесь мы видим страшное. Они знают о Боге, но погрязли в этом зле настолько глубоко, что сознают, они достойны смерти, что они погибают, но все же не оставляют своих злых дел и более того: «…не только делают такие дела сами, но и делающих одобряют».

Человек, решающийся на лжесвидетельство, становится в разряд служителей сатаны. Они делают общее дело, сознательно. И делают это не просто так, а с удовольствием. Как мы читаем: 2Пет. 2:13. «…они наслаждаются обманами своими». Это сыны проклятия.

В Псалме 118-м Давид восклицает: «Ненавижу ложь и гнушаюсь ею; закон же Твой люблю». Друзья мои, какой контраст. Какие две противоположности. Такие же люди, которых Бог произвел от одной крови, но какие разные желания.

Одни одобряют ложь и наслаждаются обманами своими, продавая правого за серебро, сознательно подавляя истину ложью, говоря: «Закон, что дышло, куда повернешь, туда и вышло».

Другие же гнушаются и ненавидят ложь, с презрением отвергают ее, а любят закон Господень.

Даниил и его товарищи, положили в своих сердцах, не оскверняться пищею с царского стола. Как было бы хорошо, если люди всей земли, положили в своих сердцах завет: не оскверняться ложью.

В Притчах Соломона, есть наставление.

«Соблюдающий Правду и милость, – найдет жизнь» Пр.21:21.

В этой же главе Соломон пишет и о нечестивых. «Приобретение сокровища лживым языком – мимолетное дуновение ищущих смерти. Насилие нечестивых обрушится на них: потому что они отреклись соблюдать Правду»

Подумайте, почему столько раз Господь через Свое Слово, призывает, убеждает, увещевает всех людей земли жить и соблюдать Правду? Мы нигде не читаем в Слове Божием, что бы мы стремились, во что бы то ни стало, достигнуть такой веры, которой бы мы переставляли горы и упражнялись в этом.

Но к Правде и Истине, нас призывают тысячи мест Писания. Нет сомнения, что этому Бог придает чрезвычайно важное значение.

Книга Деяния Апостолов. «Истинно познаю, что Бог нелицеприятен, но во всяком народе боящийся Его и поступающий по Правде приятен Ему». 10:34-35.

В первой главе Книги пророка Исаи, Бог с горечью говорит, что Иерусалим, любимец Небесного Царя, перестал быть городом Правды! Это была причина, по которой они лишились Его благословений, подвергаясь многочисленным наказаниям, влачили жалкое существование, страдали и погибали.

Именно эту причину, Богу угодно было поставить в самом начале Книги Пророка Исаи. Случайность это или нет?

В молитвах мы выражаем Господу желания, что бы Он благословил нас, наставил, покрыл тенью крыл Своих; молимся о безопасности, о спасении, о помощи и т.д.

Мы понимаем, что блага, которые так желательны всем жителям планеты, даются нам Богом, поэтому наши молитвы мы направляем к Нему. Это логично. Мы надеемся, что Бог эти молитвы слышит и ожидаем ответа. Возвращаясь к первой главе Книги пророка Исаи, мы читаем, что Бог, по какой то особой причине, закрывает глаза Свои и отвергает молитвы Своего народа, не желая слышать их. В этой же главе Бог указывает нам и причину, побудившую Его поступать именно таким образом. Здесь же Бог дает нам ключ к решению этих проблем!

Еще одно место Писания, я хочу напомнить в контексте нашей темы. Книга Ездры 7:9-10. «Ибо в первый день первого месяца было начало выхода из Вавилона, и в первый день пятого месяца он пришел в Иерусалим, – так как благодеющая рука Бога его была над ним».

Почему благодеющая рука Бога была над ним? Это же как раз то, что нам так необходимо и желательно. И в личной жизни и в Церковной, в обществе, на службе, везде где бы мы ни были, что бы мы ни делали, каждый день нам важно, чтобы благодеющая рука Бога была и над нами. Не так ли?

Как и нам достичь этого? В десятом стихе мы находим ответ: «Потому что Ездра расположил (*не стал ждать когда оно расположится, а расположил!*) сердце свое к тому, чтобы изучать Закон Господень и исполнять его, и учить в Израиле Закону и Правде». Здесь мы с вами находим ключ к благословению.

Сравним это со своей жизнью. Насколько расположены наши сердца к изучению и исполнению Заповедей Господних? Имеем ли мы сами, моральное право учить окружающих нас людей, Закону и Правде? Так как делал это некогда Ездра?

Может быть, в этом кроется причина многих проблем и неудач в нашей жизни.

На страницах Писания мы читаем, какой успех сопутствовал Апостолу Павлу в деле служения и благовестия. В чем заключался секрет удивительных побед и достижений на его христианском поприще?

Прочитаем слова, которыми он свидетельствует о себе: «В чистоте, в благоразумии, в великодушии, в благости, в Духе Святом, в нелицемерной любви, в слове истины, в силе Божией, с оружием Правды в правой и левой руке». 2Кор.6:1-10.

Какой грозный воин! Не так ли? И какое грозное оружие у него? Как говорится, – вооружен до зубов, и чрезвычайно опасен. Обе руки заняты оружием, и правая и левая. Прямо Рэмбо какой-то.

Но в этом была его сила. Всегда находясь на позициях Правды, он давал место силе Божией, совершать через него великие дела.

Павел пишет: «И не предавайте членов ваших греху в орудие неправды, но представьте себя Богу, как оживших из мертвых, и члены ваши Богу в орудие праведности». Рим.6:13. Здесь Ап. Павел предупреждает нас, что можно предаваться также и греху, в орудие неправды. Здесь мы так же читаем об оружии, но уже о другом оружии, оружии греха и неправды.

Пророк Исая однажды воскликнул такие удивительные слова. «Кто может жить при вечном пламени?» Ис.33:14-17. Здесь же он отвечает: «Тот, кто ходит в Правде и говорит Истину».

Еще одно место записано в Книге Псалмов. «Господи! Кто может пребывать в жилище Твоем? Кто может обитать на святой горе Твоей?... Тот, кто ходит непорочно, и делает Правду и говорит Истину в сердце своем...» Пс.14:1-5. Какие чудесные откровения.

Заканчивая, я хочу привести еще одно место записанное в последней главе последней Книги Библии. Этой главой, Дух Святой завершает свою работу над всем Божественным Откровением, которое мы имеем как одну Книгу под названием Библия. Бог открывал эти истины людям на протяжении полутора тысяч лет, для назидания и спасения всех народов планеты.

«Неправедный пусть еще делает неправду; нечистый пусть еще сквернится; праведный да творит Правду еще, и святый да освящается еще... Я есмь Алфа и Омега, начало и конец, первый и последний... Блаженны те, которые соблюдают заповеди Его, чтобы иметь им право на древо жизни и войти в город воротами... А вне – псы и чародеи, и любодеи и убийцы, и идолослужители и всякий любящий и _делающий неправду_»... Откр. 22:11-15.

Посмотрите, в какой компании оказываются любители делать неправду. Чародеи, убийцы, идолослужители..., и всякий любящий и делающий неправду.

В этой главе, Господь последний раз предупреждает нас о том, что ложь – это далеко не безобидный грех, но он несет с собой самые печальные последствия тем, чья жизнь пропитана этим грехом.

Да благословит нас Господь сохранить все прочитанное в сокровищницах наших сердец, чтобы нам не быть слушателями забывчивыми, но быть исполнителями слышанного.

Да сохранит всех нас Господь и сбережет нас для Своего Царства!

«Ибо…Ты Бог мой! Дух Твой Благий, да ведет меня в Землю Правды!» Пс. 142:10.

Аминь

ВЛАДИМИР МЫСИН

НЕРАЗУМНЫЕ ГАЛАТЫ

«Вы куплены дорогою ценою; не делайтесь рабами человеков. В каком звании кто призван, братия, в том каждый и оставайся пред Богом» 1Кор.7:23-24.

В личности Апостола Павла, как Апостола и служителя, есть много особенного. Его послания занимают особое место среди книг Нового Завета. Особенным является избрание Апостола Павла – не человеками, как Матфия, но непосредственно Господом. Обратившись, Павел не учился в Иерусалиме у Апостолов основам нового учения, но пошел в Аравию, где был особо наставлен Самим Господом Евангелию и благодать Божия особенно проявилась в труде и служении Павла, как Апостола язычников. Особенной будет сегодня тема нашего разговора, основанная на двух Посланиях Апостола Павла.

Время служения Апостола Павла – это было особое время становления церкви и ситуация с проповедью Евангелия была сложной. Книги Нового Завета еще не были собраны в одну книгу и учение Господа передавалось из уст в уста и письмами. Все уверовавшие во Христа были Евреи, сила отеческих традиций которых не давала им даже и помыслить о том, чтобы проповедывать Евангелие язычникам. Для этого надо было жить среди язычников, есть и пить с ними, а это строжайше запрещалось делать всякому Иудею. Проповедь Апостола Петра в день Пятидесятницы была направлена к Евреям. (Д.А.2:36-39)

Повеление Христа проповедывать Евангелие всей твари даже до конца земли – понималось ими как проповедь Евреям, находящимся в рассеянии. Им еще предстояло многому учиться, ибо закладывался фундамент грандиозного строения, которое называется Церковь.

Основание его было новым. Не на праведности закона, который держал Израиль под стражей полторы тысячи лет, а на свободе веры в заместительную жертву Христа Спасителя. Это было непреодолимым препятствием всякому Иудею к принятию этого основания, ибо авторитет закона Моисеева был для них абсолютным.

Когда Апостол Петр был в Иоппии и к нему пришли посланники от сотника из Кесарии, Петр никогда бы не пошел к язычникам если Бог не дал бы ему видение. Даже после видения, зная, как сильно это отчуждение, Петр взял с собою шестерых свидетелей из обращенных Евреев, ибо точно знал, что ему надо будет объяснять своим братьям – Евреям в Иерусалиме этот негативный, с точки зрения всякого Иудея, факт, что он общался с язычниками.

Из Книги Деяния Апостолов мы видим, как непримиримо-ревниво были настроены правоверные Иудеи, следя за чистотой своей веры, святое святых которой был Иерусалимский храм. Они готовы были убить Апостола Павла только за то, что он, как им показалось, ввел с собою в храм Еллина Трофима из Ефеса. Д.А.21:28.

Когда тысяченачальник Лисий, спасший Павла от рук Иудеев, позволил ему говорить к народу, весь народ Иудейский слушал его оправдание в глубокой тишине. Пока Павел говорил о своей ревности в служении Богу, о том, что он был тщательно наставлен отеческому закону у ног Гамалиила, о том, что он сам преследовал и гнал последователей нового учения, о знамении с неба, когда Христос явился ему в сиянии яркого света на пути в Дамаск, о чудесном исцелении от слепоты и т.д. Все молчали и слушали. Но стоило только ему сказать, что Бог посылает его проповедывать язычникам, эти слова взорвали общество. Они подняли неимоверный шум и кричали: «Истреби от земли такого! Ибо ему не должно жить» Д.А.22:22.

В Деяния Апостолов (11гл.) мы находим свидетельство, что обращенные в христианство Иудеи, также избегали язычников. Рассеянные гонением в Иерусалиме, после убиения Стефана, они прошли много стран, но проповедывали Евангелие только Иудеям, которые там жили. Сложившиеся традиции запрещали Иудеям общаться с язычниками и все уверовавшие Иудеи, включая Апостолов, строго держались этого правила. Поэтому, когда Петр вернулся в Иерусалим из Кесарии, ему пришлось объяснять церкви и Апостолам, как так получилось, что он ходил к людям необрезанным и даже ел с ними.

Эта проблема была «китайской стеной» для проповеди Евангелия и Бог предусмотрел ее решение с помощью дара иных языков. Когда верующие из обрезанных увидели, что дар Святого Духа излился на язычников, они изумились этому явлению. Проявление дара иных языков стало знамением для уверовавших Иудеев и свидетельством, что человек, получивший этот дар, крещен Духом Святым. Услышав от Петра, что Бог даровал Духа Святого язычникам, как и им самим, тогда только они успокоились и смогли поверить, что Бог и язычникам дарует спасение, ибо излияние Духа Святого не зависило от желания проповедующего. Это было полной неожиданностью для Иудеев, ибо они были уверены, Господь приходил избавлять Израиля, как это было обещано им через пророчества и, следовательно, дар Святого Духа мог излиться только на верующего Иудея.

Если бы Бог не предусмотрел такого знамения, обращенные Иудеи никогда, ни под каким предлогом, не стали бы общаться с язычниками, что было бы непреодолимым барьером для благовестия.

Поэтому Апостол Павел пишет: «Итак языки суть знамение не для верующих, а для неверующих; пророчество же не для неверующих, а для верующих» 1Кор. 14:22. Таким образом, для Иудеев, которые не верили, что Бог дает спасение язычникам, языки были критически важным знамением.

Апостол Павел, описывая устройство церквей в языческих городах, пишет, что в них была совершенно другая ситуация. Уже далеко не все верующие получали дар говорения на иных языках. И это было нормально. Апостол Павел, который более всех своих современников говорил иными языками, без которых был немыслим его труд на ниве благовестия, пишет: «Желаю, чтобы вы все говорили языками; но лучше, чтобы вы пророчествовали, ибо пророчествующий превосходнее того, кто говорит языками». 1Кор.14:5.

В двенадцатой главе он подробно изъясняет действие Духа Святого в церкви: «Дары различны, но Дух один и тот же; и служения различны, а Господь один и тот же; и действия различны, а Бог один и тот же, производящий все во всех. <u>Но каждому дается проявление Духа на пользу:</u> (*Важный принцип проявления Духа*) Одному дается Духом слово мудрости, другому слово знания, тем же Духом; иному вера, тем же Духом; иному дары исцелений, тем же Духом; иному чудотворения, иному пророчество, иному различение духов, иному разные языки, иному истолкование языков. Все же сие производит один и тот же Дух, <u>разделяя каждому особо, как Ему угодно</u>». 1Кор.12:4-11.

Нам же, до сих пор, пытаются внушить, что только языки символизируют истинно возрожденного человека. Мне много раз говорили, если я не говорю иным языком – я зачаточный христианин. Как видно из прочитанных мест Писания, такие утверждения далеки от истины.

Еще один принцип проявления Духа: «Все сие да будет к назиданию». 1Кор.14:26. В день Пятидесятницы, когда Дух Святой впервые излился на Апостолов, они получили дар говорения на иных языках, а иностранцы, которые оказались в Иерусалиме, понимали их, ибо слышали говорящими о великих делах Божиих на своем родном наречии. Результатом этого было покаяние трех тысяч человек.

Таким образом, если кто-то утверждает, что он имеет Духа Святого, потому что говорит языками, можно определить так ли это, руководствуясь этими принципами: 1) Каждому дается проявление Духа на пользу. 2) Все сие да будет к назиданию. Подобное говорил Христос в Нагорной Проповеди: «По плодам их узнаете их».

Поэтому, говоря об исполнении Духа Святого, в первую очередь следует смотреть на плоды Духа, (Гал.5гл.) на плоды этого исполнения. Все проявления Духа должны быть на пользу и к назиданию. Если этого нет, будьте осторожны, общаясь с таким человеком, и многократно помыслите с молитвой, прежде, чем следовать его советам, даже если он говорит незнакомыми языками.

Говорение на иных языках не всегда свидетельствует, что это Божий человек, как и отсутствие дара говорения на языках не свидетельствует об духовной неполноценности.

Мой брат рассказывал, несколько лет назад, в его автомастерской (bodyshop) двое мужчин, из языкоговорящих церквей, стали скандалить между собою из-за какого-то спорного вопроса. Сначала на повышенных тонах каждый доказывал свою правоту и, распаляясь по ходу дела, дошли до того, что стали кричать друг на друга, оскорблять и дело было на волоске от драки.

Но вот, что особенно поразило его: в самом разгаре этого конфликта они вдруг стали кричать друг на друга на иных языках. Мой брат был просто потрясен увиденным.

Позже он говорил: если иными языками в человеке говорит Дух Святой, то как может Дух Святой ругаться Сам с Собой, если допустить, что разговаривая на иных языках, они оба исполнились Духа Святого? Ведь плоды Духа Святого – это любовь, радость, мир, долготерпение, благость, милосердие, вера, кротость, воздержание. А здесь были разногласие, ссора, гнев, ярость, крик, злоречие и т.п. Может ли Дух Святой проявлять такие качества? Стоит подумать.

Апостол Иоанн пишет важное предупреждение всем церквам: «Возлюбленные! Не всякому духу верьте, но испытывайте духов, от Бога ли они, потому что много лжепророков появилось в мире» 1Иоан.4:1.

Важно всегда и во всем отдавать Богу первенство. Поступайте так во всех случаях, когда вы не уверены – есть ли в этом воля Божия и вы никогда не ошибетесь. Если вам будут говорить, что для спасения непременно надо добиться говорения на языках, помните, это люди говорят и никогда не требуйте иного языка, а молитесь: «Господи, если Тебе угодно, чтобы я получил иного языка, то да будет воля Твоя, а если нет в этом воли твоей, то я решительно отвергаю все, что не от Тебя».

Я, например, когда не знаю, есть ли в чем-то воля Божия или нет, молюсь в таких случаях примерно так: «Мой Бог – это Бог Авраама, Исаака, Иакова. Да будет имя Его благословенно! Господи, я не знаю от Тебя это или нет. Поэтому, я принимаю только то, что угодно Тебе, Господи, а все, что не от Тебя, я отвергаю...»

В первом Послании к Коринфянам Апостол Павел посвятил три главы объяснению устройства взаимоотношений в церкви Христовой. В 12-й главе Павел перечисляет многоразличные дары Духа и метко сравнивает их с членами нашего тела. По всей видимости, у Коринфян назрели вопросы, связанные с тем, что не все, обращенные в веру, получили свидетельство крещения Духом, ввиде говорения на иных языках. Павел пишет им, чтобы они не смущались этим, потому что один и тот же Дух совсем не обязательно производит одни и те же проявления Духа, но кому-то дается дар веры, кому-то – дар мудрости, кому-то – дар знания, кому-то – дар исцелений, кому-то – дар чудотворения, кому-то – дар пророчества, кому-то – дар говорения на языках, кому-то – дар истолкования языков и т.д.

В конце этой главы он урезонивает «языковедов» Коринфской церкви, утверждающих – если человек не говорит иными языками, это неполноценный христианин, и спрашивает их: «Все ли Апостолы? Все ли пророки? Все ли учители? Все ли чудотворцы? Все ли имеют дары исцелений? Все ли говорят языками? Все ли истолкователи?» 1Кор.12.29-30. В Коринфской церкви пропорция говорящих языками была примерно один к десяти и это, по-видимому, смущало верующих.

Последним стихом Павел говорит, что дары, о которых он говорил, равноценны, но это только ступени на пути к совершенству и призывает церковь не останавливаться на достигнутом и стремиться дальше к превосходнейшему пути: «Ревнуйте о дарах больших, и я покажу вам путь еще превосходнейший». 1Кор.12:31.

Таким образом, 31-й стих является, как бы, вступлением к тринадцатой главе первого Послания к Коринфянам, известной как «глава любви», в которой Павел объясняет Коринфской церкви превосходнейший путь и указывает всем верующим на вершину, к которой должны стремиться все дети Божии.

Если вы имеете дар веры, дар пророчества, дар мудрости, или любой другой из перечисленных Апостолом Павлом, включая дар говорения на иных языках, не гордитесь и не считайте себя достигшими совершенства, ибо без любви – все это ничто. Поэтому, не уничижайте того, кто не говорит на языках, но наши стремления и молитвы пусть будут о достижении дара более совершенного, дара любви, к достижению пути превосходнейшего.

Из этого Евангельского факта мы делаем вывод: Когда говорение на иных языках перестало быть для Иудеев решающим свидетельством, что Бог открыл двери спасения язычникам и прививает их посредством Духа Святого к природной маслине, тогда Дух Святой начал устроять церковь Христову, как духовное тело нашего Господа, распределяя дары Духа так, <u>как Ему угодно</u>, наделяя каждого христианина тем даром, который наиболее ему соответствует, чтобы приводить верующих к одной цели – к достижению любви.

По всей видимости, некоторые Коринфяне по инерции продолжали понимать, что все обращенные непременно должны говорить языками, поэтому Павел подробно и терпеливо объясняет им тонкости домостроительства церкви: «И вы – тело Христово, а порознь – члены. И иных Бог поставил в Церкви во-первых Апостолами, во-вторых пророками, в-третьих учителями; далее, иным дал силы чудодейственные, также дары исцелений, вспоможения, управления, разные языки. Все ли Апостолы? Все ли пророки? Все ли учители? Все ли чудотворцы? Все ли имеют дары исцелений? Все ли говорят языками? Все ли истолкователи?» 1Кор.12.27-30.

Подобное мы, к сожалению, наблюдаем и в наше время. До сих пор находятся современные «коринфяне», утверждающие, что всех уверовавших непременно должно сопровождать говорение на иных языках. Иначе, – говорят они, – вы не можете спастись. Из выше прочитанного мы видим – это не так, но дары Духа всем даются разные и распределяет их Дух Святой так, как Ему угодно.

Проблема эта не так уж безобидна, как это может показаться на первый взгляд. На примере Галатов, которых Апостол Павел называет неразумными, мы видим к каким печальным последствиям приводят уклонения от заповедей Господних.

У Галатов проблема была в том, что по отсутствию Апостола Павла, вкравшиеся лжебратья убеждали церковь, что если они не будут обрезываться, то не смогут спастись. Узнав об этом, Павел пишет им самое строгое послание из всех своих посланий. Он называет их «неразумные Галаты» и говорит страшную истину: «Вы, оправдывающие себя законом, остались без Христа, отпали от благодати». Гал.5:4. Итак, мы видим, что те, которые уходят с платформы спасения, основанной на Иисусе Христе, отпадают от благодати, остаются без Христа.

Писание прямо говорит людям: «Ибо нет другого имени под небом, данного человекам, которым надлежало бы нам спастись». Д.А.4:12.

В другом месте мы читаем: «Ибо никто не может положить другого основания, кроме положенного, которое есть Иисус Христос». 1Кор.3:11.

Только Кровь Иисуса Христа омывает наши грехи и представляет нас оправданными и чистыми пред Богом. «Благодаря Бога и Отца, призвавшего нас к участию в наследии святых во свете, избавившего нас от власти тьмы и введшего в Царство возлюбленного Сына Своего, в Котором мы имеем искупление Кровию Его и прощение грехов, Который есть образ Бога невидимого, рожденный прежде всякой твари; ибо Им создано все, что на небесах и что на земле, видимое и невидимое: престолы ли, господства ли, начальства ли, власти ли, – все Им и для Него создано; и Он есть прежде всего, и все Им стоит. И Он есть глава тела Церкви; Он – начаток, первенец из мертвых, дабы иметь Ему во всем первенство: Ибо благоугодно было Отцу, чтобы в Нем обитала всякая полнота, и чтобы посредством Его примирить с Собою все, умиротворив чрез Него, Кровию креста Его, и земное и небесное». Кол.1:12-20.

Поэтому, когда члену баптистской церкви или какой другой, где нет традиции обязательного говорения языками, говорят, что он не имеет спасения, потому что не говорит языками – это не соответствует Писанию. Но одно дело, если бы такие диалоги ограничивались словами; есть случаи, когда неутвержденные души смущались этим и, оставив свои церкви, уходили в другие, чтобы получить языки.

Здесь они попадают в серьезную проблему. Тот, кто принял Господа, как личного Спасителя, заключил с

Ним завет, поверил в Его искупительную жертву, поверил, что Кровь Иисуса Христа очищает нас от всякого греха, поверил, что нет другого имени под небом данного человекам, которым надлежало бы нам спастись, и нет другого основания для спасения, кроме положенного, а затем верит, что, оказывается, жертва Христа и Его пролитая Кровь без иного языка недостаточна для спасения, – такие души отпадают от благодати Божией. Кто ради иного языка отвращается от жертвы Иисуса Христа, тот уничижает спасительную Кровь Господа и остается без Христа.

Я обращаюсь сегодня к нашим братьям и сестрам из языкоговорящих церквей. Утверждая, что без дара иного языка нет спасения, вы увлекаете неутвержденные души из других церквей в погибель, ибо таковые остаются без Христа и отпадают от благодати.

Подобно, как Галатам внушили, что без обрезания не может быть спасения, так и современным немощным душам вы внушаете, что нет спасения без дара иных языков. Дорогие мои, не губите души тех, которые приняли Господа, как своего личного Спасителя. Спасение не зависит оттого, говорит ли кто на непонятном языке или нет, но от Господа спасающего.

Неужели без иных языков Кровь Иисуса Христа не имеет силы спасать? Конечно же, имеет. «Зная, что не тленным серебром или золотом искуплены вы от суетной жизни, преданной вам от отцов, но драгоценною Кровию Христа, как непорочного и чистого Агнца, предназначенного еще прежде создания мира». 1Петр.1:18-20.

Здесь я хочу внести ясность: у меня нет цели посеять чувство отчуждения к языкоговорящим церквам. Меня никто не поставил быть вашим судьею. Бог вам судья. Если кто-то из мира пришел в вашу церковь и уверовал в ней, и был научен всем тем истинам, которые вы утверждаете, Бог так будет и судить его, ибо человек за себя даст отчет Богу о прожитой жизни. Если ваши дети обратились к Господу и уверовали от начала, что надо иметь дар языка, как свидетельство спасения, Бог будет судить их, как они были научены от начала.

Но, когда вы внушаете, что без дара иного языка нет спасения тем, которые познали как благ Господь в других церквах, которые уверовали в силу пролитой Крови Иисуса Христа и заключили с Ним завет, – они отпадают от благодати и остаются без Христа. Господь взыщет с вас за эти души. Вот уж поистине, «благими намерениями дорога в ад устлана».

Павел не просто так пишет Коринфянам: «Каждый оставайся в том звании, в котором призван». Еще одно место: «Вы куплены дорогою ценою; не делайтесь рабами человеков. В каком звании кто призван, братия, в том каждый и оставайся пред Богом» 1Кор.7:20-24.

Утверждать, что если кто-то не говорит непонятными языками, значит он не имеет части во Христе – это все равно, как если глаз будет говорить руке: Ты не относишься к телу, потому что ты не глаз. Это абсурд!

Православное христианство, донесшее до нас Библию, существует на Руси более тысячи лет, а в Греции и других странах намного дольше. Что скажем? Все они погибли, потому что не говорили языками? Или нет спасенных среди миллионов католиков, баптистов, меннонитов и других христианских деноминациях, которые не говорят на иных языках в своих церквах?

И что же? Миллиарды христиан пошли в ад, несмотря на то, что верили в искупительную жертву Христа, в Его пролитую Кровь, верили, что нет другого имени под небом, которым надлежит нам спастись, верили, что всякий, кто призовет имя Господне, спасется; и вот только потому, что они не были научены в своих церквах, что им, кроме веры в искупительную жертву Христа, надо еще получить дар иного языка, без которого Его жертва, якобы, не имеет силы? Все они пойдут в погибель?

Мне кажется, что в этом многие учителя из языкоговорящих церквей заходят слишком далеко. Таковым хочется напомнить мудрый совет Апостола Павла:

«Посему, кто думает, что он стоит, берегись, чтобы не упасть» 1Кор.10:12. Это не дух Евангелия. Господь говорит вам сегодня: «Кто ты, осуждающий чужого раба? Перед своим Господом стоит он или падает; и будет восставлен, ибо силен Бог восставить его... Не станем же более судить друг друга, а лучше судите о том, как бы не подавать брату случая к преткновению или соблазну» Рим.14:4-13.

Апостол Иоанн оставил поучительный пример следования за Господом. Однажды, уже после Воскресения, Христос сказал Петру: Следуй за Мной. Петр встал и пошел, но, обернувшись, увидел, что Иоанн также идет следом, Петр ревниво спросил Господа: «Господи! А он что? – Иисус говорит ему: – если Я хочу, чтобы он пребыл, пока приду, что тебе до того? Ты иди за Мною». Иоан. 21:19-23.

Это место Писания ясно говорит; не наше дело указывать верующим других течений и деноминаций, как они идут за Господом, но самим идти тем путем, на который Господь нас призвал и поставил. Мы не имеем право осуждать и судить кого-бы то ни было; суд – это прерогатива Господа, а наше право – это право увещевать, не забывая, что цель увещевания – это любовь от чистого сердца.

Людям свойственно устанавливать рамки по своим понятиям и затем, если что-то не совпадает с этими рамками считать, что это плохо. Так, к сожалению, обстоит дело и с пониманием действия Духа Святого.

Я желаю всем христианам помнить важнейший принцип действия Духа Святого, который записан в Послании к Коринфской церкви: «<u>Как Ему угодно</u>» 1Кор. 12:4-11.

На примерах Писания мы видим, что в разных ситуациях Дух Святой проявляется по разному. На Иисуса Христа и на евнуха Дух Святой сошел сразу после их крещения. На верующих из Самарии Дух Святой сошел после молитвы и возложения рук. (Д.А.8гл.) На сотника

Корнилия и тех, кто собрались слушать Апостола Петра, Дух Святой сошел во время проповеди. Не было ни крещения, ни молитвы с возложением рук. (Д.А.10гл.)

Поэтому, нам не следует устанавливать свои рамки для понимания действия Духа Святого, ибо Он действует не так, как нам хочется, а так, <u>как Ему угодно</u>. В одних церквах Дух Святой может проявляться в виде незнакомых языков, а в других церквах – в виде других даров Духа, которые не должны унижаться теми, кто имеет дар говорения на иных языках, ибо Дух Святой действует <u>как Ему угодно</u>.

Настораживает факт, что именно на непонятных иных языках, в языкоговорящих церквах, как говорится, «свет клином сошелся». Ну почему нет среди них церкви, где все поголовно имеют дар исцеления, или вся церковь имеет дар чудотворения, или все могут верой переставлять горы и т.п. Это такие-же дары Духа, как и говорение языками.

Увы, нет таких церквей. А вот говорение на иных языках – это пожалуйста, сколько угодно, все сто процентов церкви благополучно говорят языками. Даже в Коринфской церкви, лично наставленной и опекаемой Апостолом Павлом, процент говорящих языками был примерно один к десяти. Получается, что современные пасторы из языкоговорящих церквей перещеголяли самого Апостола Павла, поскольку языками у них говорят сто процентов прихожан.

Что-то здесь происходит непонятное, уже не говоря о том, что в этих церквах просто игнорируются многие повеления Апостола Павла. Например: Не говорить в церкви на непонятном языке, если нет истолкователя, или повеление говорить на непонятном языке только одному, а другому тут же истолковывать сказанное и т.п.

Попробуйте зайти на служение в языкоговорящую церковь и вы будете свидетелями, что тысячи человек, в полный голос начинают молиться иными языками и поднимается такой шум, такая какафония, что становится не по себе.

Подобное, по-видимому, происходило и в Коринфской церкви, поэтому Павел посвящает целую главу, объясняя им порядок служения, (1Кор.14гл.) который они должны были соблюдать: «Если вся церковь сойдется вместе, и все станут говорить незнакомыми языками, и войдут к вам незнающие или неверующие, – то не скажут ли, что вы беснуетесь?» 1Кор.14:23.

Образ новозаветних церквей отображается в случае с Ефиопским евнухом, как грядущий прообраз действия Духа Святого в мировом масштабе. Обратим внимание на условия исполнения Духом Святым, которые определил Апостол Петр в день Пятидесятницы: «Петр же сказал им: покайтесь, и да крестится каждый из вас во имя Иисуса Христа для прощения грехов, – и получите дар Святого Духа» Д.А.2:38.

Это условие, на котором исполнился Духом Святым евнух и миллиарды христиан до сего дня: – Покаяние, крещение во имя Иисуса Христа для прощения грехов и результат этого – получение Духа Святого.

Когда Апостол Филипп объяснил евнуху истину Писания, он воспылал верой и пожелал немедленно креститься. Филипп преподал ему крещение, во время которого на евнуха сошел Дух Святой и он продолжал свой путь радуясь. Ни о каких иных языках здесь даже не упоминается. Д.А.8гл.

Некоторые братья из языкоговорящих церквей пытаются затушевать этот факт и утверждают, что на евнуха не сошел Дух Святой, а только посетил его. Но такого просто не может быть, чтобы Бог, послав Апостола на встречу с евнухом, оставил дело незаконченным.

Сегодня миллионы христиан в день крещения получают от Духа Святого рождение свыше со свидетельством великой радости в их сердцах. В день крещения Дух Святой сошел на нашего Господа. Вспомните свое крещение, какая удивительная неземная радость наполнила ваше сердце, какая радость наполняет сердца верующих при каждой мысли о Боге, о спасении, о жизни вечной.

Радость присутствия Святого Духа и рождения свыше не может быть спутана ни с какой другой радостью, ибо Дух Святой дает и возгревает ее в течении всей нашей жизни во Христе. Эта радость удивляла тех, кто встречался с христианами в тюрьмах, в гонениях, в ссылках, на аренах амфитеатров, на эшафотах. Кто имел эту радость и потерял, хорошо чувствует эту потерю, ибо возместить ее не могут все удовольствия мира. Любая земная радость кажется суррогатом радости по сравнению с радостью рождения свыше и эту радость никто не может похитить, ибо она не от мира сего.

Радость – это луч Царства Небесного в сердцах искупленных детей Божиих и ее не купишь ни в аптеке, ни в супер-маркете, ни в каком другом месте вы не найдете такой радости. Это радость Царствия Божия нисходящая свыше Духом Святым: «Ибо Царствие Божие не пища и питие, но праведность и мир и радость во Святом Духе» Рим.14:17.

Итак, если в душах тех, где через праведность и мир и радость во Святом Духе находится Царство Небесное, то как можно говорить, что такие души не могут быть спасены, потому что не говорят языками, если Царствие Божие <u>уже находится в их сердцах</u>?

В знаменитой главе «любви» (1Кор.13гл.), которую Павел называет «превосходнейший путь», он пишет о качествах любви и начинает ее с того, что если человек говорит человеческими и даже ангельскими языками, а не имеет любви – это медь звенящая или кимвал звучащий. Он перечисляет здесь дар пророчества, дар познания, дар веры, дар жертвенности и говорит: без любви все это ничто. Он говорит о радости, как о верной спутнице любви и открывает духовный закон: когда любовь встречает проявление истины, она исполняется радостью, а когда любовь встречает неправду, она не может радоваться.

Многое, к чему стремятся сегодня люди, прекратится и не будет существовать в будущем, включая языки, но любовь никогда не перестает. Это неудивительно, ибо Бог есть любовь, а радость – это плод любви во Святом Духе. Поэтому те, кто ревнуют, чтобы доставлять людям радость, это соработники Божии, идущие превосходнейшим путем.

Везде, где Дух Святой производит Свою работу, обязательно присутствует радость, которая, как Его верная спутница, наполняет сердца человеческие. «А ученики исполнялись радости и Духа Святого». Д.А.13:52.

«И вы сделались подражателями нам и Господу, принявши слово при многих скорбях с радостью Духа Святого». 1Фес.1:6.

Апостол Павел пишет о всепобеждающей радости как о средстве борьбы. Мир не понимает, как христиане могут радоваться среди скорбей, испытаний, нищеты и никакие трудности и лишения жизни не омрачают их радости. Это – великое свидетельство. «Ибо они среди великого испытания скорбями преизобилуют радостью, и глубокая нищета их преизбыточествует в богатстве их радушия» 2Кор.8:2.

Радость о Господе – это верный индикатор присутствия Духа Святого. Царь Давид глубоко переживал, когда Дух Святой отошел от него после падения. Как Давид понял, что Дух Святой отошел от него? Может он перестал говорить непонятными языками? Нет. Он увидел, что от него отошла радость спасения. Он почувствовал эту потерю и помня, какая у него была радость, плачет и молится Господу в покаянии, умоляя Его вернуть ему потерянную радость общения со Святым Духом. «Не отвергни меня от лица Твоего, и Духа Твоего Святого не отними от меня. Возврати мне радость спасения Твоего, и Духом владычественным утверди меня» Пс. 50:13.

В притче о талантах Христос приводит иллюстрацию Царства Небесного и говорит, что Царство Небесное – это радость, у которой нет конца. Подобно воздуху, который как покрывалом окутывает землю, так радость покрывает Царство Небесное. Христос говорит, что войти в Царство Небесное – это войти в радость. «Господин его сказал ему: «хорошо, добрый и верный раб! В малом ты был верен, над многим тебя поставлю; войди в радость господина твоего» Матф.25гл.

Радость совершенная – это радость, нисходящая с неба. Христос говорит о радости, как о чем-то особенном и называет ее: «Моя радость совершенная». «Ныне же к Тебе иду, и сие говорю в мире, чтобы они имели в себе радость Мою совершенную» Иоан.17:13.

«Сие сказал Я вам, да радость Моя в вас пребудет и радость ваша будет совершенна» Иоан.15:11. Апостол Иоанн хорошо запомнил это наставление Господа, сказанное на их последней встрече и впоследствии напоминает об этой совершенной радости уже в своем Послании. «И сие пишем вам, чтобы радость ваша была совершенна» 1Иоан.1:4.

О грядущей вечной радости пишут пророки Ветхого Завета. «И возвратятся избавленные Господом, придут на Сион с радостным восклицанием; и радость вечная будет над головою их...» Ис.35:10.

Итак, радость – это визитная карточка Духа Святого и каждого христианина. Поэтому Павел пишет: «Радуйтесь всегда в Господе; и еще говорю: радуйтесь». Фил.4:4.

Ему вторит Петр и множество мест Писания, призывающие нас к радости в Господе, которая есть верная помощница Духа Святого на нашем нелегком пути к вечности. Радость во Святом Духе – это залог Царства Небесного в сердцах верующих. «Которого не видевши любите, и Которого доселе не видя, но веруя в Него, радуетесь радостью неизреченною и преславною, достигая наконец верою спасения ваших душ». 1Петр.1:8-9.

Дорогие мои, живите в радости. Пусть ваша радость во Святом Духе будет известна всем человекам. Служите радостью людям, делитесь ею со всеми, с кем только можно, ревнуйте о том, чтобы доставлять радость и ближним и дальним.

Ваши письма, телефонные разговоры, передачи, слова любви и ободрения пусть будут причиной радости, которая приводит людей к благодарности Богу. Будьте лучиком Царства Небесного для всех людей, с которыми Провидение Божие даровало вам встретиться в жизни. Даже, если порою вам захочется плакать от того, что вас не поняли, оскорбили, пренебрегли, даже сквозь слезы, превозмогая боль, наперекор всему, старайтесь сделать людям доброе. Просите у Бога силы стать служителем радости во Святом Духе, разливая ее, как благоухание Христово, всем людям.

Закончить нашу беседу я хочу словами Апостола Иуды: «Могущему же соблюсти вас от падения и поставить пред славою Своею непорочными в радости, единому премудрому Богу, Спасителю нашему чрез Иисуса Христа Господа нашего, слава и величие, сила и власть прежде всех веков, ныне и во все веки.»

Аминь.

ВЛАДИМИР МЫСИН

НЕ СУДИТЕ

Величайшая проповедь, сказанная когда-либо во Вселенной – это Нагорная проповедь Иисуса Христа. Бог во плоти, стал на горе, которую Он некогда сотворил, как Отец, призвал к Себе Своих сыновей и дочерей и учил их говоря простые слова вечной истины.

Богословы восторженно говорят, если весь текст Священных Писаний был бы утерян и до нас дошла только Нагорная проповедь, ее было бы достаточно для спасения. Поистине, в эти короткие фразы Господь вложил неиссякаемый кладезь премудрости для человеков и услышав одну только эту проповедь, можно научиться жить на всю оставшуюся жизнь. Слушая ее, хочется воскликнуть вместе с Апостолом Павлом: «О, бездна богатства и премудрости и ведения Божия!»

В основу нашей беседы я предлагаю текст из Нагорной проповеди Иисуса Христа, записанный в Евангелии от Матфея: «Не судите, да не судимы будете; ибо каким судом судите, таким будете судимы; и какою мерою мерите, такою и вам будут мерить». Матф. 7:1-2. Тема суда издревле является для людей больной темой. Кто прав? Кто виноват? Какую надо иметь мудрость, чтобы нелицеприятно и справедливо рассудить дело. Сколько родилось нового зла на земле от того, что люди неправедно судили, ибо несправедливость рождает новое зло.

В вечности судьи неправедные понесут тяжкое осуждение, когда, будучи облечены здесь временной властью вершить суд, вместо суда праведного они употребляли свою власть на зло людям.

В Нагорной проповеди Господь открывает нам величайшие духовные истины, последствия которых простираются через всю нашу земную жизнь и имеют огромное значение для жизни вечной будущего века.

Эти слова Иисуса Христа можно назвать заповедью с обетованием, в которой Господь говорит: «Не судите, да не судимы будете!» Этими словами Господь говорит суд – это эксклюзивное право Бога, и Он никому не доверяет его, ибо только Ему все открыто: и особенности характера человека, его внутренняя жизнь, труд, его окружение… Одни люди легче одерживают победу в борьбе, а другие – с величайшими трудностями.

Осуждающий не может знать всех обстоятельств жизни тех, кого он порицает и судит, ни их переживаний, искушений, ни всего остального. Поэтому праведно судить может только Бог.

Бог знает, нашей человеческой природе свойственно выискивать недостатки и осуждать ближнего, но каждый человек даст отчет Богу только за себя. Бог не спросит с нас за чужие грехи и пороки. Следовательно, один из худших грехов верующего – это осуждение.

Что же делать? Должны же мы как-то реагировать на неправильные поступки людей? Слово Божие говорит нам, что мы не остаемся безоружными, если решаемся стать на стезю борьбы со злом и приобретать души для вечности. Господь дает нам право увещевать.

В этом открывается мудрость Отца Небесного, оставившего нам эту чудесную заповедь, поскольку цель увещевания, пишет Павел в Послании к Тимофею – это любовь от чистого сердца. Это значит, позиция увещевателя – это отеческая позиция любви.

Находясь в позиции увещевателя, мы никогда не сможем оскорбить или унизить кого-то, мы никогда не будем говорить с человеком с позиции осуждения и критики, которая неизбежно приводит собеседника к отчуждению и обороне. Достичь сердца таких людей, как правило, бывает уже невозможно. Позиция увещевателя – это нежный стук любви в сердце человеческое. При такой постановке дела мы даем простор работе Духа Святого, а это всегда приводит к чудесным результатам.

Таким образом, мы имеем правило: «Если вы, собравшись сказать своему ближнему слова увещевания, еще не испытываете к нему любви от чистого сердца, – не ходите, не говорите и, тем более, не судите, ибо от этого не будет никакой пользы».

Нарушение этой заповеди принесло много страданий народу Божию. Отсюда берут корни и многочисленные разделения, которые мы видим во многих деноминациях. Я думаю, в нашей памяти есть примеры, когда забыв или проигнорировав это золотое правило христианского общения, люди брались судить и приносили тем самым и в семьи, и в церкви, а порою даже в братство в целом, различные конфликты и распри, причиняя немалый ущерб делу Божию.

Мы неоднократно видели так называемые «святые войны», которые разгорались между братьями, общинами и целыми течениями верующих даже одной деноминации. Временами доходило до того, что люди, хорошо знающие друг друга, годами не здоровались, предпочитая при случае перейти на другую сторону дороги, чем пожелать доброго здоровья брату. Десятилетиями служители общин не общались друг с другом сами и возбраняли это делать другим. Это порой происходит и в наше время.

Больно было слышать, когда приехав в Америку, где созданы все условия для свободного служения Господу, люди уже у трапа самолета задают вопрос: «А вы из какой церкви: регистрированной или отделенной?» Больно было слышать, что в каком-то американском городке есть только две семьи из России, но они не общаются друг с другом только потому, что одни из «отделенных», а другие из «регистрированных».

Скажите, как может Господь благословлять нас, когда осуждающий самовольно берет на себя то, что принадлежит только Господу? А именно – суд! Мы безрассудно вершим его, не предавая это Судии Праведному, самонадеянно разделяя людей на достойных и недостойных. Но таким образом люди сами себе могут затворить вход в Царствие Небесное. Затворит этот вход не Господь, а мы сами себе, и вот почему.

Думаю, никто не будет спорить с тем фактом, что мы родились грешными. Кто прав и кто виноват, кто судит и кого осуждают – все мы унаследовали эту природу еще от Адама. Таким образом, все люди в равной степени нуждаются в искуплении, которое совершил Господь на кресте Голгофы. Человек имеет вход в Царство Небесное не по своим заслугам, а исключительно по любви и милости нашего Господа, как мы читаем в Послании к Римлянам: «Итак помилование зависит не от желающего и не от подвизающегося, но от Бога милующего». Рим. 9:16.

Может ли кто дерзнуть похвалиться, что он сумел достичь вершин святости и его личная святость уже гарантирует ему вход в Царство Небесное? Нет. Наша святость – Христос! Нам нечем гордиться. Это касается всех людей: и тех кто больше виноват и тех кто меньше. Абсолютных праведников нет: «Все согрешили и лишены славы Божией». Рим. 3:23. Далее Павел пишет: «Кто ты, осуждающий чужого раба? Пред своим Господом стоит он или падает; и будет восставлен, ибо силен Бог восстановить его». Римл. 14:4.

Апостол Иаков: «А ты кто, который судишь другого? вот Судия стоит у дверей». Иак.4:12; 5:9.

Этими словами апостолы предостерегают нас от искушения поспешного осуждения зная, что праведно судить может только Бог. Поэтому, если мы, не внимая заповеди Господней, совершаем сегодня свой суд над братом или сестрой, суд строгий, исключающий милость и компромисс на многие годы, – мы осуждаем себя на такой же суд от Господа и сами подписываем свой приговор, ибо «каким судом судите, таким и судимы будете».

Это страшно, когда мы вырываем из руки нашего Господа скипетр судии и, становясь на Его место Судии Праведного, решаемся вершить суды, которые принадлежат только Господу. В таком случае подобный суд ожидает и нас. Если сегодня мы еще не научились у Господа снисходить и миловать, то такой же суд ожидает и нас. Если мы десятилетиями не прощаем брата и не ищем путей к примирению, то такой же суд ожидает и нас, ибо «каким судом судите таким и судимы будете».

Будем помнить: не прощая и осуждая ближнего, мы теряем право на Божье прощение. Об этом же говорит нам молитва Господня «Отче наш». «И прости нам долги наши, как и мы прощаем должникам нашим…»

Не проявив милосердия к виновному брату, мы не можем рассчитывать на милосердие Божье для себя. Наши грехи не могут быть прощены даже в том случае, если мы в них каемся, но ближнему своему не прощаем. Мы выносим приговор брату, а Бог выносит приговор нам.

Это серьезное предостережение всем любителям рубить с плеча своих ближних, всем любителям выискивать чужие недостатки, пороки, слабости и судить. Иаков предупреждает нас – не торопитесь осуждать! «Ибо суд без милости, не оказавшему милости». Друзья мои, не обманывайтесь: – судящий без милости брата своего также получит от Господа суд без милости.

Позиция осуждения – это тонко замаскированная диаволом трясина гордости, в которую постепенно погружаются люди, привыкшие осуждать. «Только «Я» поступаю правильно, только «Я» знаю истину, только «МОЯ» вера спасется, только «Я» понимаю тайны…» Постепенно черствеет душа таковых людей. Они не замечают, что уже не способны видеть, как Любовь Божия, подобно солнечному свету, объемлет весь мир.

Осуждая других мы, тем самым заявляем, что хорошо ориентируемся в ситуации и прекрасно видим «сучки» в глазах ближних. Здесь есть опасность, перед Судией всей земли оказаться с «бревном» в собственных глазах, а это может стать для нас катастрофой.

Как иллюстрацию Царствия Божия, в Евангелии от Матфея мы находим наглядный пример взаимного милосердия. Некий могущественный государь, умилосердившись, простил своему слуге его великий долг, но немилосердный слуга не захотел, в свою очередь, помиловать своего ближнего, хотя тот и умолял его со слезами. Финал этой поучительной истории серьезно предупреждает всех любителей осуждать без милосердия, часто забывающих, что всем нам прощено Господом неизмеримо больше, что мы не имеем никакого права осуждать кого бы то ни было. Матф.18:22-35.

Иисус Христос, живя среди нас, никого не судил говоря: «Я не сужу никого». Иоан.8:15. Еще одно место: «Ибо Я пришел не судить мир, но спасти мир. Отвергающий Меня и не принимающий слов Моих имеет судью себе: слово, которое Я говорил, оно будет судить его в последний день». Иоан.12:47-48.

На страницах Евангелия Христос учит одной важной истине – любите и прощайте. Любящая душа нашего Господа в полной мере проявилась в Его ответе, когда Он находился перед возбужденной толпой приведшей к Нему женщину, взятую в прелюбодеянии. Они готовы были в любую секунду запустить камни в свою жертву. Но они слышат вопрос, который вывернул наизнанку их существо. Один за другим они стали уходить оставляя объятую смертным ужасом женщину у ног Иисуса.

Тогда Христос спросил её: «Женщина! Где твои обвинители? Никто не осудил тебя? Она отвечала: никто, Господи! Иисус сказал ей: и Я не осуждаю тебя; иди и впредь не греши». Иоан.8:3-11. Христос навсегда приобрел ее душу тем, что не осудил. Он покорил ее Своим великодушием, не сказав ей ни одного слова упрека или осуждения. Он спас ее жизнь, когда она была уже на волоске от смерти, которую она вполне заслуживала по законам того времени.

В тяжелейших страданиях на Голгофе, Христос не сказал слова осуждения судьям, ни палачам, ни издевавшейся над Ним толпе, ни злословящим Его, вместе с толпой, распятыми разбойникам, но только воскликнул: «Отче! Прости им, ибо не знают, что делают» Луки 23:34.

После этих слов потекли слезы покаяния у одного разбойника. Сотник, командующий этой трагедией, увидел в Нем Сына Божия и прославил Бога. Недавно еще разъяренная и неуправляемая толпа потекла обратно в город, бия себя в грудь и сокрушаясь о соделанном.

На примере жизни Господа мы видим, Его слова, научающие нас не осуждать, но прощать, были не просто словами. Мы видим, умение прощать не осуждая, было в Его руках сильнейшим оружием, разрушающим твердыни сатанинские в сердцах человеческих.

Господь Своей жизнью показал, что значат чувствования Христовы на деле. Ныне Господь призывает нас – не торопитесь осуждать этот мир. Мы призваны спасать мир, возвещая любовь Господню и покоряя его своим умением любить и прощать без осуждения. Пусть только наши любящие слова увещевания будут слышать люди, с которыми мы встречаемся в своей жизни.

Рассуждая над проблемами, которые порою разобщают сегодня братьев, мы видим, что все они заканчиваются с окончанием земной жизни. Поэтому для нас гораздо важнее знать точку зрения Господа по тем или иным вопросам. Ведь именно Он будет решать нашу вечную участь, лично мою и лично твою, мой дорогой друг.

Из этого вытекает вопрос: «То, что сегодня служит для кого-то причиной разделения и осуждения, послужит ли это основанием для нашего личного спасения, когда мы встанем пред дверями Царства Небесного? Что скажет нам Господь, если наши души, по сей день, нередко опаляются огнем осуждения братьев, считая кого-то из них еретиками и отступниками?

Но так ли смотрит на это Господь? И какая будет религия на небе? Будут ли там только «отделенные» или только католики? Будут ли там одни баптисты или пятидесятнико или только православные? Это не наше дело! Судить всех будет Бог и только Он будет решать этот вопрос соответственно тому, что мы делали, живя в теле, – доброе или худое.

Вопрос ревности в вере: чья вера лучше и правильнее, издревле был сильной уловкой диавола. Тысячелетиями этот вопрос был причиной споров, огорчений, разделений, горя и смертей даже в национальных масштабах. Ослепленные неуемной ревностью к своей вере, люди уже не помнили о заповедях Господних, убивали себе подобных и погибали сами радуя сатану. Вот уж поистине: «благими намерениями дорога в ад вымощена!»

Крестовые походы, инквизиция, черносотенные погромы и т.п. Реки крови и слез пролились от таких «благих намерений» за годы земной истории.

Но Господь одинаково любит весь род человеческий. Все мы дети одного Отца одинаково дороги Ему. Он некогда сотворил нас по образу Своему и подобию Своему. Каждый человек имеет бессмертную душу, которую Господь не променяет на все богатства этого мира.

В Послании к Галатам Павел пишет серьезные слова: «Не обманывайтесь: Бог поругаем не бывает. Что посеет человек, то и пожнет…» Гал. 6:7.

Итак, если сегодня я не вмещаю брата, который не так мыслит или ходит в «не ту церковь», как же я собираюсь жить с ним в вечности, если Господь захочет помиловать его, как и меня? Может быть, мы надеемся, что в Царствии Божием, мы наконец всех полюбим? Там мы будем приветствовать друг друга, разделять трапезу, там наконец перестанем осуждать и все вместе будем восхвалять имя Господа? Может быть, многие собираются это делать там? Но мы должны научиться делать это здесь.

Господь говорит людям через апостола: «Солнце да не зайдет во гневе вашем». Продолжая эту мысль можно добавить: «Солнце да не зайдет в осуждении вашем».

Это в действительности серьезнее, чем это кажется. Становясь в позицию судьи, мы ставим перед Господом проблему выбора: – я или мой брат, которого я осуждаю. Во весь рост встает дилема: кого из нас взять в Царство Небесное, поскольку вместе мы там быть не можем по причине того, что не вмещаем и осуждаем друг друга.

Господь, может и рад был бы взять туда нас обоих, потому что все мы имеем вход в Царство Небесное не по своим делам и заслугам, но только по Его любви к нам и милости. Но вот беда! Мы сами не вмещаем друг друга.

Сердце Господа любит миловать, но если в чьем-то сердце сегодня живет грех осуждения, мы лишаемся этой привилегии и сами выбираем себе другой суд, на котором никто не устоит. Суд без милости, не оказавшему милости. Двери вечности перед таковыми могут быть закрыты. И закроет их не Господь, а наше осуждение.

Просмотрим свой путь, попросим у Господа прощения за все допущенные осуждения, забирая у Господа это право и, смирившись под крепкую руку Божию, будем просить, чтобы Он дал нам чувствования Христовы.

Во грехах наших все мы заслуживали самой строгой кары и осуждения, но Он, безмерно любя, не воздал нам то, что мы заслужили, но простил нас и помиловал. И более того, Он умер за нас на кресте Голгофы. Как же мы можем после этого огорчать Господа своими судами?

НЕ СУДИТЕ

Поэтому, если мы впредь будем усматривать недостатки в наших близких, в наших друзьях, в братьях, может быть находящихся даже в других течениях и деноминациях лучшее, что мы можем сделать, – это стараться увещевать их с любовью от чистого сердца и молиться о них Господу. Не осуждая их, если наши увещевания не достигнут своей цели сразу или не достигнут её вообще. Это не наше дело, а Господа. Наша задача не опалить свою душу огнем осуждения оставаясь чистыми пред Богом. Ведь каждый человек ответит за свою душу.

Продолжайте любить их, будьте с ними доброжелательны и приветливы, не упустите случая помочь им в чем-либо, ищите случая еще раз пообщаться с ними и показать свою любовь, ведь не здоровые имеют нужду во враче, а больные, молитесь за них. Но не судите!

Предоставьте Судие Праведному сказать Свое определение, но не говорите его вы. Если Господь найдет возможным помиловать их, то не препятствуйте Ему в этом своим осуждением.

Будьте готовы возликовать об этом, как Ангелы радуются о спасенном грешнике. Пусть наши сердца всегда будут готовы раскрыть им свои объятья со слезами радости, как отец встречает своего блудного сына. Это чувствования Христовы, явленные на деле. Но не судите!

Даже Архангел Михаил, некогда встретившись с дьяволом, не смел произнести на него укоризненного суда, хотя дьявол может быть и трижды заслуживал его, но сказал только: «Да запретит тебе Господь». Иуда 1:9. Тем более и нам надлежит не делать этого.

Увидим же в каждом человеке неповторимую, драгоценную, бессмертную душу, за которую уже заплачена неизмеримо высокая цена и этой цены достаточно, чтобы каждому из живущих на земле купить белые одежды праведности. Господь силен сделать это. Невозможное человекам возможно Богу. Не будем ограничивать Господа своими судами, но дадим Ему во всем первенство.

«Не станем же более судить друг друга, а лучше судить о том, как бы не подавать брату случая к преткновению или соблазну». Рим.14:13.

ВЛАДИМИР МЫСИН

ПО РОДУ СВОЕМУ

«И сказал Бог: да произрастит земля зелень, траву, сеющую семя, дерево плодовитое, приносящее по роду своему плод, в котором семя его на земле. И стало так. И произвела земля зелень, траву, сеющую семя по роду ее, и дерево, приносящее плод, в котором семя его по роду его. И стало так. И был вечер и было утро: день третий». Быт.1:11-13.

Одним из феноменов жизни на земле в материальном мире являются плоды. Это чудо природы и великий дар Божий, наделивший способностью все живущее приносить плоды. Растения, животные, человек, все живое и дышащее на земле, благодаря этой способности живут и размножаются. Это незыблимый закон жизни, установленный Богом от начала творения.

Здесь следует отметить важную деталь, установленную Богом также от начала творения, все живое производит плод по роду своему. Ничто не может нарушить это установление Божие.

От овцы никогда не родится волк или от львицы – олень. Яблоки всегда рождаются на яблоне, на помидорном кусте не вырастут арбузы и т.д. Все производит по роду своему. Это закон жизни.

Этот закон позволяет нам безошибочно ориентироваться в окружающей обстановке. По качеству и достоинству плодов мы определяем и ценность растения и урожая в целом. Например, что толку, если в вашем саду растут роскошные яблони, но яблоки урождаются на них мелкие и кислые. Целая гора плодов тыквы будет иметь гораздо меньшую ценность, нежели несколько килограммов масла мирровых кустарников, из которых производят благовония и т.д. Таким образом, вполне естественно, что результат жатвы определяется по плодам.

Далее, эта же закономерность распространяется и на другие сферы бытия. В животном мире мы видим, что и здесь по плодам определяется ценность животного, которое выражается степенью приносимой пользы.

Тот же самый принцип, уже более высоких стандартов, действует и в жизни людей. Человек, обладающий умением делать что-либо полезное, также ценится в обществе соответственно своему мастерству, способностям, образованию и т.д. Немалое значение здесь имеет уже и природный талант человека, данный ему от Бога. У кого-то замечательный голос, кто-то талантливо рисует, делает скульптуры, строит, изобретает, и т.д.

История сохранила немало имен людей, чья гениальность, в сочетании с трудолюбием, оставила неизгладимый след в истории человечества. Вспомним Шаляпина, Моцарта, Карузо, Толстого, Леонардо Да Винчи, Эйнштейна, Айвазовского и других знаменитостей.

Факт, что и в духовной среде действуют такие же правила, дает нам возможность ориентироваться в еще более высоких сферах. В Нагорной проповеди Христос наглядно объясняет Своим ученикам действие этого закона на простых примерах из повседневной жизни людей и природы.

« Берегитесь лжепророков, которые приходят к вам в овечьей одежде, а внутри суть волки хищные. По плодам их узнаете их. Собирают ли с терновника виноград или с репейника смоквы? Так всякое дерево доброе приносит и плоды добрые, а худое дерево приносит и плоды худые. Не может дерево доброе приносить плоды худые, ни дерево худое приносить плоды добрые. Всякое дерево, не приносящее плода доброго, срубают и бросают в огонь. Итак, по плодам их узнаете их». Матф.7гл.

Господь проводит здесь четкую параллель между материальной и духовной жизнью. Ложные учения, ложные пророки, ложные друзья, ложные лидеры и вожди оцениваются и узнаются по плодам.

Приходя в храм, Христос встречался там с фарисеями и книжниками. Это были известные, уважаемые, прекрасно обученные люди, назубок знавшие Закон Моисеев и пророков, но, тем не менее, Христос сказал им, что их отец дьявол. Как Он узнал это? По плодам.

Христос прямо говорит ученикам о книжниках и фарисеях: «Итак, все, что они велят вам соблюдать, соблюдайте и делайте; по делам же их не поступайте, ибо они говорят, и не делают…» Матф. 23:3. Именно плоды указывали на их истинную сущность, которая была далека от их слов.

Слово Божие дает нам безошибочное правило, как ориентироваться в сложных духовных вопросах, когда порою мы не в состоянии определить, кто друг, а кто враг. Господь говорит нам, что как бы красиво человек ни говорил, как бы прилично он ни выглядел, истинную сущность его определить мы можем по плодам, пользуясь изначальным определением Божиим: «Все производит по роду своему».

Павел в 5 главе Послания к Галатам пишет о плодах духа и плоти. Каждый из этих плодов заслуживает детального рассмотрения. Каждый из этих плодов имеет весьма важное значение в жизни христианина. Но мы говорим сегодня о плодах в целом, как о системе законов, действующих в этом мире и на злое, и на доброе.

Подводя итог, мы видим, что система законов, охватывая практически все аспекты нашего бытия в физическом мире, простирается также и в духовные сферы. Это еще раз доказывает, что весь мир, материальный и духовный, видимый и невидимый – подчиняется одним и тем же законам и, следовательно, является творением одного Законодателя.

В Послании к Галатам, мы находим серьезное предупреждение: «Не обманывайтесь, Бог поругаем не бывает, что посеет человек, то и пожнет». Гал.6:7. Восьмым стихом Апостол Павел подводит итог своему наставлению о плодах плоти и духа: «Сеющий в плоть свою от плоти пожнет тление, а сеющий в дух от духа пожнет жизнь вечную». (*Все производит по роду своему.*)

Понимая это, мы можем проследить четкую причинно – следственную взаимосвязь многих событий, которые происходили, происходят и будут происходить на земле.

На страницах Библии мы находим примеры, как пророки от имени Бога убеждали народы, вождей, царей изменить что-либо в своей жизни, отказаться от служения идолам, очиститься, обратиться к Богу и т.д. К сожалению, часто их слова не находили понимания и это приводило к весьма плачевным последствиям. Ибо все производит по роду своему!

Сравнительно недавно современные ученые стали открывать тайны генетики и могут объяснить научно, как действует тот или иной сложнейший закон. Но вот что интересно: древние знали эти законы и даже успешно применяли их.

В этом смысле интересная история записана в тридцатой главе Книги Бытие. Приведем ее в небольшом сокращении.

«И сказал Лаван: что дать тебе? Иаков сказал: не давай мне ничего. Если только сделаешь мне, что я скажу, то я опять буду пасти и стеречь овец твоих.

Я пройду сегодня по всему стаду овец твоих; отдели из него всякий скот с крапинами и с пятнами, всякую скотину черную из овец, также с пятнами и с крапинами из коз. Такой скот будет наградой мне... Лаван сказал: хорошо, пусть будет по твоему слову.

И взял Иаков свежих прутьев тополевых, миндальных и яворовых, и вырезал на них белые полосы, сняв кору до белизны, которая на прутьях. И положил прутья с нарезкой перед скотом в водопойных корытах... И зачинал скот перед прутьями, и рождался скот пестрый, и с крапинами и пятнами... Каждый раз, когда зачинал скот крепкий, Иаков клал прутья в корытах перед глазами скота, чтобы он зачинал перед прутьями. А когда зачинал скот слабый, тогда он не клал. И доставался слабый скот Лавану, а крепкий Иакову. И сделался этот человек весьма, весьма богатым…» Быт.30:31-43.

Ну как вам это нравится?! Не забывайте, это событие произошло около четырех тысяч лет назад. Просто уму непостижимо, ну откуда мог Иаков знать законы генетики? Еще несколько десятков лет назад ученые даже и не подозревали о существовании этого закона. Но тем не менее Иаков мастерски применяет этот закон против своего хитромудрого тестя и приобретает немалое богатство. Так сказать, вполне законным путем.

«Все производит по роду своему». Это незыблимый закон бытия. Он охватывает наш сегодняшний мир и простирается в век грядущий.

Американцы сейчас много говорят, пишут, размышляют и удивляются, что волна небывалого насилия и жестокости захлестнула Америку. Серия страшных, жестоких преступлений в школах всколыхнула американское общество. Леденящие кровь убийства, которые Америка не могла представить еще 15 – 20 лет назад, потрясли всех. Дети убивают детей! В Колорадо, Джорджии, во Флориде, в Юсемити – везде мы слышим один и тотже вопрос: Почему?

Вечная Библиия дает ответ в одном непреложном законе: «Все производит по роду своему!»

В школах отменили молитвы, в других общественных местах молитвы стали неприличными, ходить в церковь уже не модно… Сегодня в Америке два главных идола: **ДОЛЛАР** и **УДОВОЛЬСТВИЯ**, и жертвы им приносятся очень большие. Но ничего не проходит бесследно. Что человек посеет, то и пожнет.

Ложь, ненависть, разврат, насилие, жестокость, несправедливость, убийства, которые широким потоком льются в сердца и души нашего поколения с экранов телевизоров, компьютеров, кинотеатров, обязательно будут производить себе подобное, «по роду своему».

Некогда Иаков, чтобы разбогатеть, мастерски применил этот закон, положив перед глазами овечек пестрые прутья. Сегодня диавол выставляет перед глазами людей нечто более страшное. Сегодня у экранов телевизоров молодые папы и мамы Америки, как и других стран, зачинают свое потомство. Сегодня дьявол обильно сеет прямо в души нового поколения и уже пожинает свою страшную жатву. Можно только представить себе, что ожидает нас впереди... Первые ласточки уже полетели…

Сегодня, как никогда ранее, мы имеем множество различных руководств и пособий по воспитанию детей, но, как это ни печально, еще никогда за всю историю Америки, не было такого высокого уровня детской преступности Уже есть дети убийцы, дети проститутки, дети наркоманы, дети токсикоманы и т.д. Я не говорю уже о таких «мелких» преступлениях, как воровство, обман, сквернословие.

Откуда это? Кто их учил? Когда? В какой школе? В каком детском садике? – «Все производит по роду своему.

Самое страшное, многие дети уже родились с этими пороками. Согласно законам генетики, они уже имели их в себе от чрева матери. Они еще не успели вырасти, как зло уже проявилось в них и вылилось в такие ужасные последствия.

В первой главе Евангелия от Луки есть история рождения Иоанна Крестителя. Хочу обратить ваше внимание на 15й стих, где посланный от Бога Ангел говорит Захарии, отцу Иоанна Крестителя важную истину: – «Иоанн Креститель Духа Святого будет исполнен еще от чрева матери». Лук.1:15. (*Хороший пример всем молодым родителям: когда, как и о чем следует ревновать пред Господом, ожидая рождения своего потомства.*)

Этот стих говорит достаточно прямо: ребенок, еще до своего рождения, уже может иметь в себе нечто большее, чем быть просто похожим на папу с мамой! Кто-то может быть исполнен Духа Святого еще от чрева матери, а кто-то – плодов смерти, также от чрева матери.

Я сравниваю программы телевидения, которые были в Америке в конце 80-х годов, когда мы только приехали сюда, с сегодяшними. Какая огромная разница! Во-первых, это обилие мультфильмов, в которых детей и других действующих персонажей изображают необычайно уродливыми. Раньше таких мультфильмов не было. Зачем рисуют такие уродливые образы? Спросите у Иакова.

Далее. Посмотрите, как пропагандируется сегодня культ силы на телевидении. Всевозможные «батмэны», «супермэны» и прочие «мэны», накачанные до уродливости мышцы, сверхъестественные чудеса и прочие головокружительные подвиги преподносятся как норма жизни. Открытым текстом идет самая откровенная демоническая пропаганда культа силы.

Все это является полной противоположностью Слову Божию, где мы читаем: «Сила Божия проявляется в немощи... Когда я немощен, я силен». Многие другие места Писания однозначно говорят нам, в чем находится сила христианина. Таким образом, ни Христос, ни Апостолы, ни пророки никогда не давали нам примеров подражания грубой силе.

Сейчас есть особые мультфильмы и кинофильмы, в которых демонов показывают буквально. С рогами, клыками, крылатые, драконообразные, накачанные, свирепые, все крушащие и разрушающие, летающие существа.

В знаменитом парке Диснейленд в Лос-Анджелесе несколько лет назад открыли новый аттракцион «Поездка с Индиана Джоунс». Там вы сможете увидеть настоящий макет преисподней.

Таких примеров масса. Достаточно вспомнить американский праздник «хэлловин» со всей его дьявольской атрибутикой. Зачем нам все это показывают? Спросите у Иакова.

Посмотрите на игрушки в магазинах, которые продаются сегодня во всем мире. Это настоящие копии демонов в руках современных детей, и таких игрушек сотни разновидностей. Дети играют с ними днем, они ложатся с ними спать, просыпаются с ними утром… Зачем их производят в таком виде и в таком количестве? Спросите у Иакова.

Эти перечисления можно продолжить, но я хотел бы обратить внимание на такую особенность: какая-то необъяснимая тяга у современных людей ко всему неестественному и сверхъестественому, к ужасному и уродливому. Музеи искусства стоят полупустые и существуют на государственные дотации, а на фильмы ужасов трудно достать билеты.

Если в прошлые времена колдунов, ворожей, магов, гадателей и прочую нечисть просто сжигали на кострах или изгоняли прочь, сегодня они спокойно рекламируют свои услуги в газетах, по радио, на телевидении.

Мир сегодня быстро впитывает в себя широкий поток дьявольских образов, которые враг душ человеческих льет в души современных людей и в души будущего потомства. Будет рождаться поколение людей, не знающих жалости, сострадания, любви и милосердия. Поистине, дьявол готовит свой приход на землю.

В современном мире происходит невиданный ранее мощный обмен потоками информации. В первую очередь, через радио, телевидение, компьютеры, кинотеатры, интернет… Это неплохо само по себе, но посмотрите, как дьявол использует это в своих целях. Кто сегодня является кумиром у миллионов детей во всем мире? Кому они стремятся подражать? На кого они хотят быть похожими?

В последнее время катастрофически падает авторитет родителей в глазах детей. Но что делать? Папе и маме, конечно, никогда не сравниться с каким-нибудь очередным «шварцнегером» или «рэмбо», которые в одиночку могут сжечь военную базу, разрушить полгорода, победить полк солдат и оставить после себя гору трупов. Думаю, что у ребенка, пропитанного образами таких героев, немного будет желания уважать и слушаться папу, который вообще не может стрелять и вообще еще ни разу ни кого не убивал.

В старые добрые времена расстояния служили надежной естественной преградой всякому роду зла, не давая ему разлетаться по свету и отравлять души. В настоящее время ситуация вышла из-под контроля. Мир в буквальном смысле слова утопает в потоке соблазнов и сатанинских образов, которые как снежный ком увеличиваются и изощряются с каждым днем.

Доктор Добсон, известнейший американский авторитет в области воспитания детей, приводит такую статистику: современные малыши получают в среднем 37 секунд в день общения со своими отцами и 30 – 40 часов в неделю общения с коммерческим телевидением! Как говорится, комментарии излишни. Ответ на вопрос, кто воспитывает сегодня миллионы детей в мире, может быть только один – Голливуд. Даже один час воскресной школы в неделю является для детей каплей в море, если мы не контролируем эту ситуацию в своих домах.

По-видимому, невозможно совершенно оградить наших детей от кинотеатра, компьютера, телевидения, интернета, подобно Амишам из Пенсильвании, но не пускайте это дело на самотек. Объясняйте детям, кто есть кто и, всеми силами, ограждайте их от просмотра вредных программ. В конце концов, есть достаточно много хороших христианских фильмов, мультфильмов, детских программ, концертов и т.д.

Целью этой беседы было не возбудить у вас чувство вины. Напротив, я хотел бы пробудить в нас чувство беды и тревоги, в первую очередь за наших детей. Именно они являются главной целью и наиболее уязвимым местом в этой духовной войне, участниками которой мы являемся, хотим мы того или нет, доколе мы живем в этом подлунном мире.

В заключении приведу одно серьезное напоминание из Священного Писания: «Трезвитесь, бодрствуйте, потому что противник ваш диавол ходит, как рыкающий лев, ища кого поглотить» 1Петр. 5:8.

Да сохранит нас всех Господь в Своей деснице. Ему во всем да будет первенство и слава вовеки!

ОКНА НЕБЕСНЫЕ

ВЛАДИМИР МЫСИН

ТОЛПА

«Когда Он еще говорил это, появился народ, а впереди его шел один из двенадцати, называемый Иуда, и он подошел к Иисусу, чтобы поцеловать Его. Ибо он такой им дал знак: Кого я поцелую, Тот и есть. Иисус же сказал ему: Иуда! Целованием ли предаешь Сына Человеческого?

Бывшие же с Ним, видя, к чему идет дело, сказали Ему: Господи! Не ударить ли нам мечом? И один из них ударил раба первосвященникова и отсек ему правое ухо. Тогда Иисус сказал: оставьте, довольно. И коснувшись уха его, исцелил его.

Первосвященникам же и начальникам храма и старейшинам, собравшимся против Него, сказал Иисус: как будто на разбойника вышли вы с мечами и кольями, чтобы взять меня! Каждый день бывал Я с вами в храме, и вы не поднимали на Меня рук; но теперь – ваше время и власть тьмы». Луки 22:47-53.

Мы прочитали описанный евангелистом Лукой весьма памятный для учеников Иисуса эпизод из жизни нашего Господа. Это был переломный момент в Его земном хождении и Иисус впервые был предан в руки грешников.

До этого случая фарисеи, саддукеи, книжники, первосвященники и другие Иудейские лидеры неоднократно пытались взять Его, но все было тщетно. Все их ухищрения и старания взять Иисуса не приносили успеха, Он легко избегал их рук. Но наступил этот роковой час и наш Господь оказался в руках палачей. Христос так и сказал им: «Каждый день бывал Я с вами в храме, и вы не поднимали на Меня рук, но теперь ваше время и власть тьмы».

Сегодня, находясь в начале третьего тысячелетия, я предлагаю пристальнее посмотреть на это отдаленное событие и извлечь из этой истории некоторые уроки.

Итак, что за люди собрались в ту тревожную ночь в Гефсиманском саду? Во-первых, там был Иуда Искариот – главное действующее лицо этого трагического события. Древнее, популярное имя Иуды, после той роковой ночи, стало именем нарицательным и во всем мире олицетворяет людей, запятнавших себя позором предательства и измены.

Но в те волнующие минуты шествия Иуда находился на гребне славы и популярности. Еще бы! Множество известнейших людей города, солдаты, огромное стечение народа змеились по его следам, заполняя извилистые улицы Иерусалимской окраины. Все смотрели на него, жадно ловили его слова, повиновались его приказам...

Но, как это обычно бывает, слава и популярность предателей подобна метеориту: она вспыхивает ярким пустым светом, а затем быстро гаснет в тьме презрения, проклятья и осуждения. Даже те, кому предатель постарался услужить, с отвращением отворачиваются от него впоследствии, ибо предатели всегда были противны естеству жизни. *(Помните, уже на следующий день, когда Иуда, раскаявшись, осознал, что предал Кровь невинную и хотел отдать обратно деньги, как холодно ответили ему старейшины и первосвященники: «...что нам до того? смотри сам».)*

В Книге Откровение 21:8 мы читаем, что всех неверных ждет такая же участь, как и убийц, чародеев, лжецов. Все они будут брошены в озеро огненное после Страшного Суда. Предатель – это человек, не сохранивший верность. Будь то верность Господу, верность супружеская, верность другу, родине и т.п.

Важнейшим качеством христианина является верность. Бог назвал Авраама Своим другом именно за то, что Авраам был верным. 2Пар. 20:7; Ис.41:8; Иак. 2:23.

Несколько слов об этом несчастном человеке, которого Сам Господь назвал однажды страшным именем – «сын погибели». Иуда был единственным учеником Иисуса Христа, который был Иудей. Все остальные ученики Иисуса были Галилеяне. Из Галилеи был также и Сам Иисус.

Как известно, Галилеяне у правоверных Иудеев считались людьми второго сорта, поскольку в Галилейских городах проживало много язычников, с которыми Галилейские Иудеи, в некоторой степени, смешались, и, вследствии этого, Иудеи считали Галилеян нечистыми и недостойными. Помните, как искренне Нафанаил однажды сказал об этом Филиппу: «Из Назарета может ли быть что доброе?» Иоан.1:46. *(Назарет – это один из городов в Галилее.)*

По всей видимости, этот факт давал Иуде Искариоту чувство внутреннего превосходства над остальными учениками Христа. Иуда, возможно, надеялся, что Иисус Христос будет уделять ему, как единственному среди них Иудею, особое внимание и доверие.

Можно попытаться представить себе, как внутренне возмущался и негодовал Иуда, когда Христос из среды учеников часто выделял Петра, Иоанна и Иакова. Именно их Он брал с Собою на особо важные и почетные (*в глазах людей*) события. (*Воскрешение дочери Иаира, Преображение и т.д.*)

Я думаю, что именно чувство зависти и обделенности в конце концов подготовило добрую почву для ядовитых семян диавола в его душе и привело Иуду к мысли предать своего Учителя.

Судя по всему, в ту предпасхальную ночь, когда Иуда, выйдя из горницы, торопливыми шагами поспешил в храм, его там уже ждали.

События тех дней, достаточно подробно описанные евангелистами, позволяют нам представить себе общую картину в ту памятную неделю. Мы видим, что тучи над головой нашего Господа стали сгущаться и в воздухе, как говорят в народе, явно пахло грозой.

Последней каплей, переполнившей чашу терпения первосвященников и фарисеев, было воскресение Лазаря. В связи с этим, было срочно созвано внеочередное заседание Синедриона, где решался один только вопрос: что нам делать? Этот Человек много чудес творит! Это событие подробно описывает Апостол Иоанн.

Первосвященник Каиафа, председательствующий на этом совете, взяв слово, стал подводить общее мнение к тому, что Иисуса пора убирать. «Вы ничего не знаете, – начинает он издалека, – и не подумаете, что лучше нам, чтобы один человек умер за людей, нежели чтобы весь народ погиб». Так заканчивает он свою речь. Этого было достаточно для единомышленников и с этого дня положили убить Его Иоан.11:47-53.

После этого совета, на котором заодно решили убить и Лазаря, на Иисуса был объявлен, говоря нашим языком, «всесоюзный розыск». Синедрион издает срочную директиву и посылает ее по всем направлениям: «Первосвященники же и фарисеи дали приказание, что, если кто узнает, где Он будет, то объявили бы, дабы взять Его». Иоан. 11:57.

Таким образом, первосвященники и фарисеи через своих служителей и служителей храма, через сеть подвластных им синагог и просто неуемных ревнителей закона, объявили о секретном решении совета: как только кто узнает местонахождение Иисуса, немедленно сообщать об этом в центр, который находился в главном Иерусалимском храме. Может быть, за это была назначена какая-то денежная премия тому, кто первый сообщит им местонахождение Мессии. Об этом мы не знаем, но работа по розыску Иисуса закипела по всем направлениям.

Со всех сторон в центр стали поступать известия о Мессии. Им сообщили, что Он, под восторженные рукоплескания народа, уже пришел в Иерусалим, Его уже видели в храме, а некоторые известные знатоки Закона Моисеева и отеческих преданий даже говорили с Ним, пытаясь уловить Его вопросами из Писания, но тщетно! Под хохот и явное удовольствие простого народа всем им пришлось удалиться от Него с позором и большой досадой, скрывая от окружающих свое раздражение и ненависть.

В центре по захвату Иисуса началась небольшая паника. Что делать? Фарисеи говорили между собою: «Видите ли, что не успеваете ничего? Весь мир идет за Ним…» Иоан.12:19.

В этот момент служители храма сообщают первосвященникам, некто имеет сказать им что-то по этому поводу. Они попросили немедленно привести к ним этого человека и, увидев его, остолбенели. Они узнали в нем Иуду Искариота, одного из Его учеников, которого, на протяжении трех лет, постоянно видели вместе с Иисусом.

В храме воцарилось гробовое молчание. Такого поворота событий никто не ожидал. Что им делать теперь с этим человеком? Что ищет он здесь? Может быть, его следует арестовать и попытаться заставить рассказать, где находится его Учитель в настоящее время? Почему он оставил своего Учителя? С какой целью он сам пришел к нам? Может быть, его Учитель задумал какую-то ловушку, чтобы окончательно опозорить нас в глазах всего народа? Десятки подобных вопросов промелькнули в их потрясенном сознании в эти короткие секунды замешательства и недоумения.

Иуда, насладившись эффектом, который произвело его появление, первым нарушил молчание и заговорил. «Вошел же сатана в Иуду, прозванного Искариотом, одного из числа двенадцати, и он пошел и говорил с первосвященниками и начальниками, как Его предать им. Они обрадовались и согласились дать ему денег...» Луки 22:3-5.

Трудно описать восторг и воодушевление, с которым все присутствующие там, не скрывая своей радости, выслушали слова Иуды о готовности предать своего Учителя в их руки.

Вот это удача!!! О таком повороте дела они даже и не мечтали!

У евангелистов Луки и Марка мы читаем, Иуда, еще до того как Христос и ученики собрались на вечерю, уже договорился с первосвященниками, что он за определенную плату поможет им арестовать Учителя. Проблема была в том, что арестовывать Христа в храме они не хотели по причине того, что боялись народа, который принимал Его за Пророка, поэтому им нужен был удобный случай.

Тогда совместно был составлен коварный план взять Иисуса и Его учеников, где-либо в стороне от людских глаз. В этом смысле традиционная пасхальная вечеря была просто идеальным случаем для Его ареста, поскольку весь город расходился по своим домам есть пасхального агнца и им уже никто не сумел бы помешать.

Таким образом, все необходимое для Его ареста было уже подготовленно. Единственная загвоздка была в том, что Иуда еще не знал место, где они будут совершать пасху. Иуда знал, что Христос, строжайшим образом исполняющий предписания Закона Моисеева, обязательно будет есть Пасху. Но где?!

Этот вопрос обжигал его огнем нетерпения. Всеми фибрами души, прислушиваясь к разговорам и стараясь не отставать от Учителя, Иуда чутко ловил каждое Его слово, стараясь оправдать доверие и надежды первосвященников и старейшин народа.

В нем проснулся некий азарт охотника, который, сидя в укромном месте, вдруг видит, что остался только один шаг и жертва попадет в его хитроумную ловушку. Так и Иуда едва не лишился чувств от радости, когда, наконец, услышал, как Христос, подозвав Петра и Иоанна, поручил им приготовить горницу, в которой они будут есть Пасху.

Внутренне Иуда напрягся до предела. Ну, наконец-то. Сейчас он узнает это место и тогда можно будет, выбрав подходящий момент, сообщить первосвященникам и спокойно дожидаться, когда придет туда отряд воинов и служителей храма для ареста Учителя.

Но тут Иуду ожидало глубочайшее разочарование. Христос подзывает Петра и Иоанна и говорит им нечто такое, что Иуда не мог себе представить ни при каких обстоятельствах. Из этого разговора Иуда понял, место, где они будут есть Пасху, узнать будет невозможно. План ареста Учителя прямо на вечере, несмотря на все его старания, не сможет осуществиться.

Христос посылает Петра и Иоанна (*опять этих галилеян*) приготовить им Пасху, но как?! Божественным Провидением Господь насквозь видел жалкие человеческие мудрствования Иуды и его лжедрузей. Это Его уже не беспокоило ибо Христос знал, на что Он пришел в этот мир. Единственное, что Он желал, в эти краткие оставшиеся часы, – спокойно провести с учениками Свою последнюю вечерю на земле. Поэтому Он посылает Петра и Иоанна так, что никто не сумел бы определить, с Его слов, где находится это место.

Этот эпизод подробно описали евангелисты Марк и Лука. «И посылает двух из учеников Своих и говорит им: пойдите в город; и встретится вам человек, несущий кувшин воды; последуйте за ним, и куда он войдет, скажите хозяину дома того: «Учитель говорит: где комната, в которой бы Мне есть пасху с учениками Моими?» И он покажет вам горницу…» Лук.22:12.

Сознание того, что все получается не так, как он спланировал со своими новыми друзьями, обжигало Иуду огнем стыда и досады. Он знал, что в храме все уже готово для ареста Учителя. Множество авторитетных религиозных деятелей, старейшин народа, первосвященников, воинов и служителей собрались в храме и ожидали только его сигнала, и тут. О, ужас! Как я буду смотреть им в глаза?

Эти мысли не давали ему покоя. Иуда, сидя в горнице между учениками, лихорадочно искал выхода из сложившейся ситуации. Услышав, что после вечери все идут молиться в Гефсиманский сад, он не находил себе места от нетерпения, пытаясь выдумать подходящую причину, чтобы успеть сбегать в храм и предупредить заговорщиков о всех изменениях.

Поэтому, услышав слова Учителя: «…что делаешь, делай скорее», Иуда, видя, что скрываться больше не имеет смысла, ибо Господь уже прямо назвал его предателем, встал и тотчас вышел от них.

Христос же, зная, что им уже никто помешает, проводил Пасхальную вечерю в тишине и покое, давая ученикам Свои последние наставления, совершая с ними Свою последнюю молитву, заповедывая им Новую Заповедь и последний урок служения друг другу.

С тех пор, в память о том удивительном событии, у всех народов эту вечерю называют «Тайною Вечерею», хотя ни один евангелист не называет ее таким именем.

Когда Иуда, придя в храм, рассказал изумленным начальникам Иудейским и старейшинам, что произошло, как этот «хитрый обманщик» опять сумел всех перехитрить, они, рассудив, решили, что Гефсиманский сад – это даже более подходящее место для ареста, нежели место вечери. Теперь уже можно было перевести дух и не торопиться, поскольку в Гефсиманский сад Христос и ученики шли на всю оставшуюся ночь.

Поэтому, выждав некоторое время, именно туда и направилась вся эта внушительная процессия, во главе которой был Иуда Искариот, хорошо знавший это место. За ним следовали небольшой отряд римских солдат для соблюдения порядка, первосвященники, старейшины народа, служители храма, фарисеи, саддукеи…

Но, кроме всех перечисленных, там была еще толпа. Мы читаем в Евангелиях, что с ним (Иудой) пришло множество народа с мечами и кольями. Греческое слово «толпа», использованное в этом месте Писания, указывает, что толпа эта была не организованная, а стихийно собранная из случайных людей. Это была огромная толпа народа, как и повествуют нам евангелисты: «…<u>пришло с ним множество народа</u>».

По всей видимости, когда Иуда вышел из храма с первосвященниками и старейшинами Иудейскими, с фарисеями, саддукеями, с отрядом воинов и служителей, держащих над головами горящие факелы и фонари, то весь народ в городе пришел в движение. Что это за событие?! В такой поздний час куда идут все эти важные люди?!

Картина, которую увидели те, кто был в окрестностях храма и по дороге в Гефсиманию, действительно была впечатляющей!

Решительные и энергичные шаги множества официальных лиц в этой процессии поневоле захватывали дух и заставляли думать, случилось что-то чрезвычайное и ужасное. Блики от факелов освещали их горящие гневом глаза и сжатые губы, развивающиеся одежды, раздавались громкие возмущенные угрозы в адрес кого-то, кто возмущает народ, богохульствует и нарушает Закон Моисея, слышалось бряцанье оружия, многоголосые выкрики, топот ног, хлопанье бичей и стук копыт конского отряда Римлян…

Из дверей и окон, с верхних этажей и плоских крыш домов, близ которых проходила эта процессия, выглядывали встревоженные и испуганные лица жителей Иерусалима, слышались возгласы и вопросы: «Что случилось? Куда вы все идете?»

Это производило сильнейшее впечатление на любого человека, который был свидетелем этого грандиозного шествия. Поэтому все площадные зеваки, уличные бездельники и бродяги, просто любопытные и падкие на любую сенсацию доверчивые городские простолюдины стали стекаться к ним со всех концов возмущенного города, вооружаясь, по дороге, кольями и булыжниками, зажигая новые факелы и фонари… Всякие небылицы и ужасные новости, которые рождались прямо в этой толпе, тут же передавались друг другу.

По мере приближения к Гефсиманскому саду, толпа становилась все больше и больше. С каждой минутой росло напряжение и возбуждение в этой толпе.

С этого времени и далее Христос находился уже во власти толпы. Когда Христа поставили перед Пилатом, то решающий голос там имела толпа и вся борьба Пилата, по существу, была именно с толпой. Давайте вспомним, сколько раз Пилат пытался уклониться от суда над Иисусом, пытаясь убедить толпу.

Когда утром, следующего дня, Иисуса из Синедрионского судилища в первый раз привели и поставили перед Пилатом, он сказал первосвященникам и толпе: «Я не нахожу никакой вины в этом человеке». Но они опять настаивали и кричали… Луки 23:4.

Тогда Пилат опять спрашивает их: «Какое зло сделал этот человек?» На что начальники Иудейские ответили: «Если бы Он не был злодей, то мы не предали бы Его тебе». Иоан.18:30.

Хорошенький ответ! Этими словами они как бы говорили ему: «Пилат, тебе совсем не обязательно знать, что Он сделал плохого. Уж если мы говорим тебе, что Он злодей, ты просто поверь нам и повели Его казнить. И это все, что от тебя требуется. Вот и толпа тоже требует казни. Ты только послушай…»

Но Пилат знал истинную причину их злобы. Это была зависть. Поэтому он пытается продолжить борьбу. Узнав, что Христос Галилеянин, Пилат посылает Его к Ироду, пытаясь выиграть время в надежде на то, что страсти в бушующей толпе тем временем поостынут.

Это не помогло. Ирод со своими воинами, уничижив и насмеявшись над Иисусом, отсылает Его обратно к

Пилату. Тогда Пилат решается на такую полумеру: он отдает Иисуса воинам и велит им бичевать Его. Иоан.19:1-16.

Затем избитого, окровавленного, в терновом венце и багрянице, Пилат опять выводит Иисуса к толпе и говорит: «Се Человек! Итак, наказав Его, отпущу…» Полагая, что вид избитого и окровавленного человека удовлетворит толпу и возбудит в них, хоть какую-то, человеческую жалость. Лук. 23:16-24.

Но весь народ стал кричать: «Смерть Ему!» Пилат вновь возвысил свой голос, желая отпустить Иисуса. Но они кричали: «Распни, распни Его!»

Он в третий раз сказал им: «Какое же зло сделал Он? Я ничего достойного смерти не нашел в Нем; итак, наказав Его, отпущу». Но они продолжали с <u>великим криком</u> требовать, чтобы Он был распят…

В Книге Деяния Апостолов 22 глава, мы находим характерное описание толпы того времени. В некоторой степени это поможет нам представить себе картину той драмы, которая разыгралась в претории Римского правителя Иудеев Понтии Пилате.

«…До этого слова слушали его; а за сим подняли крик, говоря: истреби от земли такого! Ибо ему не должно жить. Между тем как они кричали, метали одежды и бросали пыль на воздух». Так вела себя типичная толпа Иудеи.

Видя, что возбуждение толпы достигает критической точки, Пилат решается на крайнюю меру и говорит: «Се Царь ваш!» В надежде, что магическое слово «царь» отрезвляюще подействует на толпу. Но они закричали: «Возьми, возьми, распни Его!»

Здесь Пилат предпринимает последнюю отчаянную попытку спасти Его и говорит: «Царя ли вашего распну?»

И вот тут первосвященники, во всеуслышание, на фоне многоголосого рева толпы, всенародно произносят официальное отречение от Мессии: «Нет у нас царя, кроме кесаря». Иоана 13:15.

Тогда он предал Его им на распятие... На этом борьба Пилата с толпой закончилась победой толпы, которая, как сказал Иисус, была исполнительницей сил тьмы.

В Евангелии от Марка мы читаем, толпа не сама по себе дошла до такого состояния, но были в ней люди, которые подогревали и возбуждали толпу требовать убийства Иисуса. Там же мы находим и причину, побудившую этих людей возбуждать толпу требовать распятия Иисуса, – это зависть.

Чему мы с вами можем научиться, глядя на это событие? Во-первых, заметим, что люди, которые ненавидят Иисуса, всегда стараются объединиться. Затем, я думаю, что мы всегда должны помнить о синдроме толпы. Синдром толпы очень наглядно проявился в последние дни жизни Иисуса Христа.

Вспомните торжественный вход Господа нашего в Иерусалим. Мы видим радостную, ликующую толпу, постилающую на землю свои одежды, пальмовые ветви, восклицающую: «Осанна! Благословен Грядущий во имя Господне! Царь Израилев!»

Неделю позже, толпа с великим криком превозмогла желание Пилата отпустить Иисуса и настояла на Его распятии. Шесть часов спустя, эта же толпа, возвращаясь в город, бия себя в грудь, шла и сокрушалась о соделанном. Лука 23:48. Это была типичная толпа. Те же принципы толпы действуют и в настоящее время.

Прочитанная нами история о последних днях жизни Иисуса может нас многому научить. В нашей современной жизни мы также порою можем оказаться в толпе. Находясь в толпе, всегда появляется искушение следовать за толпой, которую всегда кто-то подогревает и возбуждает.

Следование за толпой даст вам временную популярность, но не надолго. Часто, после этого, люди, опомнившись, бьют себя в грудь и горько сожалеют.

Толпа может встретиться нам где угодно – в школе, в колледже, на работе, в кафе, на отдыхе... Совсем не обязательно, что это будут сотни людей. Это могут быть два или три человека, может быть, это будут ваши хорошие знакомые, не разделяющие ваших взглядов на Иисуса. Может быть, это будут какие-то авторитетные и популярные люди среди ваших друзей. Они могут высказывать при вас свои суждения или насмешки над Иисусом, и, в такие минуты, мой друг, не прояви слабости. Победи в себе желание не показаться перед ними отсталым и не модным. Не упусти своего шанса показать себя твердым и мужественным сторонником Иисуса.

Запомни одно: если случится тебе попасть в толпу, то не будь бесхребетным, подобно Пилату. Если в вашей жизни Бог допустит обстоятельства (а они не всегда бывают), когда вы должны будете принципиально высказать свое отношение к Иисусу, не упустите этого момента. Думаю, что Пилат сильно сожалел впоследствии, что не смог проявить на суде твердость и правосудие, и желал бы наверное, чтобы это время повторилось, но увы. Есть шансы в жизни, которые встречаются нам только один раз. Его упустил Пилат, и этого уже нельзя было повторить.

Христос однажды сказал такие слова: «Всякого, кто исповедает Меня пред людьми, того исповедую и Я пред Отцом Моим Небесным...» Матф.10:32.

Друзья мои, даже если толпа отрекается от Иисуса, будьте принципиальными, даже если вы будете совсем один в этой толпе.

Христос – Судия всей земли! И если когда-то в толпе у вас будет возможность высказать свои суждения об Иисусе, помните, что вы судите о Том, Кто скоро будет судить вас перед лицом всей Вселенной. Поэтому в своем суде об Иисусе не будьте двоедушными и слабыми, как Пилат. У него был шанс, но под напором толпы он его потерял. Он потерял Иисуса, и может быть, он потерял жизнь вечную...

Мой друг! Не предавай Иисуса. Поверь, это Имя значит для всех живущих на земле много больше, чем нам порою кажется погруженным в заботы каждодневных житейских будней.

Очень скоро настанет время, когда все жившие когда-либо люди воззрят на Того, Которого пронзили и возрыдают, что некогда в своей жизни они, поддавшись веянию и напору толпы, смалодушничали и не нашли в себе силы быть Ему верными.

Те, которые не посчитавшись ни с чем, твердо и мужественно исповедали Иисуса перед людьми, как величайшую драгоценность будут вспоминать это событие, ибо они услышат из уст Господа самые важные слова в их жизни: – «Приидите, благословенные Отца Моего, наследуйте Царство, уготованное вам от создания мира». Матф. 25:34.

Может быть, кто-либо из наших читателей уже переживал нечто подобное, может быть вы уже не раз запятнали себя позорным осуждением и насмешками над Иисусом, купаясь в популярности неверной и обманчивой толпы. Я хочу сказать вам: «Остановитесь!»

Сегодня у тебя есть еще шанс все изменить. Милость и благодать Господа нельзя измерить человеческими мерками. Воззовите к Нему в сокрушении своего сердечного покаяния и Он, будучи верен и праведен, никогда не напомнит вам о ваших грехах. Он готов простить вас. Сейчас.

Исповедайте Иисуса своим Господом перед толпой и Он исповедает вас перед Отцом Небесным.

Мой друг. Судьба твоей вечной участи в твоих руках. Выйди из продажной толпы и возвратись к своему Господу, Который никогда не предаст тебя и не променяет тебя на все богатства этого мира.

Доверь Ему свою жизнь и свое будущее, ибо Он знает, как сберечь тебя для бескрайнего счастья нескончаемой жизни с Богом!

Аминь

ВЛАДИМИР МЫСИН

СЕТИ СМЕРТИ

«Но время и случай для всех их. Ибо человек не знает своего времени. Как рыбы попадают в пагубную сеть, и как птицы запутываются в силках, так сыны человеческие уловляются в бедственное время, когда оно неожиданно находит на них». Еккл.9:11-12.

Человек не знает своего времени, пишет мудрый Екклесиаст, но время и случай для всего, что случается под этим солнцем. В эту великую тайну земли живых желали бы проникнуть миллионы людей, но будущего не дано знать человеку так, как он знает свое прошлое.

Три тысячи лет назад Соломон сказал эту истину, она и сегодня также волнующая и насущная. Это откровение приводит ко многим другим вопросам. Если у каждого человека есть <u>свое</u> время, кто определяет это время? Как исполняется и кто исполняет то, что предназначено человеку? Каким образом и кем расставляются невидимые сети, которые уловляют человеков в бедственное время? Кто, подобно искусному загонщику, направляет пути человека к тому месту, где для него расставлены сети? Каким светильником можно осветить сокрытое во мраке неизвестности будущее, чтобы увидеть, где расставлены эти сети? Что это за сети? Из чего они сделаны? Как крепки они? Какие законы и правила у тех кто хочет меня погубить?

В полицейских репортах встречается фраза: Был в неправильном месте, в неправильное время. Эти слова созвучны с тем, что много лет назад сказал Соломон: «Но время и случай для всех их». Порою, совершенно посторонний, не имеющий никакого отношения к происходящему, человек погибает, ни за что ни про что, только потому, что случайно оказался вблизи какой-то заварушки.

В первой половине 2006г. Сакраменто потрясла серия трагических похорон молодых людей. В Апреле, выстрелом в голову был убит Юра Довган, молодой парень, несколько дней не доживший до своего двадцатилетия. Два дня спустя, в автокатастрофе погибают сразу трое. Старшему было 18 лет. В ночь с 23-го на 24-е июня был убит Сережа, сын наших близких друзей. Это далеко неполный список трагедий среди славянской молодежи Сакраменто за этот короткий период. Трудно поверить, это по плану Божию, молодые люди, только начавшие жить, потеряли свою жизнь, так до обидного просто.

Писание говорит, что помимо традиционных сетей, которыми охотятся на животных, есть особенные сети, которые опутывают сынов и дочерей человеческих. Я хочу обратить наше внимание на страшные сети, которые приносят людям неизмеримые страдания и горе. Мудрейший человек, Соломон, называет их – сети смерти и увещевает людей словами: «...зачем тебе умирать не в свое время». В свете этих трагедий хочется задать вопрос: В свое ли время лишились жизни эти молодые люди? Или они попали в сети смерти, не увидев беды, поджидавшей их за следующим жизненным поворотом. Этот вопрос актуален и для других стран.

Во время похорон я услышал такое мнение. Некто сказал: раз Бог поступил так жестоко и позволил убить такого хорошего парня Серегу, раз Бог не сохранил его в той ночной переделке, я не буду больше ходить в церковь.

Позвольте мне возразить тем, кто рассуждает подобным образом. Я не думаю, что это был план Божий, чтобы жизнь Сережи и других молодых людей оборвалась в расцвете лет и явно не в свое время. Не Божия рука устроила эту трагедию в парке. Не Божия рука направляла дуло пистолета и побуждала негодного человека нажать на курок. В ту трагическую ночь в парке диавол расставил сети смерти.

Горе не приходит одно. По делу Сережи арестовано несколько человек. В их семьи тоже пришло горе. Молодые люди. Им еще нет двадцати лет. Их жизнь пойдет теперь по другому руслу. Как правило, за такое преступление дают пожизненное заключение. Не думаю, чтобы те родители учили своих детей плохому, как и мы не учим плохому своих детей. Сколько слез сегодня проливают их родители и родственники. Разрушены планы на будущее, надежды, мечты, осталось только горе, горе, горе. И с той стороны и с этой.

Какая ужасная сеть была поставлена в том парке. Сеть смерти, сеть страшной беды, сеть горя и неутешных слез. Какой страшный улов.

Когда сеть поставлена, она не выбирает жертву, но уловляет любого, кто в нее попадает. Попасть в эту сеть смерти мог любой из тех, кто был тогда в парке. Может быть, в последний момент Бог допустил эту долю Сереже, чтобы спасти остальных. Мы не знаем. По свидетельству родственников и друзей, Сережа был очень близок к Богу. Был членом церкви, был хорошим сыном у родителей, хорошим братом и другом для молодежи. Бог знал, что Сережа пойдет к Нему, а остальные в этом парке, возможно, были вне спасения.

Только в вечности мы сможем увидеть, какую работу проделали демоны, чтобы расставить в том парке сеть смерти и собрать туда нашу молодежь. У каждого есть семьи, родители. Каждому из них надо было найти причину, чтобы приехать в этот парк, надо было убедить родителей, что нет ничего плохого, если мы поедем в парк в двенадцать часов ночи, убедить их, это нормально, это ничего. Может многие родители уже и не пытаются остановить своих детей, зная, что они все равно сделают так, как захотят и родительские запреты приводят только к новому конфликту с ребенком. Во многих семьях сегодня идет открытое противостояние между детьми и родителями, и это в такое время, когда молодежь проходит самую важную, самую ранимую часть своей жизни, являясь, в то же время, самой неопытной частью нашего общества.

Дорогие мои, рассудите сами. Сколько шансов есть у нашей молодежи встретить в городском парке в час или в два ночи хорошего человека? Шансов практически нет. Как писал о ночном времени Пушкин: «Когда все доброе ложится, а все недоброе встает», так и в наше время, ночной город становится гораздо опаснее, чем днем. Сакраменто сегодня входит в десятку самых криминальных городов Америки и безлюдные ночные парки города опасны, как джунгли. Очень мало шансов встретить там что-то доброе, но зато шансы встретить там что-либо недоброе очень велики.

Поэтому, когда ваши дети с невинной улыбкой говорят или, как они еще выражаются в подобных случаях, «грузят вас», что они будут в парке с молодежью, помните, это совсем не одно и тоже, если где-то в кемпе, на природе, молодежь сидит у костра, дышат свежим воздухом, отдыхают от городской суеты, наслаждаются природой и общением друг с другом. Нет. Каждый раз, когда они уходят в ночной город и особенно после полуночи, они ходят по краю пропасти. Бог знает сколько сетей смерти диавол ставит в нем каждый новый день, ища кого погубить.

Когда диавол поставил Христа на крыле храма и сказал Ему: если Ты Сын Божий, бросься вниз, то Христос, как написано, не стал искушать Бога. Наша же молодежь раз за разом испытывают терпение Божие, собираясь в таких местах города, в которые нормальные люди не пойдут, зная, что это опасно.

Скажите, ну какая была нужда идти в парк после двенадцати часов ночи? Какая была нужда находиться там (*трагедия с Сережей случилась в половине третьего ночи*), когда все доброе уже давно спало, а бодрствовало только недоброе? Разве не искушает наша молодежь долготерпение Божие, находясь в таких местах и в такое время, где диаволу легко ставить свои сети. Мы не должны забывать, что находимся на вражьей территории и диавол ходит здесь, как рыкающий лев. Помните, что Сакраменто сегодня уже не тот Сакраменто, который был десять лет назад. Его улицы, парки, рестораны стали гораздо опаснее, чем раньше, и особенно в ночное время. Тоже самое можно сказать о многих городах Америки, России, Украины и других стран.

Вопрос силы в наши дни не имеет критического значения, как в былые времена. Низкорослый, дистрофичный азиат девяносто фунтов веса, вынув из кармана пистолет, в одно мгновение может отправить на тот свет накачанного румяного амбала с двестипятьдесятфунтовыми мускулами.

Поэтому, ситуация сегодня измеряется не тем, сколько у кого силы в бицепсах, а сколько у кого дури в голове. К сожалению, в наш век упадка морали, в век расцвета наркомании и других пороков, дури у окружающих людей сегодня хоть отбавляй.

Не последнюю роль в этом играют и социальные трудности. Жизнь дорожает с каждым днем. Продукты, бензин, газ, свет, квартплата, дома, цены на все растут как на дрожжах и сегодня мы видим это практически во всех сферах жизни. Сегодня многие живут в крайней бедности с трудом зарабатывая на жизнь. Жизненный уровень Америки заметно опустился и приблизился к уровню – лишь бы хуже не было.

Соответственно растет уровень преступности и особенно среди молодежи. Статистика говорит, что в некоторых районах Сакраменто количество ограблений домов увеличилось в десять раз. Люди становятся злыми, непримиримыми и легко идут на самые страшные преступления.

Апостол Павел пишет, что признаком последнего времени будет непослушание детей родителям. Это мы видим сегодня повсеместно. Нынешнее поколение американцев воспитывается в очень непростой атмосфере. Детям, с малых лет, односторонне стараются привить чувство особенности своей личности. Им внушают, что только они могут решать за себя, никто не имеет право принуждать их, на стороне детей закон, их нельзя наказывать и т.п.

Это приводит детей к излишней самоуверенности, к упрямству и недозрелой самостоятельности. Здесь получается опасная смесь. Недозрелая самостоятельность и самоуверенность с одной стороны, а с другой – полное отсуствие житейского опыта. Поэтому, молодежь чаще других попадают в проблемы и в самых простых жизненных ситуациях делают одну ошибку за другой.

Такое состояние молодежи – это чернозем для непослушания, в котором оно цветет буйным цветом. Не удивительно, что в сети смерти так часто попадают неискушенные молодые люди, которые являются для диавола легкой добычей, если не придерживаются родительских наставлений. С годами приходит опыт, накапливается житейская мудрость, а в молодости легко совершаются ошибки, от которых может сохранить послушание. Послушание родителям заложено Богом в стуктуру жизни и подобно крепкой стене оберегает неопытную молодежь от досадных, а порою и трагических ошибок юности.

Непослушание родителям приводит к непослушанию в школе, непослушание в школе приводит к непослушанию государству, а это уже фундамент для будущих проблем на всю оставшуюся жизнь.

В Америке мы столкнулись с одной специфической ситуацией, которая имеет прямое влияние на послушание ребенка и авторитет родителей. Многие родители, приехавшие с детьми из бывшего «Союза», имеют в глазах детей, которые быстро адаптируются в новой стране, образ отсталых родителей. Папа и мама не могут включить компьютер, послать е-мейл, поменять звонок на мобильном телефоне и т.п.

Иллюзия отсталости родителей развивает в детях чувство превосходства над родителями. – Да что они понимают в американской жизни – мыслит неоперившийся юнец, чатая на интернете и посылая очередной текст-мессадж по мобильному телефону. Соответственно, авторитет родителей в глазах юнцов очень низкий. Как следствие этого растет волна непослушания, что чревато весьма негативными последствиями, ибо это явное нарушение заповедей Божиих. В таком соусе врагу душ человеческих легко ставить для молодежи свои пагубные сети.

Когда молодежь, опьяненная свободой, (*а нередко и не только свободой, а чем-нибудь покрепче*), отсутствием надзора старших, когда можно делать все, что захочется и никто рядом тебя не осудит, а только немного поприкалываются, когда кругом все свои, все тебя понимают, все тебя уважают, то хочется чем-то выделиться, что-то сделать особенное и удивить народ. Когда такой безнадзорной молодежи много собрано в одном месте, притупляются остатки чувства осторожности и здравого смысла и легко переступить грань разумного, даже не заметив этого.

В наше время эта грань стала бледной и расплывчатой, ибо люди, как пишет Апостол Павел, будут самолюбивы, горды, наглы, жестоки, злоречивы, надменны, недружелюбны, непримирительны, невоздержаны, не любящие добра, сластолюбивы и т.п. (2Тим.3:1-5) В лице Тимофея Апостол Павел дает христианской молодежи верный совет: Таковых удаляйся.

Заметим такую деталь. Павел не говорит Тимофею, чтобы он настойчиво, день за днем ходил с ними, уговаривал их, старался их перевоспитывать, отвлекать от дурных дел, чем-то заинтересовывать, устраивать им пикники и общения, нет! Он однозначно говорит, что единственный способ сохранить себя от разложения и падения вместе с ними, это удаляться от них.

Факт, что среди молодежи попадаются сегодня такие кадры, которым явно нравится быть грешниками. Им больше нечем отличиться, как только быть бед-бойз. Им нравится, когда их все спасают, уговаривают, увещевают, просят их покаяться, оставить грешную жизнь и придти к Богу, Который их всегда любит и ждет их покаяния и т.д. Они прямо кайфуют от такого внимания к своим персонам. Их стараются ничем не обидеть, терпят их грубости, их глупости, выслушивают их басни, только чтобы не оттолкнуть душу. И если какое-то время им не оказывают внимания, им становится скучно: – «что-то меня давненько уже никто не «спасает». Схожу-ка я на очередное молодежное, потусуюсь немного в среде».

Сильно теряется авторитет нашей молодежи, когда ради, якобы, спасения грешника они унижаются перед таковыми, идут с ними туда, куда не следует ходить христианину, думая, что этим, в конце концов, приобретут душу. Порою молодежь заигрывает с бед-бойз и даже, в какой-то мере, пытается подражать их поведению, стараясь показать, что мы тоже не лыком шиты, чтобы выглядеть в их глазах равными.

Но это, как правило приводит к обратному результату. Видя, что им подражают, «бед-бойз» и «бед-герлз» еще больше возносятся в своих глазах и отдаляются от Бога. В их сознании укрепляется чувство превосходства над христианской молодежью. – «Вот какие мы крутые, все прямо мечтают побыть с нами». Поэтому, наши чрезмерные ухаживания за ними приводят к тому, что покаяние в своих грехах воспринимается ими как одолжение Богу и всем христианам. Это совершенно неправильно.

Я думаю, нашей молодежи следует помнить совет Апостолов, отвращаться еретиков и с теми, кто отвергает путь истины, даже не есть вместе. Христианская молодежь должна знать себе цену и цену христианству, цену Тому, чьим именем мы называемся. Нам не следует бросать жемчуг своей веры под ноги тех, кто его попирает. Цена, заплаченная за наше спасенье, весьма велика и мы должны дорожить ею. Если кто-то не считает за святыню

Кровь Господа и пренебрегает драгоценностью вашей веры, не унижайтесь пред такими, а с достоинством, зная, что наш Бог и Отец так велик, что по сравнению с Ним все президенты и великие мира сего как горсть земли, отвергайте общение с таковыми. Ибо худые сообщества развращают добрые нравы.

Моя дорогая христианская молодежь, ваша сила не в заигрывании с бед-бойз, не в подражании им, а в смелом отрицании их образа жизни. Если кто-то из вас попадает в их компанию, не бойтесь показаться там «белой вороной», если вы не засмеетесь вместе с ними над пошлым анекдотом и не поддержите пустых и никчемных разговоров. Не стыдитесь отрицательно отозваться, когда они рассказывают друг другу о каком-нибудь нехорошем деле или делают что-нибудь неправильное в вашем присутствии.

Всегда помните, вы граждане Царства Небесного, вы сыны и дочери Творца всей Вселенной и ваш Отец Небесный может в одно мгновение превратить в пыль всех великих мира сего. Помните, что Его именем вы называетесь, Его образ вы носите в себе. Не стыдитесь и не подражайте тем, которые, являясь рабами страстей и плотских удовольствий, пытаются своей надутой крутизной показать, что они что-то значат здесь. Вся их крутизна, это пена, которая быстро улетучивается, когда доходит дело до серьезного. Жалко смотреть, когда наморщив лбы, поглаживая лысые головы, раскачиваясь, неторопливо идут они где-нибудь по плазе, пробираясь к очередному кинотеатру с пакетом жареной кукурузы. Как безводные облака, плывут они туда, куда дует ветер и им все равно куда, лишь бы там было побольше фана (*развлечений*).

Да, Христос в Своей любви хочет, чтобы все люди покаялись. Да, Христос принимает слезы покаяния и прощает грехи, когда к Нему обращаются в сокрушении сердца. Но Христос, сказав людям слова истины, не ходил за ними по пятам и не умолял их вновь и вновь покаяться и не грешить. Он не унижался перед ними, но, зная, что они услышали Его слово, оставлял им самим решать хотят ли они быть спасенными или нет. Да, Господь принял покаяние разбойника, но Христос не стал умолять второго разбойника покаяться и он умер в проклятиях и ожесточении своего сердца. Это был его выбор.

Есть ли выход из этой печальной ситуации, сложившейся среди молодежи Сакраменто и других городов? На страницах Писания мы находим ответ на любые жизненные вопросы и нашей молодежи вполне возможно оградить себя от беды заповедями Божьими.

Соломон пишет о замечательном качестве, которое необходимо всем людям. И старым и молодым. Это качество называется – мудрость. «Мудрость дает жизнь владеющему ею» Еккл.7:12. Давайте рассмотрим схему взаимодействия мудрости с другими духовными качествами и выведем формулу, следуя которой, мы, с помощью Божией, приведем нашу молодежь от штормов разочарований и потерь в тихую гавань мира и спасения.

Итак, мудрость указывается Писанием как основание для жизни. Но, что такое мудрость? Где находится дорога, которая ведет к мудрости? С чего начать поиски мудрости? Как найти ее? В какой аптеке, в какой библиотеке, в каком супер-маркете можно приобрести мудрость?

Однажды мудрецу задали вопрос: «Какая разница между умным и мудрым?» Мудрец ласково улыбнулся и ответил: «Умный найдет выход из любой трудной ситуации, а мудрый в эту ситуацию и не попадет».

В Книге Притчей мы находим слова: «Благоразумный видит беду – и укрывается; а неопытные идут вперед – и наказываются». Пр.22:3. Эта истина Писания весьма созвучна с ответом мудреца: Мудрый и благоразумный издали видят беду и укрываются. Поэтому, первостепенно важно научить нашу молодежь смотреть на жизнь с позиции мудрости. Это, как минимум, залог их безопасности, ибо мудрость дает жизнь владеющему ею.

Примером может послужить царь Давид, который во всех случаях жизни искал помощи, совета и утешения в Слове Господа и Бог не постыжал его надежды. Благодаря пережитым трудностям Давид приобрел неоценимый опыт и написал замечательные Псалмы, на которые мы, можем опираться в свой жизни.

«Слово Твое – светильник ноге моей и свет стезе моей» Пс.118:105. Еще один стих: «Откровения Твои – утешение мое, советники мои» Пс.118:24.

В Книге Псалмов и Книге Притчей мы находим золотые россыпи стихов, которые, как светильник ноге и свет стезе, указывают людям путь к мудрости. «Заповедию Твоею Ты соделал меня мудрее врагов моих; ибо она всегда со мною. Я стал разумнее всех учителей моих; ибо размышляю об откровениях Твоих» Пс.118:98-99.

«Мудрость делает мудрого сильнее десяти властителей, которые в городе». Еккл.7:19.

Множество мест Священного Писания свидетельствуют, сила, спасение и утешение Давида, его успех и победы были в том, что он постоянно искал Господа на всех своих путях. Его желание служить Богу, его любовь и благоговение пред Богом и даже то, как Давид хвалился Богом, служат нам примером. Умудренные опытом общения с Господом, Давид, а затем и Соломон, пишут много замечательных наставлений, как можно достичь мудрости. «Страх Господень научает мудрости и славе предшествует смирение» Пр.15:33.

Еще один замечательный стих о мудрости записан сразу в трех местах Писания: «Начало мудрости есть страх Господень» Пс.110:10; Пр.1:7; Пр.9:10. Поскольку первый раз он написан в Псалмах, очевидно, что Давид учил этому своего юного сына Соломона. Соломону так полюбилась эта истина, что он два раза повторяет ее уже в своих притчах.

Здесь вопрос: Что такое страх Господень? Ответ мы находим в Книге Притчей. «Страх Господень – ненавидеть зло» Пр.8:13. Началом мудрости, как мы прочитали, является страх Господень и я обращаю внимание на еще одно замечательное обетование Писания: «Страх Господень – источник жизни, удаляющий от сетей смерти» Пр.14:27.

«Страх Господень ведет к жизни, и кто имеет его, всегда будет доволен, и зло не постигнет его» Пр.19:23.

Дорогая молодежь, кто из вас не хотел бы иметь такие радужные перспективы? Жить полноценной жизнью, всегда быть довольным, и чтобы вас не касалось зло. Практически, это предел стремлений всякого человека на земле. Это обещает Господь в награду тем, кто будет ревновать о страхе Господнем. Заметим – страх Господень, это только начало мудрости и уже такое замечательное вознаграждение. Если это только начало, что же ожидает тех, кто будет продолжать исполнять заповеди Господни?

Книга Притчей, отвечает на этот вопрос: «За смирением следует страх Господень, богатство и слава и жизнь» Пр.22:4.

Нынешнее поколение людей пробуют сотни путей, чтобы достичь богатства, славы и счастливой жизни. Далеко не всем это удается. Многие озабочены сегодня поисками богатства, поисками славы, поисками благополучия и не находят, ибо ищут их не в том месте. Не так уж редко мы слышим от окружающих горькие слова: Нет жизни. Все есть, а жизни нет. Может мы и сами говорим их порою. Кто-то вслух, а кто-то – воздыханиями неизреченными.

Бог через Писание дает нам ключ к достижению успеха и говорит людям: «Я пришел дать вам жизнь и жизнь с избытком. Придите ко Мне и научитесь от Меня... Я научу вас ходить путями мудрости и вы избежите сетей смерти. Зачем вам умирать не в свое время?»

В Книге Притчей, как ни в одной другой книге Библии, имеется множество мест, призывающих людей к мудрости. Эту истину Соломон доказал своей жизнью; ибо ни до него, ни после него, не было в Израиле более мудрого, благоуспешного и процветающего царя. Соломон особое внимание уделяет наставлениям мудрости и к его словам стоит прислушаться, ибо в этих наставлениях – жизнь.

В заключении, я желаю нашей молодежи всегда помнить мудрые слова Соломона записанные в 23-й главе Книги Притчей: «Да не завидует сердце твое грешникам; но да пребудет оно во все дни в страхе Господнем».

Аминь.

ВЛАДИМИР МЫСИН

СЛАДКАЯ БЕЗДНА

«Били меня, мне не было больно; толкали меня, я не чувствовал. Когда проснусь, опять буду искать того же». Книга Притчей Соломоновых.

Знаменитый Остап Бендер однажды сказал смешную, для жителей «Союза», фразу: «Автомобиль не роскошь, а средство передвижения». Живя «там», мы от души смеялись над этим юмором. «Там» средством передвижения был автобус, грузовик, велосипед, телега, а личный автомобиль «там» был явным признаком роскоши.

«Здесь», в Америке, слова Бендера стали пророческими и сбылись в полном смысле этого слова. За руль автомобиля, без которого, как это скоро выяснилось, жить «здесь» невозможно, вынуждены садиться все. Папы, мамы, дедушки, бабушки и взрослые дети и не очень. Шестнадцатилетние юнцы рассекают просторы Америки Хондами и Тоётами, оставляя на мостовой полосы от резины, а в глазах прохожих – полосы от мелькающих шпаклеванных капотов и крыльев.

Блага цивилизации «здесь» свалились на нашу голову все и надолго. В кранах не кончается горячая вода, а в кухонной плите газ. Бензин на каждом углу, плюс спасибо за то, что купили. Покрышки и запчасти – в любом количестве и сразу. Когда жена говорит «здесь» своему благоверному: «Дорогой, мне уже нечего одеть», – это значит, что у нее просто кончились новые вещи. С питанием осталась одна проблема: плохо закрывается дверь в холодильнике от продуктов и приходится утрамбовывать их туда до усталости...

Но за блага цивилизации «здесь» приходится платить и притом в твердой валюте. А кроме валюты платить приходится порою и судьбами наших близких.

Семьи, приехавшие из бывшего «Союза», наряду с новизной быта, языка, культуры, встретились здесь с новым словом «фан». Дословный перевод содержит весьма безобидную трактовку: забава, удовольствие, шутка, развлечение, веселое времяпровождение, игры, поездки в парки, в кемпы, в музеи, экскурсии, просмотр фильмов и многое подобное связано с этим словом. Фраза: «Have a fun» часто звучит среди родственников, друзей, соседей, сотрудников на работе перед праздничными днями, как пожелание приятного отпуска и т.п.

При разумном применении фан может быть помощником в воспитании детей. Родители награждают детей порцией фана в награду за сделанные уроки, за хорошие оценки, за примерное поведение и т.п. Американские дети впитывают это понятие с молоком матери, ибо, начиная с детского садика и далее, многие мероприятия неизменно связываются у детей с этим словом. Молодежь иммигрантских семей быстро адаптируется в среде и наверстывает упущенное так резво, что порою перегоняет в этом своих американских сверстников.

Сам по себе фан безобиден и его нельзя назвать дьявольским изобретением, как, например, нельзя назвать секс дьявольским оружием. Бог не против фана как такового. Но, как все излишества, фан становится злом, когда к нему привыкают и стремятся получать его всеми доступными средствами.

В Книге Бытие мы находим пропорцию разумного фана, которую Он установил при сотворении мира: «Шесть дней работай, а седьмой отдыхай». Пользуясь этой пропорцией, мы можем регулировать меру фана в своей жизни и никогда не ошибемся. Примерно такая картина наблюдается во всем цивилизованном мире. Неделя проходит в работе, а воскресенье – выходной. Кто-то предпочитает отдыхать в субботу или в пятницу, суть не в том, кто какой день избирает, а в самом принципе.

К сожалению, пропорция фана часто воспринимается современной молодежью в обратном порядке: «Один день работай, а шесть дней отдыхай». В ответ слышишь сумашедшую логику: – «А чё, мы же молодежь. Надо гулять пока молодой». Одному Богу известно сколько человеческих судеб загубила эта дьявольская фраза. Драгоценное время, которое так важно направить на учебу, на приобретение хорошей специальности, чтобы в молодости заложить прочный фундамент для будущей жизни, безрассудно тратится на фан.

Только в вечности мы сможем увидеть сколько погибло в сетях фана несостоявшихся ученых, бизнесменов, пасторов, сколько разрушилось семей, сколько нового горя и слез принесли на землю сладкие сети фана.

Ко всему, что приносит удовольствия, человек привыкает быстро. Эта быстрота объясняется тем, что действующему в наших членах ненасытному закону плоти очень по душе принципы фана. Они прямо созданы друг для друга. В проблеме фана отчетливо проявляется закон противостояния плоти и духа. «Ибо плоть желает противного духу, а дух – противного плоти: они друг другу противятся» Гал.5:17.

Таким образом, у фана есть сильный помощник – преданная греху плоть с ее врожденными греховными наклонностями, которые легко превращаются в порочные, если их не обуздывать. Екклизиаст пишет: «Все вещи в труде; не может человек пересказать всего; не насытится око зрением, не наполнится ухо слышанием». Продолжая его мысль, то же самое можно сказать о фане. Плоть никогда не скажет довольно. Рабы фана не смогут сами остановиться, как верно сказано об этом в Книге Притчей: «Били меня, мне не было больно; толкали меня, я не чувствовал. Когда проснусь, опять буду искать того же» Пр.23:35.

В Послании к Титу Апостол Павел приводит характерные признаки рабов фана своего времени. «Ибо и мы были некогда несмысленны, непокорны, заблудшие, <u>были рабы похотей и различных удовольствий,</u> жили в злобе и зависти, были гнусны, ненавидели друг друга» Тит.3:3.

К сожалению, в наше время мало что изменилось и, более того, фан стал коварнее, многообразнее и доступнее для молодежи. Печальная правда жизни в том, что множество опущенных людей сегодня никогда не собирались быть рабами фана. Многие конченные наркоманы и алкоголики никогда не думали быть такими. Они имели хорошие планы на будущее, учились, работали, но, в какой-то момент, решили попробовать новых ощущений, просто подойти чуть-чуть поближе и посмотреть: что еще есть хорошего в этом мире? Но, когда они опустились в мир, уже не смогли выйти из него.

Некто хорошо сказал: «Если ты не собираешься торговать с дьяволом, не заходи в его магазин». Вечная Библия предупреждает всех любителей фана, что рано или поздно, Бог спросит за годы жизни, бездарно загубленные в трясине удовольствий. «Веселись юноша, в юности твоей, и да вкушает сердце твое радости во дни юности твоей, и ходи по путям сердца твоего и по видению очей твоих; только знай, что за все это Бог приведет тебя на суд» Еккл.11:9.

У фана свои законы пагубного развития и если человек не контролирует меру фана, то фан начинает контролировать человека и состояние кайфа (фана) становится необходимым состоянием. Кино, вечеринки, блуждание в интернете, нескончаемые разговоры по телефону о всякой чепухе, о которой через пару дней уже не сможешь вспомнить, чатанье на компьютере, рассматривание «my space», «instagram» с сотнями фотографий и т. д. и т. п.

Ситуация наших дней усугубляется тем, что изобретены синтетические наркотики, которые имеют высочайшую степень привыкания и быстро высушивают мозговые клетки. Вам, наверное, приходилось встречать молодых людей в двадцатилетнем возрасте и более, которые в своем развитии, по уровню ответственности и поведения больше похожи на десятилетних детей. Все у них выросло, кроме мозгов.

В элементарных жизненных ситуациях они делают одну ошибку за другой и, что самое страшное, – не учатся на своих ошибках. Не беда, когда человек совершает ошибки, от ошибок никто не застрахован. Ошибки – это учителя жизни. Но беда, когда сделав одну глупость человек повторяет ее опять в другой ситуации, не запоминая уроков прошлого. Самый идеальный вариант – это учиться на ошибках других. Хуже и больнее – учиться на своих ошибках. Но верхом глупости является, когда человек не учится даже на своих ошибках.

Фан катастрофически разрушает организм. Пока человек молодой, он какое-то время держится за счет своей молодости, но, в конце концов, биологические жизненные ресурсы, отпущенные природой, истощаются и организм разрушается. Трагедия еще в том, что человек, постоянно находясь под наркотиком, не чувствует боли и не знает, что какие-то его органы уже начали разрушаться и только когда дело заходит слишком далеко, он начинает понимать, как сильно поражен тот или иной орган. В первую очередь поражаются самые важные органы – печень, почки, мозг, сердце. Тысячи рабов фана стоят в очередях на пересадку печени, но очень немногие получают эту операцию. Даже если кому-то пересаживают печень, о полноценной жизни уже не может быть и речи. Человек с пересаженным органом всю оставшуюся жизнь обречен принимать специальную медицину, препятствующую организму отторгать чужеродный орган.

На каком-то периоде рабы фана начинают понимать: как много уже потеряно времени и здоровья, как далеко они отстали от своих сверстников, что они уже не смогут выучиться и достичь хорошего положения в обществе и тогда они высмеивают тех, кто не ходит путями фана. Кроме того, что им нужны новые клиенты для сбыта наркотиков, рабам фана важно укрепить в сознании чувство превосходства над теми, кто не разделяет их образ жизни и они стараются привлекать к себе других, чтобы кто-то, не из их среды, стал таким же как они.

Когда их много, создается иллюзия правоты и они психологически оправдываются в своих глазах. – «Мы правы! Нас много! Все не могут ошибаться. Вот и другие делают то же самое. А кто не живет как мы – это слабаки, маменькины сыночки, которые не видели настоящей жизни...» Это на время погашает их подсознательную тревогу и они самоутверждаются, что они на правильном пути.

Дорогая молодежь, если вы услышите насмешки от таких «крутых бед бойз», не смущайтесь. Часто они делают это, чтобы заглушить свою зависть, что они уже не могут стать такими, как вы. Жалейте их, молитесь о них, но не ходите их путями. Это жизненные лузеры.

Многие любители фана попадают в тюрьмы или гибнут, потому что вращаются в такой сфере жизни, где больше всего шансов потерять жизнь и свободу. Статистика говорит, что самый большой процент заключенных в тюрьмах сидят за наркотики. Самый большой процент убийств в криминальном мире происходит на нарко-почве и в этой сфере гибнет гораздо больше людей, чем в Сирии, Ираке или Афганистане.

Привлекательность многих видов фана в простоте его получения. Не надо напрягаться, чего-то достигать, чему-то учиться, просто покури травку или выпей пару рюмок, проглоти таблетку, понюхай порошок, сделай укольчик и все, ты на гребне жизни, полной ярких красок и ощущений. Рабам фана, до поры до времени, кажется, что это просто маленькая прогулочка, как небольшой личный праздник, который скоро кончится и все пойдет своим чередом. Им кажется, что они вполне контролируют ситуацию и смогут завязать в любой момент, когда только захотят. Но так кажется до тех пор, пока кто-то серьезно решит бросить и тогда фан показывает свои зубы. Просто так свои жертвы он не отдает.

В этом смысле фан похож на пасть хищных океанских рыб, у которых зубы расположены наклоном во внутрь. Жертва легко может двигаться только в сторону глотки, ибо, наклоненные во внутрь, зубы впиваются в тело добычи и не дают ей вырваться.

Такой же принцип у фана. Заходить в него легко, но когда захочешь выйти, становится понятно, что назад идти очень трудно. Спец-госпитали, пансионаты, реабилитационные центры пытаются помочь рабам фана освободиться из его хищных челюстей, но, без помощи Божией, далеко не всем это удается.

Постепенно они попадают в замкнутый круг из которого очень трудно выйти. Растет отчуждение в семье, с прежними друзьями и со всеми, кто не ведет подобный образ жизни. Родители, родственники, узнав о наркозависимости своего ребенка стараются всеми силами остановить и воспрепятствовать всякому общению с наркодрузьями. Убеждения, критика, разногласия, ссоры, скандалы, родители и родственники хотят любой ценой остановить заблудшее чадо как можно скорее.

Поэтому, в таких семьях обстановка, как правило, становится тяжелой и напряженной. Дух непонимания и противления приводит к огорчениям и порою немалым и, таким образом, получается замкнутый круг: Дома ругают, кричат, а друзья-товарищи по наркоте – приятны и любезны, все понимают, во всем поддерживают, ничего не запрещают. Так, постепенно растет полоса отчуждения между семьей и друзьями. Тем более, что приняв очередную дозу проблемы, которых с каждым днем становится все больше, – улетучиваются, на душе становится легко и весело и что будет дальше, тех кто находится под кайфом, – вообще не волнует. Чем глубже человек погружается в наркоту, тем больше он становится зависимым от очередной дозы и состояние кайфа становится необходимым состоянием, в которое как в убежище убегают наркоманы от всех своих проблем.

Как следствие этого, они становятся скрытными и приходится много обманывать. Это не удивительно, к этому обязывает их образ жизни. Одна ложь покрывает другую, чтобы покрыть очередную ложь надо придумывать еще одну и т.д. В духовном плане, это имеет весьма негативные последствия.

Библия называет диавола отцом лжи. Следовательно, говоря ложь человек говорит слова, которые приходят не от Бога, а это способствует еще большей потере духовности. Родителям и близким тех, кто попал в сладкие сети фана, потребуется много любви, терпения, много молитв и усилий, чтобы спасти свое дите из этой адской сети. Помните, что с рабами фана нельзя говорить, как с нормальными людьми, не меряйте их уровень восприятия на свой уровень, будьте готовы к этому, будьте настойчивы, терпеливы и не теряйте самообладания и надежды.

Опасной разновидностью фана являются приколы. (Критика и шутки в форме высмеивания.) Это приводит порою к ужасным трагедиям. В марте 2001г. 15-тилетний Андрей Уильямс застрелил в своей школе двоих школьников, (одному 14-ть лет, а другому 17-ть) и ранил 13-ть человек. Это случилось в небольшом Калифорнийском городке Санти, неподалеку от Сан-Диего. Одноклассники Андрея рассказывали, что многие ученики подвергали его насмешкам и прикалывались над его большими ушами, маленьким ростом и т.п.

Сами по себе приколы вроде бы ничего особенного не содержат. Посмеялись немного над кем-нибудь, пошутили, вспомнили что-то забавное, комическое, повеселились и на душе стало приятней, ну что тут такого? Как многое другое, приколы хороши в меру и вредны, когда ими пресыщаются. Несколько ложек меда в день полезны для здоровья, но, если вы съедите несколько килограммов меда, вас отвезут в госпиталь.

Так обстоит дело и с приколами. Я много раз слышал, как молодежь часами прикалывались друг над другом. Было весело, но порою было видно, что очередной прикол доставал человека до боли, когда, увлеченный гонкой приколов, кто-то говорил слова, унижающие личность, вспоминал досадные промахи и ошибки, которые обычно хочется забыть, но они вытаскивались на поверхность и высмеивались.

Психика у Андрея Уильямса не выдержала и он решил обрубить поток приколов одним ударом и это не единичный случай. А еще больше таких, которые молча ушли в себя и, подавленные, отошли на обочину жизни. В нашем молодежном хоре пела простая и невзрачная девушка. Она нуждалась в поддержке, потому что комплексовала из-за своей внешности, но окружающие ее люди не почувствовали приближающейся беды. Никто не протянул ей в нужный момент руку дружбы и она потеряла рассудок через тихое помешательство.

Сколько молодых людей покончили жизнь самоубийством, потому что были не поняты, подавлены, высмеяны и унижены своими друзьями. Фактически, Андрей Уильямс также совершил самоубийство своей судьбы. Он получил пожизненное заключение и никогда уже не будет жить нормальной жизнью.

Я прошу молодежь: будьте осторожны с приколами. Берегите друг друга. Для кого-то приколы – это фан и заполнение времени пустопорожним «хи-хи» «ха-ха», а для кого-то это может быть рана в сердце. Слово Божие учит нас любить и ободрять друг друга, поощрять к добрым делам, помогать и заботиться друг о друге, упражняться в благочестии. Поток приколов обычно вызывает поток ответных приколов. В это время человек не думает о любви к ближнему, о благочестии и добрых делах, о заботе и великодушии, но лихорадочно ищет ответ на прикол, а если не находит, то затаивает обиду или ожесточается.

Фан уводит человека от реальной жизни в зыбкий и хрупкий мир удовольствий, приучает чувства к наслаждению и отучает от истины, что нам в этой жизни предстоит переносить и страдания. «Чтобы никто не поколебался в скорбях сих: ибо вы сами знаете, что так нам суждено» 1Фес.3:3.

Человек, порабощенный фаном, не в состоянии будет переносить гонения и испытания и не сможет устоять в годину искушения. В экстремальной ситуации рабу фана будет легче отречься от веры, чем в терпении перенести страдания и остаться верным Господу. Обычные бытовые трудности, нарушающие привычное течение жизни, часто становятся для них непреодолимым препятствием. Укоренившаяся привычка к фану господствует в теле и ради фана они продадут мать родную, чтобы вернуться в привычное состояние блаженства.

В начале 2000-го года лайнер авиакомпании Аляска Эйрлайнс, летевший из курортов Мексики в Сан Франциско, потерпел крушение и упал в океан в районе Санта Барбары. Один из пилотов, включенный в команду для расследования причин катастрофы, был христианин.

Когда они прослушали запись черного ящика, то обнаружили несколько интересных фактов. Во-первых, самолет, уже начавший свое трагическое падение, вдруг, каким-то сверхестественным образом, выровнялся и в течении девяти минут стал лететь ровно, так, как-будто его поломанные рули высоты вновь заработали нормальным образом.

Никто из команды, расследовавшей эту трагедию, не могли объяснить причины этого факта. Пилоты лайнера, согласно записи черного ящика, также не могли понять причины, почему стремительно падавшая машина вдруг выровняла нос и стала лететь параллельно горизонту. Вновь и вновь, прослушивая голоса, записанные черным ящиком, среди общего шума и паники, истеричных воплей и плача они услышали решительный женский голос, выделявшийся из общего шума своей уверенностью и силой.

Как мы уже говорили, падение этого лайнера было в два этапа. Когда начался первый этап падения, то на фоне всеобщей паники были слышны громкие слова молитвы этой женщины, а также слова ее свидетельства, обращавшиеся к пассажирам салона. Именно в этот момент произошло чудо.

Неуправляемый лайнер вдруг прекращает свое падение и в течении девяти минут летит параллельно горизонту. Шум в салоне стал утихать, но уверенный голос этой женщины продолжал звучать на протяжении всех этих коротких девяти минут, так неожиданно подаренных им Провидением.

Почему вдруг эта женщина решила, что именно она, а не кто-нибудь другой, имеет право, в такую страшную минуту, говорить этим людям? Почему вдруг она решила то, что она будет им говорить, будет чем-то важным для них и людям, находящимся в салоне лайнера, необходимо это услышать?

О чем говорила им эта женщина? Может она говорила им о какой-то супер-диете, на которой можно так замечательно похудеть; или о том, что так чудесно понизились проценты на банковские займы при покупке недвижимости? Или может она сообщала им, что сток-маркет в это утро поднялся на небывалую высоту? А может она перечисляла им результаты последних матчей баскетбольной лиги или говорила об очередной политической интриге президентской компании?

Какая тема могла заинтересовать тех несчастных людей, стоявших в нескольких минутах от смерти? – Она говорила им об Иисусе Христе. Когда жизнь человека оказывается на краю, многое из того, к чему было привязано сердце человеческое, оказывается ничего незначащим перед лицом вечности.

Мы не знаем, где и как будет заканчиваться наша жизнь. Может быть только вы один будете знать истину о спасении. Сможем ли мы, подобно этой женщине, стать верными свидетелями о Господе?

Фан деградирует человека и делает его неспособным достигать цели. В критические минуты жизни рабы фана не смогут устоять, ибо у них нет навыков борьбы. Если с рабом фана случится что-либо подобное, он вряд ли сможет стать мужественным свидетелем Иисуса.

Молодежи свойственно говорить и заботиться о своей карьере. Впереди целая жизнь и хочется выбрать путь жизни, который не разочарует впоследствии. В первой главе Книги Даниила описывается карьера четверых молодых людей. Их была большая группа молодежи, которых выбрали из среды Израильского народа служить во дворце царя Вавилона. Все они, видимо, были очень счастливы, что удостоились такой чести и мечтали занять большие посты в государстве. Четверо из этой группы поднялись выше всех и сделали потрясающую карьеру.

Когда царь беседовал с ними (*проводил интервью*), он нашел их самыми смышлеными среди остальных юношей. Почему? Они пошли путем угодным Богу и старательно учились. Это ключ к успеху.

Дорогая молодежь, вы идете учиться в колледжи и университеты, это хорошо, но, наряду с этим, позаботьтесь о том, чтобы вам идти путем угодным Богу и сделать карьеру в Царстве Небесном.

Христос в Нагорной проповеди предлагает эту замечательную перспективу всем. «Итак, кто нарушит одну из заповедей сих малейших и научит так людей, тот малейшим наречется в Царстве Небесном; а кто сотворит и научит, тот великим наречется в Царстве Небесном» Матф.5:19.

Поэтому, чтобы быть великим в Царстве Небесном, помните два условия: Соблюдайте заповеди Христа и учите этому окружающих. Эти условия вполне выполнимы и целиком зависят от желания человека.

Может быть, вы не можете красиво и убедительно говорить – это не проблема. Бог может исполнить силою ваши простые слова и, более того, именно это Он хочет видеть в нас прежде, чем проявится Его сила. Апостол Павел пишет: «...ибо, когда я немощен, тогда силен».

Павел, как опытный духовный воин, хорошо знал законы духовной войны, что сила Божия проявляется в немощи. «Но Господь сказал мне: «довольно для тебя благодати Моей, ибо сила Моя совершается в немощи» 2Кор.12:9-10.

Поэтому, для служения важно, чтобы человек сознавал, что сам по себе он немощен. Это первое условие, чтобы через вас проявлялась сила Божия. Далее, просите, чтобы Бог исполнил Своею силой ваши простые слова свидетельства. В притче о работниках Христос показал – это можно делать в любом возрасте.

Дорогие мои, помните, что обязательно настанет время, когда каждое сказанное вами слово о Христе будет иметь необычайную цену и, возможно, будет решать вашу судьбу. Христос сказал: «Итак всякого, кто исповедает Меня пред людьми, того исповедаю и Я пред Отцем Моим Небесным» Матф.10:32.

Это замечательная заповедь с обетованием. Не смущайтесь, что вы не заканчивали библейских семинарий и университетов и у вас нет навыков говорить проповеди. Для проявления силы Божией это не имеет никакого значения. Главное, – это желание служить Богу.

Апостол Павел пишет: «Ибо я не стыжусь благовествования Христова, потому что оно есть сила Божия ко спасению всякого верующего...» Рим.1:16. Начните благовествовать о Христе и это станет вашим реальным шагом к исполнению силой Божией.

Когда умер Лазарь, у его гроба собралось много Иудеев из окрестных селений и Иерусалима. Лазарь, как говорит Писание, уже четыре дня лежал в пещере и его тело уже разлагалось. Представьте, что ко гробу Лазаря собрался бы весь Синедрион во главе с первосвященниками и самыми известными учителями Израиля. Пришел бы царь Ирод со своими вельможами и наместник кесаря Понтий Пилат с легионом воинов. Отвалив камень, они стали бы говорить Лазарю самые красноречивые слова, приводить убедительнейшие доводы, чтобы он вышел из гроба.

Они могли бы говорить примерно так: «Лазарь, ты должен нас послушать. Сейчас вокруг твоего гроба собралась половина Иерусалима, пришли все уважаемые люди Иудеи, Синедрион и первосвященники, царь Ирод и Понтий Пилат здесь. Лазарь, тут стоят твои сестры, друзья и соседи. Они очень любят тебя. Лазарь, послушай, ты должен встать и выйти из гроба. Лазарь, вставай скорее, у тебя нет другого выхода. Если ты не встанешь, это будет крайним неуважением ко всем присутствующим. Кроме того, Лазарь, у тебя осталось много недоделанной работы, твое поле стоит неубранным, загон для скота нуждается в починке. Нет, Лазарь, встань и выходи, мы с нетерпением ожидаем тебя...»

Они могли бы говорить подобные речи весь день без остановки, но результат был бы нулевым. Но вот ко гробу подошел Христос. Он не сказал там супер-убедительную речь, но произнес самые простые слова: «Лазарь! Иди вон». И, о чудо! Через несколько секунд воскресший Лазарь стоял в дверях пещеры.

В чем разница между словами мудрецов и словами Иисуса? В словах Христа была сила. Поэтому, дорогая молодежь, дорогие братья и сестры, главное в том, чтобы у вас было желание трудиться для Бога. Просите, чтобы Бог дал силу вашим словам. Важны не красноречивые и заумные проповеди, а сила Божия, вложенная в слова. Ничто и никто не устоит на этом свете, если Бог наполнит ваши уста Своею силою.

Мой дорогой друг, два условия сделают тебя великим в Царстве Божием. – Исполняй заповеди Христа и учи этому других. Рабам плоти и удовольствий бесполезно говорить о заповедях Христа, ибо они служат другому господину. Привыкая к постоянному состоянию фана, они становятся неспособными бороться, творить, созидать, достигать цели, развивать себя, накапливать знания, контролировать и решать каждодневные проблемы. Все мысли сводятся к одной – найти фан.

Я обращаюсь сегодня к тем, кто попал в сладкие сети фана: Идите к Богу! Он силен разорвать эти сети, дать вам свободу от этого порока и прекрасное будущее. Вы проживете свою земную жизнь не для фана, а для Бога и впереди вас ожидает славная вечная жизнь с Богом без конца и без края. Никакой земной фан не сравнится с этим благом.

Новизна быта, языка, культуры сослужили плохую службу многим эмигрантским семьям. Родители, ошеломленные прогрессом, потеряли ориентацию и опустили вожжи, позволяя своим детям плыть по течению, наивно полагая: – «Ну, наверно тут жизнь такая». В какой-то мере этому способствуют и законы Америки, когда тебя легко могут засадить в кутузку за традиционное воспитание ребенка или просто отобрать его.

Поэтому многие родители сникли и ничего серьезного не делают, чтобы исправить поведение детей, думая; – «А может это так и надо здесь в Америке». Дорогие родители, держитесь за светильник Слова Божия и будьте уверены: ценность Библии непреходяща и универсальна для любого языка, культуры и времени. Стойте твердо на Библейских принципах, несмотря на все различия в языке и культуре, наставляйте детей благодати Божией и вы никогда не ошибетесь. Это особенно важно в наше время, когда стоявшие тысячелетиями традиционные библейские устои семьи переворачиваются с ног на голову на уровне государства.

Главная задача родителей, пасторов, молодежных руководителей: Научить молодежь, чтобы они оставались неповрежденными в этом греховном мире. Иисус молился за учеников: «Не молю, чтобы Ты взял их из мира, но чтобы сохранил их от зла» Иоан.17:15.

Сегодня мы не можем забрать нашу молодежь из мира. Они идут в школы, в колледжи, в университеты, работают, у них появляются друзья и подруги, они смотрят телевизор, интернет, кинофильмы, улицы городов завешаны сетями фана и много есть такого в мире, от чего мы не в состоянии оградить наших детей. Но Христос не говорит, чтобы мы взяли их из мира. Иначе как мы будем светить миру, но вот что очень и очень важно: чтобы мы научили нашу молодежь как, будучи в мире, сохранить себя от зла и сетей фана.

Некто хорошо сказал: <u>Лодка может быть в море, но море не должно быть в лодке</u>. Это в полной мере касается нашей молодежи и всех христиан. Хороший пример в этом смысле мы находим в Послании к Евреям, где Апостол Павел советует нам подражать вере Моисея. Как мог Моисей устоять и не сломаться среди тех колоссальных проблем, с которыми он имел дело исполняя свою миссию? Ответ мы находим в 11-й главе: «Поношение Христово почел большим для себя богатством, нежели Египетские сокровища; <u>ибо он взирал на воздаяние. ...ибо он, как бы видя Невидимого был тверд</u>». Евр.11:26-27.

Итак, если мы научимся в любых обстоятельствах жизни, как бы видеть рядом с собою Невидимого и взирать на воздаяние, то никакие искушения не смогут привести нас к кораблекрушению в вере, и море никогда не попадет в лодку христианина.

Эту же истину, мы находим и в Псалмах Давида. «Всегда видел я пред собою Господа, ибо Он одесную меня; не поколеблюсь» Пс.15:8. Так поступал Давид и в этом была его сила.

В духовном мире идет напряженная борьба за обладание человеческими мыслями. В Послании к Коринфянам Павел дает мудрый совет, на чем сосредотачивать свои наставления и молитвы, воспитывая молодежь, чтобы они могли сохранять себя от зла. «И пленяем всякое помышление в послушание Христу» 2Кор.10:4-5.

Это ключ к решению многих моральных и криминальных проблем современности. Нам следует найти пути к тому, чтобы помышления нашей молодежи были направлены в послушание Христу. Как пишет Соломон: «Потому что, каковы мысли в душе его, таков и он» Пр.23:7. Тогда, независимо от того – молод кто или стар, независимо от ситуации, в окружении любых компаний, они останутся неприкосновенными от зла, ибо их помышления пленены в послушание Христу.

Сегодня мы видим страшную картину, как диавол через огромную индустрию развлечений (фана) старается привить современным людям интерес к чему угодно, но только не к послушанию Христу. Кино, мультфильмы, интернет, спортивные матчи, шоу, аттракционы, парки развлечений стремятся привлечь к себе мышление наших детей. Миллионы молодых людей сегодня имеют ум, плененный и порабощенный фаном.

Фан и удовольствия стали богом этого мира. Огромная сеть агенств рекламирует бесчисленное количество мест, где человеку предлагаются удовольствия. Улицы городов заполнены местами, где можно получить очередную порцию фана. Что только не придумывают сегодня фабрики развлечений, что-бы пленять души и сердца молодежи. Бизнес удовольствий стал огромным процветающим бизнесом и можно сказать без преувеличения, что больше всего погибших душ будет в сладких сетях фана. Но, если помышления наших детей будут пленены послушанием Христу, зло не сможет их победить.

К сожалению, случается, что новообращенные души загоревшись огнем первой любви и жаждой служения Христу, со временем остывают и, порою, уходят из церкви. В чем здесь причина? Как этого можно избежать?

В первую очередь, мы должны научить нашу молодежь <u>отвергать все искушения на уровне мысли.</u> Если их помышления будут о горнем, о Христе, о Его красоте, о том, что мы сыны и дочери Царя Небесного, греху не будет места в мыслях нашей молодежи. Здесь ответственность и задача проповедников, пасторов, родителей, руководителей молодежи: помочь молодежи понять и полюбить красоту учения Христова, как можно чаще говорить о красоте Царства Небесного, о красоте будущей жизни со Христом, о мужестве и красоте победы над злом, говорить, что каждый из них может стать великим в Царстве Небесном и, таким образом, пленять их помышления в послушание Христу.

Молодые братья, будьте добрым примером для сестер. На вас лежит ответственность, что вы, порою, даете им неправильные ориентиры своим легкомысленным и вольным поведением. Многие из них неплохие девчонки и становятся разболтанными и чрезмерно прикольными не без вашей вины. Видя ваше легкое поведение, они думают, что это нравится ребятам и искусственно стараются подражать вам. Но, когда приходит время жениться (*сестры заметьте*), такие разболтанные девочки не пользуются у братьев хорошей репутацией и часто остаются за бортом.

В одной американской песне есть слова: «Если ты говоришь, что любишь Бога, а сам бьешь собаку ногой. Если ты говоришь, что любишь Бога, а сам равнодушен к людям, – то я тебя боюсь...»

Дорогая молодежь, мир нуждается в вашей любви, встаньте на путь служения Господу через служение людям. Господь призывает нас совершать подвиги любви. Это не просто красивые слова, это образ жизни христианина. Как трудно промолчать, сдержаться и не ответить обидчику ругательством за ругательство, ударом за удар. Еще труднее в ответ на ругательство, сказать обидчику слова благословения, в ответ на зло сделать этому человеку добро, в ответ на удар сказать, что вы его все равно любите, потому что Бог его любит, что вы его прощаете, потому что Бог нас прощает.

Это путь совершенных христиан. (1Петр.3:8-9.) Христос учит этой истине в великой Нагорной проповеди и в заключении ее говорит, что поступающие так, нарекутся сынами Отца Небесного. Какая потрясающая перспектива.

Во втором Послании к Тимофею (3гл.) Павел дает удивительно точную характеристику состояния мира последнего времени. Подумаем, ведь даже если христианам, порою, приходят в голову мысли и желания воздать за обиду, то насколько более люди мира подвластны этим чувствам.

Если даже христиане не всегда могут сдержать искушение отомстить за себя, отплатить тем же обидчику, то насколько более этому подвержены люди этого мира. Дорогие мои, учитесь владеть собой. В этом сила и победа, если вы не ответите злом за зло и ругательством за ругательство, но останетесь выше этого, спокойными и невозмутимыми.

Соломон говорит: «Долготерпеливый лучше храброго, и владеющий собою лучше завоевателя города» Пр.16:32. В другом месте Апостол Иаков пишет: «Кто не согрешает в слове, тот человек совершенный, могущий обуздать и все тело» Иак.3:2.

В древних индийских манускриптах найдена мудрая фраза: «Соприкоснувшись с тайной Абсолюта, ты не имеешь права прежним быть».

Это в полной мере применимо и к нашей христианской жизни. Познав, как велик и благ Господь, познав Его спасительную благодать, мы не имеем права быть прежними и наше служение Царю Вселенной имеет великую будущность. «Итак, не оставляйте упования вашего, которому предстоит великое воздаяние» – пишет Апостол Павел Римлянам.

«Мы теперь дети Божии, но еще не открылось что будем! Знаем только, что когда откроется, будем подобны Ему, потому что увидим Его как Он есть» 1Иоан.3:2.

Какие замечательные обетования оставил Господь. Какая привилегия дана всем верующим в Иисуса Христа. Настанет время, когда Бог дарует нам честь увидеть Его как Он есть. Это событие станет завершающим аккордом в деле спасения человечества: мы увидим Его как Он есть и станем подобны Ему. Этот факт трудно умещается в сознании: мы станем подобными Богу! Дал бы Бог, чтобы мы всегда были исполнителями Его слова, а не слушателями только.

«Возлюбленные! Прошу вас, как пришельцев и странников, удаляться от плотских похотей, восстающих на душу». 1Петр.2:11.

«Умоляю вас поступать достойно звания, в которое вы призваны, со всяким смиренномудрием и кротостью и долготерпением, снисходя друг ко другу с любовью». Ефес.4:1-2.

Аминь.

ВЛАДИМИР МЫСИН

КРАСОТА

> «Дело Его – слава и красота»
> Пс. 110:3.

Цель этой беседы поговорить об одном известном явлении в жизни людей, с которым мы встречаемся постоянно. Оно называется красота. Сама по себе красота – вещь приятная и нормальным людям свойственно любить и стремиться к красивому. Архитектор, проектируя здание, прилагает усилия, что-бы это здание было прочным и красивым. Художник старается нарисовать красивую картину и чем красивее удалась картина, тем выше ее ценность. Композиторы стараются сочинить красивую мелодию, поэты ищут красивые рифмы, мудрецы слагают изящные и красивые изречения, конструкторы стараются создать практичные и красивые автомобили, музейные залы с гордостью выставляют на всеобщее обозрение шедевры исскуства и красоты, словом, все красивое имеет в этом мире особую ценность.

В своих домах люди также стараются создать красоту и уют. Людям нравится красиво выглядеть, иметь красивую прическу, одежду, дом, автомобиль, красивую жену и т.п. Считается, что красивому человеку легче жить, у него, как правило, больше друзей, красивая девушка легче выходит замуж, а у красивого парня больше возможностей выбора...

Красота может воспитывать. Человек, который с младенческих лет рос и воспитывался, окруженный красотой, живя в красивом доме, слушая красивую музыку, учился красиво писать, правильно говорить, красиво играть на музыкальных инструментах, красиво петь, рисовать, у такого больше шансов вырасти добропорядочным человеком, чем у того, кто родился и вырос в трущобах. Хотя бывает и по-другому. Есть даже крылатое выражение: «Красота спасет мир».

Множество мест Писания свидетельствуют, красота – это божественное качество. Псалмопевец Давид восклицает: «Дело Его – слава и красота». С этим нельзя не согласиться. Красота ночного неба, усыпанного мириадами жемчужных звезд, красота восходов солнца и красота закатов, величественная красота океана, красота исполинских гор, красота полей, лесов, рек, неописуемая красота всей природы, как отражение Божественной красоты Творца, своей красотой и совершенством проповедует нам о своем Создателе.

Этот перечень можно продолжить. Ясно, что красота имеет для всех людей особую привлекательность и спорить с этим бессмысленно, поскольку стремление к красоте мы встречаем буквально на каждом шагу.

Но, увы! К сожалению, земная красота ненадежна и недолговечна. Библия сравнивает ее с полевыми цветами – однодневками. (Исаия 40:6; Иаков 1:11) Прошел день и уже нет красивого цветка, а только увядшая трава с остатками поблекшего цвета.

Мне всегда грустно видеть увядшие букеты цветов, лежащие в мусорном ящике. Это правда жизни. Совсем недавно эти цветы украшали чей-то праздничный стол, ими любовались и вот, никому ненужные увядшие букеты равнодушно выброшены на попрание. Рождается красивый ребенок и через несколько десятков лет от его красоты не остается и следа. За историю земли были построены тысячи красивых зданий, дворцов, замков, храмов, а сегодня люди раскапывают их фундаменты, находят куски стен, осколки украшений. Войны, пожары, землетрясения и время делают свое дело.

Человек может лишиться своей земной красоты в одно мгновение. Недавно я читал трагическую историю о молодой девушке, победительнице конкурса красоты в г.

Сочи. Ее соперница подкупила негодных людей и они плеснули ей в лицо серной кислотой. И все. От ее красоты не осталось и следа. Позже ее лечили в Германии и я не знаю, что с ней в настоящее время. Понятно, что вернуть былую красоту не сможет ни один врач мира.

Другая история случилась на моих глазах. Я был на похоронах трагически погибшей молодой пары. Их звали Василий и Тамара. Мне было тогда двадцать четыре года, а Василий был другом моего детства, с которым мы прожили на одной улице около пятнадцати лет. Автомобиль, в котором они находились, потеряв управление упал в реку. Три дня продолжались поиски и когда, наконец, они были найдены, на Василия и на сказочно красивую Тамару, которой было всего лишь девятнадцать лет – страшно было смотреть. Люди не могли находиться рядом и, отступив поодаль, смотрели на их почерневшие и распухшие до неузнаваемости тела, не веря своим глазам, что так ужасно может выглядеть человек, который еще недавно радовал всех окружающих своей красотой.

Это действительно так. Внешняя красота – недолговечная и обманчивая. Мы читаем в Книге Притчей: «Миловидность обманчива и красота суетна» Пр.31:30.

Но, кроме внешней, видимой красоты, мы находим в Библии упоминание о другой красоте. Для примера, я хочу привести место Писания, которое еще приметно тем, что братья всегда его адресуют сестрам. Сестры их безропотно выслушивают, скромно потупив глаза, а братья многозначительно морщат лбы и, кивая головами, искренне верят, что это место Писания их не касается. Часто его читают на бракосочетаниях или давая наставление молодежи, и я никогда не слышал, чтобы это место читали братьям. Сегодня я хочу адресовать его и тем и другим.

«Да будет украшением вашим не внешнее плетение волос, не золотые уборы или нарядность в одежде, но сокровенный сердца человек в нетленной красоте кроткого и молчаливого духа, что драгоценно пред Богом» 1Пет. 3:3-4.

Здесь Апостол Петр упоминает о красоте, которая не подвержена тлению и, более того, эта красота является драгоценной в глазах Бога. Выше мы читали, что земная красота проходяща и недолговечна, но здесь мы находим свидетельство о некой нетленной и вечной красоте, которая не просто приятна Богу, но драгоценна в Его глазах. Я думаю, этот факт должен побудить нас к более тщательному исследованию этой информации.

Очевидно, что Бога трудно чем-то удивить. Давид пишет: «Господня – земля и что наполняет ее, вселенная и все живущее в ней» Пс. 23:1.

«Ты напояешь горы с высот Твоих, плодами дел Твоих насыщается земля... Как многочисленны дела Твои, Господи! Все соделал ты премудро; земля полна произведений Твоих» Пс. 103:13-24.

Подобных мест Писания много, поэтому Бог словами псалмопевца говорит людям о том, что Он не нуждается в наших приношениях, которые люди приносят из того, что и так принадлежит Богу: «Не приму тельца из дома твоего, ни козлов из дворов твоих; ибо Мои все звери в лесу, и скот на тысяче гор. Знаю всех птиц на горах, и животные на полях предо Мною. Если бы Я взалкал, то не сказал бы тебе; ибо Моя вселенная и все, что наполняет ее...» Пс. 49:9-12.

Мы видим из этих мест, что Богу важно нечто более важное, чем жертвы тельцов и козлов. Очевидно, что они не имеют ценности в глазах Бога, ибо все это и так принадлежит Господу. Но вот красоту духа Бог называет драгоценной и ставит ее несравненно выше всех материальных жертв. В самом деле, Тот, Кто создал золото, бриллианты, драгоценные камни, может ли в них нуждаться? Тот, Который создал птиц и зверей, рыб и пресмыкающихся, может ли нуждаться в пище для Себя? Поэтому, в глазах Бога внутренняя красота души ценится несравненно выше всех материальных жертвоприношений.

Порою, увидев человека, мы очаровывались его внешностью, но, когда, познакомившись поближе, узнавали содержание души, то его красивая оболочка теряла всю свою привлекательность. Нам становилось тягостно общаться с таким человеком. Вся его внешняя красота улетучивалась как пар и мы старались избегать с ним общения, несмотря на его красоту.

И напротив, бывает, что встретившись с внешне непривлекательным человеком, мы вскоре любили его всей душой и желали новой встречи с ним. Внутренняя красота такой души полностью покрывала ее внешние недостатки. Я думаю, мои читатели могут вспомнить такие встречи и в своей жизни.

Со мною это случалось много раз. В школе, затем, когда я продолжал учебу, мне встречались педагоги, которые при первой встречи производили отталкивающее впечатление на весь класс, но затем, по прошествии времени, мы не чаяли в них души. Мы бежали к ним на урок с большим желанием и они становились для нас самыми милыми людьми на земле. Все их внешние недостатки растворялись в красоте души.

К сожалению, современные люди все меньше внимания уделяют истинной красоте, которую Бог называет драгоценной. У молодежи Сакраменто летом есть особое мероприятие. Они берут на прокат огромные, похожие на плоты, надувные лодки и, забравшись в верховья реки, целый день спускаются на них вниз по течению к океану. Они рассказывали, что некоторые сестрички, которым лет по шестнадцать-восемнадцать, иногда падали в воду (*молодежь есть молодежь*), то как только они показывались на поверхности, на них было страшно смотреть. Они выглядели как утопленницы. Вся их «красота» уплывала вниз по течению, оставляя на лицах разноцветные разводы, пятна, полосы...

Вопрос косметики порою вызывает немало споров и разногласий в церквах нашего братства. Я думаю, что в этом отношении, как и во всем остальном, должны быть разумные пределы. Например: пища – это нормальная необходимая потребность для каждого человека, и никто не осуждает нас за то, что мы принимаем пищу. Но когда человек систематически объедается, он попадает под осуждение Писания. (1Пет.4:3. Лук.21:34)

Однажды на братском совете небольшой сельской церкви в Украинской глубинке между братьями загорелся спор: как им следует относиться к тому, что некоторые сестры в церкви стали приобщаться к косметике. После жарких дебатов они решили спросить совета у одного пожилого служителя, скромно просидевшего весь вечер в дальнем углу комнаты. – Брат, а как вы относитесь к тому, что наши сестры пользуются косметикой? Помолчав немного, он неторопливо ответил: «Нэхай лучше пахнэ, чем воняе». На том и порешили остановиться.

Я лично совершенно не против того, чтобы и молодые люди и немолодые красиво и со вкусом одевались, были аккуратно и модно подстрижены, пользовались дезодорантами и косметикой, но не забывали при этом украшаться и драгоценной красотою души.

Настоящая красота имеет силу. Увидев что-нибудь красивое, человек поневоле застывает на месте и, с замиранием сердца, созерцает красивый предмет, не в силах отвести от него глаз. Поэтому не иссякают потоки людей в музеи и выставочные залы, в театры и дворцы исскуств, а прибыли от туристических маршрутов по красивым городам и местам природы исчисляются миллиардами долларов. Увидев настоящую красоту, человек помнит ее всю жизнь и всякое воспоминание о ней вновь наполняет душу приятной теплотой пережитого восторга.

Наша эмиграция шла через Италию. В конце восьмидесятых годов мы два с лишним месяца провели в окрестностях Рима, ожидая своей очереди на въезд в Штаты. Мы пережили там много волнующих минут, целыми днями бродя по разным местам этого уникальнейшего города планеты.

История встречает вас в Риме на каждой улочке. Колизей, акведуки, триумфальная арка, целые ансамбли древних строений наполняют вас восторгом и удивлением. Когда вы своими глазами видите здания, возраст которых исчисляется тысячелетиями, то поневоле расплывается грань времени и незаметной становится огромная пропасть, отделяющая сегодняшний день от времен Нерона и Юлия Цезаря.

Более всего нас поразил Ватикан. Когда мы вошли под своды храма Святого Петра и воочию увидели величественную и властную силу красоты, невозможно передать вам словами всю глубину нашего благоговейного восхищения. В молчаливом изумлении мы ходили под куполами и арками этого великолепного храма, разглядывая непревзойденные земные шедевры скульптурных и художественых композиций.

Наконец, я сказал жене: «Люба, я даже не мог себе представить, что на свете может быть так красиво». Мы и по сей день повторяем эту фразу, перебирая фотографии тех незабываемых дней. Там, в Ватикане, особенно понятными стали слова Апостола о Небесной Отчизне: «Не видел того глаз, не слышало ухо, и не приходило то на сердце человеку, что приготовил Бог любящим Его» 1Кор. 2:9.

Действительно, истинная красота имеет силу. Но, к сожалению, сила красоты может давать и печальные плоды. Апостол Иаков пишет об важном духовном законе: «Бог гордым противится, а смиренным дает благодать» Иак. 4:6.

Действие этого закона послужило причиной падения могущественнейшего херувима вселенной, поэтому диавол хорошо знает силу воздействия красоты. Красота стала причиной его гордости, а гордость стала причиной его падения. (Иез. 28:12-17) Таким образом, гордость является одним из самых опасных грехов человечества.

Как только человек начинает гордиться, он попадает в опасную зону. Такой человек лишается Божьей защиты, потому что Бог становится противником гордецу и диаволу гораздо легче довести такого человека до падения. Мудрый Соломон также предупреждает: «Погибели предшествует гордость, и падению надменность» Пр. 16:18.

Поэтому диавол старается возбудить в человеке гордость. По любому поводу. Кто-то может гордиться своей красивой внешностью, кто-то красивой одеждой, кто-то дорогим автомобилем, кто-то большим имением, кто-то хорошим голосом или способностью красиво проповедывать, хорошо декламировать, кто-то гордится образованием, кто-то своим родословием, кто-то своей национальностью и т.д. и т.п.

Для диавола совершенно безразлично как, по какой причине и чем, лишь бы человек возгордился. Тогда Бог начинает противиться этому человеку. Это значит, скоро этого человека ожидает падение. Это духовный закон и никто не сможет его обойти.

В Евангелии от Луки записаны слова Иисуса Христа, сказанные ученикам сразу после того, как Господь говорил им о великих возможностях веры. Обратим внимание, как Христос призывает Своих учеников беречься гордости, которая могла возникнуть в их сердцах, увидев, как Бог, посредством веры, совершает через них чудесные дела: «Так и вы, когда исполните все повеленное вам, говорите: «мы рабы ничего нестоющие, потому что сделали, что должны были сделать» Лук.17:10.

Вспомним притчу о талантах. Кто давал своим рабам таланты? Разве не их господин? Поэтому, если мы гордимся тем, что в действительности не наше, а Божие, мы попросту обманываем сами себя. Иаков пишет: «Не обманывайтесь, братья мои возлюбленные: Всякое даяние доброе и всякий дар совершенный нисходит свыше, от Отца светов, у Которого нет изменения и ни тени перемены» Иак.1:16-17.

Когда мы хотим сделать человеку приятное, мы дарим ему подарок. Выбирая подарок, обычно стараются выбрать что-нибудь красивое. Тогда этот подарок приобретает особую ценность и им особенно дорожат. Подарок также напоминает человеку о том, кто ему его подарил.

Две тысячи лет назад Бог подарил людям самый дорогой подарок – Своего Единородного Сына. (Иоан. 3:16) У Иисуса Христа была особая красота. У Него не было нарядной одежды, украшений, хорошего образования, богатых родителей. Вся Его жизнь проходила среди простых и незнатных людей. Писание свидетельствует, что Христос принял образ раба и по виду стал как человек. Раб, как известно – это самое низкое положение в человеческой иерархии.

Пророк Исаия, описывая Христа, пишет: «Нет в Нем ни вида, ни величия... Он был презрен и умален пред людьми, муж скорбей и изведавший болезни, и мы отвращали от Него лицо свое; Он был презираем, и мы ни во что ставили Его...» Исаия 53гл. Но Бог говорит о Нем словами псалмопевца: «Ты прекраснее сынов человеческих» Пс. 44-3.

В чем заключалась Его красота? К сожалению, сегодня мы не видим Христа во плоти, но со страниц Евангелия можно увидеть красоту Его души, которою Он покорил мир. Он был послушен и творил волю Отца Небесного, в Его устах не было лжи и лести, Он был кроток и смирен сердцем, Он прощал и миловал, Он не злословил взаимно и умел терпеть, Он не искал своего, но служил людям и любил их не на словах, а на деле, из Его уст изливалась благодать. Услышав, что идет Христос, люди тысячами выходили к Нему на встречу, потому что Христос красотою Своей души завоевал любовь и доверие людей и Бог превознес Его имя выше всякого имени под небесами.

Христос доказал, даже если вы не родились красивым от природы; не имеете богатых родителей и не получили наследства, не имеете власти и положения в обществе, это ничего не значит для достижения вечности.

Вспомните мать Терезу. Маленькая, слабая женщина красотою своей доброй бескорыстной души покорила мир и стала известной на всю планету, ибо, не ища своего, она всю свою жизнь посвятила служению обездоленным людям.

Наряжая к празднику зал мы украшаем его красивыми предметами. Это естественно и понятно. Но Слово Божие повествует нам об одном своеобразном украшении. В Послании к Титу Павел пишет, каждый христианин может быть украшением в этом мире, если мы, отвергнув нечестие и мирские похоти, будем жить целомудренно, праведно и благочестиво. «Дабы они во всем были украшением учению Спасителя нашего Бога» Тит. 2:10.

Это люди, живущие по духу. (Гал.5:22-23) Плоды духа делают их живыми украшениями нашего Господа. Они «постоянством в добром деле ищут славы, чести и бессмертия» Рим. 2:7. Это те, которые «среди великого испытания скорбями преизобилуют радостью, и глубокая нищета их преизбыточествует в богатстве их радушия» 2Кор. 8:2.

В заповедях блаженства великой Нагорной Проповеди, Христос называет людей украшающих землю. Такие люди украшают нашу землю.

Глядя на них глазами вечности, мы можем сказать вместе с Господом: «Прекрасны нищие духом.... ибо они не умеют гордиться и уже имеют Царствие Божие в своих душах.

Прекрасны плачущие... ибо они не умеют обижать других и будут утешены. Прекрасны кроткие... ибо они непобедимы злом и будут наследовать землю. Прекрасны милостивые... ибо они несут людям радость прощения и сами будут помилованы.

Прекрасны чистые сердцем... ибо они, творя правду и справедливость, узрят Бога. Прекрасны миротворцы... ибо они, угашая распри и ободряя обиженных, будут наречены сынами Божьими.

Такие люди украшение земли. Это соль земли. Даже если они одеты в рубища бедняков, они являются драгоценными в очах Бога и Господь говорит им: «Радуйтесь и веселитесь, ибо велика ваша награда на небесах» Мат. 5:12.

Люди живут жизнь по-разному и по-разному умирают. Как правило, те, которые сумели прожить жизнь красиво, могут красиво умереть. Немало было на свете гордых «храбрецов», которые, когда приходил их смертный час, превращались в червей и ползали в ногах своих палачей, умоляя оставить им жизнь.

Иисус Христос прожил красивую жизнь и умер как победитель. Его палачи до последнего момента ожидали, что вот-вот, от боли и ужаса смерти, Он сломается и будет умолять их о пощаде. Или, на худой конец, они смогут насладиться Его воплями от агонии нечеловеческих страданий и адской боли распятия, но Он молчал.

Это молчание было ужасной досадой для первосвященников и книжников, для фарисеев и Иудейских старейшин, предавших Его на распятье. Его безмолвный взор жег их совесть как раскаленное железо и они, не выдержав, сами стали хулить и насмехаться над Ним: «Если Ты Сын Божий, сойди с креста и мы уверуем...».

Но Он молча смотрел на них и в Его молчании была сокрыта великая сила истины, за которую Он умирал. В Его молчании была победа над злом, ибо зло, терзавшее Иисуса ужасной болью от побоев и распятья, от позора и несправедливости, не отразилось в Нем ответным злом хулы и проклятий, как это часто бывает у людей, но напротив, как гром среди ясного неба, все окружающие услышали: «Отче, прости им, ибо не знают, что делают».

Мы живем сегодня в особое время, когда вековые устои красоты перевернулись с ног на голову. Это стало характерной особенностью двадцать первого века и еще одним свидетельством последнего времени. То, что во все времена было хорошо и красиво, сегодня вдруг стало нехорошо, некрасиво и немодно.

Во все времена люди старались подогнать свою одежду по фигуре, чтобы выглядеть красиво и элегантно. Сегодня, вместо брюк нормального размера, у молодежи считается хорошо, если брюки на три размера больше обычного, необъятной ширины и приспущены так, чтобы они волочились по земле. Вместо нормальных блузок девочки носят сегодня блузки с огромными вырезами и укороченные так, чтобы была видна половина живота и спины.

Столетиями считалось неприемлимым носить одежду с дырками. Когда на штанах или на суртюке появлялась дырка, ее старались залатать. Сегодня, двигаясь за причудами моды, в магазинах продается одежда, протертая до дыр, со свисающими лохмотьями намеренно обтрепанной ткани. Во все века одежду в таком состоянии или ремонтировали или ею мыли полы, она уже более ни на что не годилась. Сегодня такую одежду продают в первоклассных магазинах за хорошие деньги и ее раскупают.

Испокон веков люди старались быть красиво причесанными и аккуратно подстриженными. Сегодня считается хорошо и красиво быть лысым, панком или носить намеренно растрепанную шевелюру.

Издавна татуировки считались в нормальном обществе дурным тоном и были уделом преступного мира. Если кто-то по-молодости делал ее, то позже пытались от нее избавиться. У некоторых моих знакомых я видел такие рубцы на коже. Им было стыдно показываться с татуировкой в людях.

Сегодня компании, делающие татуировки, имеют множество клиентов, баснословные прибыли и растут, как грибы после дождя. Сегодня татуировки делают молодые девушки и взрослые женщины, артисты и спортсмены, не говоря уже о традиционном преступном мире.

Недавно показывали по телевидению молодого человека, кожа которого была полностью покрыта татуировкой, напоминающей чешую ящерицы или змеи. Можно еще долго продолжать этот перечень, но я назову еще один, который также весьма красочно характеризует нам сегодняшний день. В крупных городах Америки сегодня стало модно раздваивать кончик своего языка, чтобы он был похож на змеиный.

Делая это, люди, двадцать первого века, бросают дерзкий вызов Создателю. «Ты сотворил нас с чистой кожей, а мы сделаем ее похожей на змеиную и разрисуем по своему вкусу. Нас чистая кожа не устраивает. Мы сделаем иначе, чем Ты сделал».

«Ты сотворил волосы, а мы их состижем или разукрасим их в петушиные тона, придав им подобие гребня».

«Ты сотворил наш язык цельным, а мы сделаем его похожим на змеиный, раздвоив его».

Какие сегодня поются песни, какие ритмы потрясают наши уши из окон проезжающих автомобилей. В них нет и намека на мелодию или красоту. Друзья мои, мир действительно переворачивается с ног на голову и он переворачивается **сегодня**! На наших глазах, ибо такого не было от сотворения мира.

Но истинная красота бессмертна. Те, кто были украшением учению Господа в земной жизни, сольются с Ним в лучезарных обителях неба и будут созерцать неувядающую вечную красоту Господа и жить в городе неописуемой красоты, художник и строитель которого есть Бог. Господь возложит на наши головы прекрасные золотые венцы правды и мы своими глазами узрим Небесного Царя во всей Его красоте и великолепии.

Пророк Захария восклицает от восторга, увидев красоту Господню: «О, как велика красота Его! И какая красота Его» Зах. 9:17.

Царь Давид превыше всего ставит красоту Господню. Он любил пребывать в храме, где он созерцал своими сердечными очами Его вечную красоту. «Одного просил я у Господа, того только ищу, чтобы пребывать мне в доме Господнем во все дни жизни моей, созерцать красоту Господню и посещать храм Его» Пс.26:4. Ради этого стоит жить и бороться.

Я желаю всем быть красивыми в Господе. И внешне и внутренно. Не спешите огорчаться и унывать, если кто-либо внешне не родился красивым – это не беда. Красота вашей души может легко затмить все ваши физические недостатки и вы можете стать одним из самых красивых людей земли, быть вознесенным Богом на огромную высоту и находиться в числе великих в грядущем Царствии Небесном.

Любой человек может и должен быть красивым. Помните: истинная красота бессмертна, некрасивых людей нет, есть только некрасивые души.

Будем красивыми.

ВЛАДИМИР МЫСИН

ПОСЛЕСЛОВИЕ

«Ибо мы – Его творение, созданы во Христе Иисусе на добрые дела, которые Бог предназначил нам исполнять» Еф.2:10.

В начале девяностых годов мне посчастливилось начать свою трудовую деятельность в Америке в радио-миссии «Слово к России» под руководством Михаила Локтева и замечательного коллектива Совета Директоров Миссии, состоявшего, в основном, из американцев.

Это была прекрасная команда жертвенных и любящих Бога людей, объединенных большим и искренним желанием трудиться для Его славы в деле евангелизации восточноевропейских народов.

Основной духовный труд Миссии «Слово к России» – это радио-проповедь славянским народам. Наряду с радио-служением, в Миссии велась большая работа по переписке с нашими радиослушателями. Мы отсылали им копии понравившихся радио-программ, духовную литературу, вещевые посылки, отвечали на вопросы и т.п.

В 2022 году, Миссия «Слово к России» отметила свой «Золотой Юбилей» – 50 лет служения славянским народам. Начиная с 1972 года, Миссия возвещает Благую Весть Евангелия и помогает Господу наполнять спасенными небеса. Мы благодарны Богу за эти благословенные годы служения, в которых Он, признав нас верными, доверил делать Его дело среди славянских народов. Основную цель служения Миссии, выразил Апостол Павел в Послании к Колоссянам: «Которого мы проповедуем, вразумляя всякого человека и научая всякой премудрости, чтобы представить всякого человека совершенным во Христе Иисусе» Кол.1:28.

В Миссии созданы сотни оригинальных программ для взрослых и детей. Проповеди, поэзия, песни, радиопередачи, постановки, рассказы на CD и DVD, Евангелие на кассетах и CD, издание книг и брошюр, Евангелие на Грузинском языке. Эти уникальные программы являются неоценимым пособием для христианского воспитания детей в Детских Садиках, Воскресных Школах, в Церквах и домашних группах. Несколько поколений детей прошло через Миссию, принимавшие непосредственное участие в наших служениях.

21-й век принес много изменений. Новые технологии открыли потрясающие возможности для благовестия. Сегодня, кроме служения в Калифорнии, Миссия имеет филиалы в Украине, в России, в Узбекистане и в Пакистане.

Винница. В 1997 году, мы создали и спонсируем Студию Звукозаписи. Там создаются новые радиопрограммы, которые транслируются по местному радио в нескольких областях Украины. Записываются новые песни на русском и украинском языках. Создан курс изучения Библии по интернету. Более десяти лет из Винницы идут трансляции **Детского Радио**, которые круглосуточно можно слушать в любой стране мира. Это детские песни, музыка, радио-постановки, рассказы. Совершенно бесплатно можно скачивать с сайта сотни фонограмм и слова песен. Адрес Радио: **detskoeradio.org** Посылайте этот линк всем друзьям и знакомым. Детское Радио можно слушать также на Ю-тубе.

Донецк. В 2005 году, мы открыли и спонсируем Студию Звукозаписи в Донецке. К сожалению, в связи с военной ситуацией, мы больше не имеем там эфирного времени, но Студия работает. Создаются программы для детей и взрослых, идет активная работа в Детских Домах, Интернатах, посещение вдов и сирот войны, Летние Детские Лагеря и т.п.

ПОСЛЕСЛОВИЕ

Самара. Более 20-ти лет назад, при непосредственном участии Миссии, в Самаре был открыт первый в России Христианский Хоспис. Люди, больные неизлечимыми болезнями, находят свой последний приют и уходят в вечность примиренные с Богом, порою за несколько часов до смерти. За годы служения Хосписа, сотни людей ушли с этой земли приняв Господа в свое сердце.

Новосибирск. С середины девяностых годов, наша Миссия сотрудничает с Христианским Издательством «ПОСОХ». Переведено на русский язык и издано около 70-ти книг христианских авторов. Посещаются Колонии с заключенными. Из 16-ти Колоний наши братья имеют возможность посещать 12-ть. Среди них: Малолетка, Женская Колония, Тюремный Госпиталь. В каждой Колонии есть группы по изучению Библии. Регулярно проводятся Летние Лагеря и посещения детей чьи папы или мамы находятся в заключении и многое другое.

Ташкент. С избранием нового президента, в Узбекистане стало легче заниматься духовной работой. Наш филиал в Ташкенте проводит работу по воспитанию детей. Во-первых – это дети которые посещают церкви, Детские Дома, дети инвалиды, Летние Лагеря, заполнение интернета христианским контентом. Есть группы детей из местной национальности в нескольких областях Узбекистана. Уже есть несколько церквей и групп среди глухонемых. Есть обращенные из Узбекских цыган, которых называют в Узбекистане Люли.

Пакистан. В 2020 г. Бог стал нам открывать христианский мир Пакистана. Простота и первозданная радость о Господе, – так можно назвать «Визитную Карточку» Пакистанских христиан. К ним в полной мере можно приложить слова Апостола Павла о церквах в Македонии: «...ибо они среди великого испытания скорбями преизобилуют радостью; и глубокая нищета их преизбыточествует в богатстве их радушия». 2Кор.8:1.

Пакистан стал для нас откровением от Господа. Потрясает воображение множество детей в Воскресных Школах, сотни женщин на Женских Служениях, как от двери к двери наши братья и сестры в Пакистане идут к людям с Евангелием в руках. Молитесь о пробуждении в этой стране.

Калифорния. Продолжается служение студии в Вест Сакраменто. За эти годы, в Миссии накопился обильный духовный архив. Сотни и тысячи песен, постановок, проповедей, архивы радио-служителей. Многое было записано на больших ленточных бабинах. Сегодня наш архив, переписан на цифровые носители информации. Слава Богу за благословенный труд на Его ниве. Каждую неделю наши радиопередачи идут по местному радио на волнах: **KJAY 1430 AM; 98.1 FM; and www.kjayradio.net** в субботу с 10 – 1pm, во вторник и в четверг с 8 – 9ам.

Более пяти лет, 24/7, из нашей студии звучит Интернет-радио по всему миру. Вы можете слушать новое радио по адресу: **www.wordtorussia.org**

На фоне потрясшей весь мир Пандемии, мы ощутили, что наша страна нуждается в проповеди Евангелия не только с церковных кафедр. Исполняя «Великое Поручение» Господа – «идите и проповедуйте», Миссия организовала команду Уличного Служения. Происходят регулярные посещения Сан Хосе, Сан Франциско и Сакраменто. Братья проводят семинары и практику по Уличному Служению и в других городах. (Лос Анджелес, Сан Диего).

Около двадцати лет, мы проводим еженедельные посещения Центра Заботы о Взрослых в Вест Сакраменто «Золотые Дни». Пожилые люди особенно нуждаются в заботе и внимании.

Более десяти лет, учителя, из Музыкального Отдела Миссии, дают бесплатные уроки Музыки детям из семей с низким доходом. Сегодня 24 наших преподавателей дают уроки около 600 детишек в 4-х Школах Сакраменто. Молитесь об этом служении.

«Который воздаст каждому по делам его: тем, которые постоянством в добром деле ищут славы, чести и бессмертия, жизнь вечную...» Рим.2:6.

«Делая добро, да не унываем: ибо в свое время пожнем, если не ослабеем» Гал.6:9.

Посетите сайт Миссии: **www.wordtorussia.org**

ЗАКЛЮЧИТЕЛЬНОЕ СЛОВО ОТ АВТОРА

Если Вы познали Бога и веруете в Иисуса, Если Вы ищете истинного общения с Богом, Если Вы понимаете, что не все в жизни зависит от Вас, Если жизнь вдруг представилась Вам ненужной и безысходной, Если Вы, напротив, счастливы и хотите таковым оставаться всегда, Если Вы, наконец, просто любознательны – я приглашаю Вас прочитать эту книгу, чтобы поделиться радостью, которую Бог предлагает всем людям.

Я верю, что эта книга не только обогатит Ваш внутренний духовный мир, но и поможет открыть глаза многим на правду о Боге и приведет к спасительной вере в Иисуса.

Нам очень хочется не только говорить, но и слушать, ведь эта книга для Вас, и нам не безразлично ваше мнение.

Эта книга издана на двух языках: Русском и Английском. Это расширяет горизонт возможностей, поскольку Английский, это язык мирового общения. Посылайте эту книгу своим друзьям и знакомым.

Считайте эти слова, как реальное приглашение быть частью служения нашей Миссии. Призываем Вас использовать все ваши Интернет-Ресурсы, чтобы ваши друзья и близкие могли познакомиться также и с нашим сайтом. **www.wordtorussia.org**

Вы можете найти эту книгу на Amazon.com

www.ingramcontent.com/pod-product-compliance
Lightning Source LLC
LaVergne TN
LVHW061034070526
838201LV00073B/5027